# 大众文化导论

(第四版)

王一川 主编

中国教育出版传媒集团
高等教育出版社·北京

## 内容提要

本书初版是国内具有开拓性特色的高校大众文化导论教材，此次作了新的修订。编者运用辩证分析视角，借鉴国内外新的学术成果，对大众文化理论与批评作了全面而系统的讲解。全书涉及大众文化观念、大众文化素养、电影文化、电视文化、网络文化、流行音乐、通俗文学、视觉文化、广告文化、时尚文化、青年亚文化等大众文化现象及理论问题，阐述了对大众文化现象的一种独特观察。

全书观点新颖，论述细致，个案分析具体，表述流畅，可以用作高校通识教育或文化素质课程教材，也可供其他大众文化研究及爱好者参考。

## 图书在版编目（CIP）数据

大众文化导论 / 王一川主编. -- 4版. -- 北京：高等教育出版社，2025.8. -- ISBN 978-7-04-065413-4

Ⅰ.G24

中国国家版本馆CIP数据核字第2025KW0617号

Dazhong Wenhua Daolun

| 策划编辑 罗 京 | 责任编辑 罗 京 | 封面设计 杨立新 | 版式设计 明 艳 |
| 责任校对 窦丽娜 | 责任印制 耿 轩 | | |

| 出版发行 | 高等教育出版社 | 网 址 | http://www.hep.edu.cn |
| 社 址 | 北京市西城区德外大街4号 | | http://www.hep.com.cn |
| 邮政编码 | 100120 | 网上订购 | http://www.hepmall.com.cn |
| 印 刷 | 山东韵杰文化科技有限公司 | | http://www.hepmall.com |
| 开 本 | 787 mm×960 mm 1/16 | | http://www.hepmall.cn |
| 印 张 | 15 | 版 次 | 2004年3月第1版 |
| 字 数 | 270千字 | | 2025年8月第4版 |
| 购书热线 | 010-58581118 | 印 次 | 2025年8月第1次印刷 |
| 咨询电话 | 400-810-0598 | 定 价 | 32.00元 |

本书如有缺页、倒页、脱页等质量问题，请到所购图书销售部门联系调换
版权所有　侵权必究
物 料 号　65413-00

主　　编：王一川

编写组成员（以姓氏笔画为序）：

王一川　王维燕　付国锋　包兆会

刘　莉　李　松　杨子迪　张荣翼

陈雪虎　周志强　胡疆锋　梁　刚

# 第四版前言
## ——大众文化的精神力量

这本《大众文化导论》教材到 2024 年就出版 20 年了。这个时间长度本身就可能包含一种提示：20 年来中国大众文化和大众文化研究发生了重要变化，需要我们的课程教学予以及时调整和适应。

尽管变化是始终在进行着的，但相对来说的具有标志性意义的重要变化，毕竟发端在 2013 至 2014 年，而到 2022 年又出现更新和更高的要求：正是在这个时段，国家和社会的发展对大众文化和大众文化研究提出了前所未有的新要求。大众文化诚然有着自身的无可否认的巨大受众面，以及随之而来的作品通俗性和娱乐性等基本特征，但是，必须清楚地看到，大众文化仍然需要应有的精神品位，以适应广大观众不断增长的审美愉悦的满足及精神生活的提升需要。重要的是，大众文化作品也应当是传承中华优秀传统文化的、指向人民的精神高度和灵魂深度的作品。"我们要结合新的时代条件传承和弘扬中华优秀传统文化，传承和弘扬中华美学精神。中华美学讲求托物言志、寓理于情，讲求言简意赅、凝练节制，讲求形神兼备、意境深远，强调知、情、意、行相统一。我们要坚守中华文化立场、传承中华文化基因，展现中华审美风范。"① 这样的大众文化作品，才能在自身的通俗性和娱乐性中，不丧失其精神性和灵魂性。"文艺要通俗，但决不能庸俗、低俗、媚俗。文艺要生活，但决不能成为不良风气的制造者、跟风者、鼓吹者。文艺要创新，但决不能搞光怪陆离、荒腔走板的东西。文艺要效益，但决不能沾染铜臭气、当市场的奴隶。"② 大众文化的通俗性，与这里批评的"庸俗、低俗、媚俗"，即"三俗"之间，应当存在着本质的区别：与"三俗"之作只是满足于向观众传递不良风气、"搞光怪陆离、荒腔走板的东西"不同，大众文化精品应当自觉地"传承和弘扬中华优秀传统文化""传承和弘扬中华美学精神"，携带着"中国精神"深入观众的精神世界，起到感化、陶冶及潜移默化等多方面作用。

当前，更加急迫而又重要的是，大众文化创作和研究都面临"推进文化自信自强，铸就社会主义文化新辉煌"的新使命，从而应当在"坚持以人民为中心的

---

① 习近平：《在文艺工作座谈会上的讲话》，人民出版社 2015 年版，第 26 页。
② 习近平：《在中国文联十一大、中国作协十大开幕式上的讲话》，人民出版社 2021 年版，第 15 页。

创作导向,推出更多增强人民精神力量的优秀作品"的方针指引下,努力发掘和增强大众文化对于观众的精神力量。①

如何理解和传播大众文化作品应有的精神力量,以便增强观众的文化自信和文化自强?这无疑是当前从事大众文化研究和课程教学所需重点关注的问题。基于有关艺术作品层面构造的初步理解,大众文化作品的精神力量可以从下列五层面去体会:

第一层面为艺术媒材层面,即以媒材科技系统去吸引人,具备感官吸引力;

第二层面为艺术形式层面,即以感性而通俗的符号表意形式系统去感染人,具备审美感染力;

第三层面为艺术形象层面,即以渗透情感和理性的艺术形象去感荡人的心灵,体现其形象共情力;

第四层面为艺术品质层面,即产生可以诉诸观众心神的艺术品质,具备品质品鉴力;

第五层面为艺术余衍层面,即促使观众在内心产生进一步品味艺术余兴并与他人交流的冲动,具备余兴回味力,从而可以给予观众日常生活以潜移默化的影响。

这个艺术作品的五层面构造框架,是从观众观赏艺术作品时的由表及里的顺序构想的。即由表层艺术媒介感知进入艺术形式识别,继而在头脑里想象出艺术形象画面,再深入品味艺术品质,最后推行出余兴,乃至潜移默化地和不自觉地渗透到日常生活言行中。

不妨以河南卫视2021年春节联欢晚会上的舞蹈《唐宫夜宴》为案例来理解。该节目带有当代大众文化作品及其精神力量展现的一些鲜明特点。该节目设想河南博物院中凝固在雕塑中的乐俑和舞俑返回到其唐代的鲜活形态,化身为即将参加宫廷演出的14名唐代宫女,向当代观众展示其活泼而开朗的日常生活情状。该节目共分五小段:一是博物馆中的宫女"定格"造型;二是乐俑"活化"为宫女后在花园中嬉戏;三是夜幕下宫女们以水为镜照妆,呈现思乡、吹笛、欲睡等多重姿态;四是宫女们在号角声中整装列队入堂,奉献精妙演出;五是人物回到古典定格造型而重新化作"历史遗物"。

这部作品既像是当代舞蹈编导所做的一个梦,又像是唐代宫女们挣脱雕塑的束缚而重返生活世界的一种努力,总之可以激发起当代观众对于唐代日常生活世界及其传统力量的浓郁兴趣。其主要精神力量可以体现在五个层面上:第一层面,通过河南卫视首播在观众中产生很高人气,进而在微博上成为该年全国

---

① 习近平:《高举中国特色社会主义伟大旗帜 为全面建设社会主义现代化国家而团结奋斗——在中国共产党第二十次全国代表大会上的报告》,人民出版社2022年版,第42、45页。

春晚中的翘楚，并且通过持续的视频二度传播而在观众中产生超常的媒材吸引力；第二层面，利用河南博物院展厅平台，以唐代古典舞形式、以胖为美的唐代美女造型、日常生活化的通俗风格等艺术形式，产生新奇的审美感染力；第三层面，塑造出活泼、庄重而又美丽的唐代宫女群像，唤起观众的强烈共情心；第四层面，可以让观众进一步品评该节目中富于唐代气象的悲喜剧交融的美学氛围；第五层面，可以让观众从中领略以唐代文化艺术为代表的中国古典文化传统在当代的感召力和持久影响力。

简要地看，《唐宫夜宴》的精神力量主要体现在，综合利用电视、微博、网络视频等多种媒介形式，以唐代文化艺术传统为中心，尽力传递对本民族文化传统的高度自觉、自信和自强，激励当代观众回到中华民族自己的文化传统之中，发掘直面当代生活和走向未来的创造性精神动力。

当然，近十年来，除了《唐宫夜宴》，还有很多大众文化作品初步展示了这种精神力量，例如电影"国庆三部曲"（《我和我的祖国》《我和我的家乡》《我和我的父辈》）以及《流浪地球》《长津湖》和《流浪地球2》等，电视剧《装台》《山海情》《觉醒年代》《人世间》等，舞剧《朱鹮》《永不消逝的电波》《五星出东方》《只此青绿》等，杂技剧《战上海》等。它们在大众文化的精神力量方面的探索及其成就，特别是在上述五个层面上的努力，都需要认真总结、发掘以及推广。

本书第四版修订的目的，首要在于在以往基础上更进一步，在大众文化作品精神力量的发掘和传播上有所进益，以便适应当前大众文化课程教学的新需要。我们需要在教材和教学中积极采撷、深入发掘大众文化作品中蕴藏的可能的精神资源，让它们面向大学生和其他相关读者开放，进而变成他们的自觉的精神生活的一部分，甚至渗透入他们的日常生活言行中。在这个意义上，非同一般地注重阐发和分享大众文化作品中的可能的精神资源和精神力量，正是大众文化课程教学的基本目的。

同时，在延续原有理论框架和章节安排的基础上，本次修订对大众文化的相关理论阐述作了必要的局部调整，撤换部分案例，以便更好满足当前读者面对大众文化新现象时的理解和反思诉求。

但限于我们，特别是主编本人的水平，只能做粗浅尝试，敬请读者方家指正。

王一川

2024年1月3日

# 第三版前言
## ——艺术分赏年代的艺术公赏力

不觉中这本《大众文化导论》教材的第二版已出版五年了,在感慨岁月易逝的时候,却发现更应当感慨的是大众文化的变化速度之快捷:五年来,伴随自媒体、媒体融合、全媒体时代、微文化等热门术语的流行,大众文化借助以国际互联网为核心的全媒体平台的强大传播力,不断地推涌出新的时尚浪潮,在社会中产生新的跟风效应,从而在个体行为、社会心理、深层无意识等领域引发新的社会震荡。正由于此,我们对自己有关大众文化的观察再做即时的刷新,推出它的第三版,就是必须的了。

一旦想刷新我们有关大众文化的观察,就会注意到一个新变化:人们,包括我自己的周围,接触大众文化的习惯方式已经明显不同了。就拿一个家庭的诸位成员的夜晚休闲时光来说,可能有人习惯于阅读早晚报和收看电视,有人沉迷于视频连续剧中,有人喜欢电脑游戏,有人则进电影院、剧院或歌厅,当然也有人宁愿读书或进实验室而排斥大众文化……同时,即便是在同一种接触习惯中,人与人之间也可能存在不同。看电视的,可能会在黄金时段电视剧和纪录片之间各有所好;看视频的,则可能在美剧、英剧或韩剧之间有差异,如此等等。而且重要的是,这种接触大众文化的习惯方式的多样化也已经或正在成为人们日常生活中的一种新常态和新习惯了。

随着大众文化的多样化接触习惯的形成,人们的艺术鉴赏力实际上已经或正在发生新变化:过去我们习以为常的两种艺术鉴赏方式,要么是全体公众参与的旨在雅俗共赏的艺术群赏方式,要么是少数文化人孤芳自赏的艺术独赏方式,就不得不变为多种不同社群之间的艺术分赏格局了。

这里的艺术分赏,是艺术的分众各赏状况的简称,是指由日常媒介接触习惯所形成的不同公众群体间相互分疏的艺术鉴赏状况。不同公众群体之间,由于彼此所习惯的艺术媒介不同,就容易形成不同的艺术鉴赏习惯。不妨再以都市或城镇的一个普通家庭为例:假设这个家庭的老年人习惯于观看电视节目(如电视剧、电视综艺等),青少年沉浸于上网(查看网上视频、追踪偶像、网上聊天等)或手机游戏,中年人宁肯坚持阅读报纸、杂志及书籍等传统印刷媒介。这种以大众文化为陪伴的家庭日常生活方式实例,或许人们早已司空见惯了。尤其有意思的是,这些成员的大众文化鉴赏习惯似乎早已被固定于一种或两种大众媒介所编织的媒介环境之中，具有某种高度的向心力和排他性，一致对其他不同的大众媒介形成排斥。例如，乐于观赏《一九四二》和《归来》这类带有沉重的悲剧感的影片的观众，可能更多地同时又是那些印刷媒介的守护者。而愿意欣赏《人再囧途之泰囧》和《心花路放》这类轻喜剧片的观众，可能多是那些青少年网民。如今的人们已习惯于分别鉴赏不同的大众文化作品了，早已不再寻求所谓的"雅俗共赏"所标明的美学同一化景致。特别重要的是，随着电影观众的低龄化趋势，电影观众群体的主力军或生力军多为青少年，也就是沉迷于国际互联网和手机网络的观众群体，那么，电影制作者们投其所好地针对青少年网民而打造视听奇观电影，就不令人奇怪了。如今这样的分离且分裂的大众文化与媒介社会环境，难免不反过来迫使电影制作者们尽力出新，打造富于视听奇观的电影或轻喜剧片，以便投合青少年观众日甚一日的奇观化及快适化诉求。

当然，简单地断言如今的大众文化就只是缺乏文化含量的垃圾，而大众文化受众或公众就只是喜欢没有文化的低层次娱乐的低俗群体，无疑都言之过早。这只要提到电视剧《历史转折中的邓小平》和《北平无战事》在2014年受到公众热捧的事实就够了。这两部电视连续剧把公众分别带到三十多年前和遥远的六十多年前，从看似已经飘逝的历史岁月中，钩沉、挖掘或提炼出足以支撑着走向历史新里程的一些积极的文化能量。而更早的影片《钢的琴》和纪录片《舌尖上的中国》则分别在日常生活故事的感染力和饮食文化表现的创新上都有深度拓展，集中体现了中国影视艺术家的美学原创力。但无可怀疑的是，尽管不难从大众文化作品中提炼出富有文化意蕴的东西，艺术分赏的年代毕竟已经来到了。

面对当前越来越显著的艺术分赏趋势，想必存在两种可能的极端选择：一种是断言艺术分赏不符合当今社会生活规律，要求政府干预；另一种是认定它就代表当今艺术发展的新的合理性趋向，应听凭它持续下去，反对任何可能的政府干预。应当讲，这两种选择听起来很美，但都有其不合理性。就干预主张而言，要求政府艺术管理部门及其他相关部门，致力于以行政命令去召唤往昔的艺术群赏与艺术独赏的幽灵，不是不可以，而是很难奏效。因为，当前社会生活的方方面面，包括经济生活、政治生活、文化生活、社会生活等，都早已形成自身的难以阻挡或难以改变的强大趋势及潮流了，任何强制的行政命令改变势必难以付诸实施。而就反干预主张而言，诚然可以承认艺术分赏有一定的合理性，并也可以承认政府强力干预不一定有利于艺术发展，但不等于社会各界就什么事也别做了，只能被动地听凭大众文化之流把自己牵引到不想去的地方。这是因为，当代公共社会生活秩序依赖于全体公民的积极参与和努力维护。

如此，学术界或高等教育界可以而且应当做的事情是，在承认艺术分赏格局的合理性的前提下，呼唤艺术公共鉴赏力即艺术公赏力的必然性和合理性，并为艺术公赏力的正常运行创造合适的公共环境。也就是说,在当前,与其简单地否定或排斥艺术分赏状况,不如积极建设新的艺术公赏环境,培育公众的艺术公赏力。

艺术公赏,在这里是指跨越艺术家和公众各自的单一主体性而形成的艺术公共鉴赏状况。与艺术分赏强调维护各公众群体自身的艺术鉴赏权利不同,艺术公赏力并非谋求各公众群体的大众文化趣味的同一性,而是在承认各自多样性和异质性的前提下,倡导公平环境下的公正交流与对话。艺术公赏力,突出的不再是艺术同一性或艺术独立性,而是多样性或差异性中的艺术公共性,是一种跨越艺术家中心及公众中心各自的藩篱而展开的相互公共性的交流,力求形成或培育艺术家与公众之间、艺术家与艺术家之间、不同公众群体之间的公共对话习惯。

相应地,艺术公赏力则是一种跨越当今艺术分赏格局而实现公共对话的整体驱动力,是指存在于社会生活环境及主体中的艺术公共交流驱动力,至少可以包括艺术公共鉴赏环境特质和艺术公共鉴赏主体能力两方面。一方面,就艺术公赏力的环境特质来说,艺术公共鉴赏要求社会生活环境适合于公共对话,为这种公共对话创造必需而又合适的环境条件,例如,公共法律、政策、习俗、规则、道德等。另一方面,就艺术公赏力的主体能力来说,艺术公共鉴赏要求艺术家和公众都具备必需的公共生活素养,随时准备合法、循规地投入艺术活动中,在相互尊重和自尊的前提下寻求与他人沟通,而不是掀起或加入有失人格的网上骂战。艺术公赏力,既是对艺术的社会生活环境质量的建设要求,也是对艺术的主体能力的涵养要求。在当前艺术分赏条件下,这两方面的艺术公赏力建设都是必要的。总之,当前艺术分赏格局诚然有其合理性,但艺术公赏及艺术公赏力建设已变得尤其迫切了。

总之,面对当今大众文化的快捷变化,我们一方面不得不接受艺术分赏的文化现实,但另一方面又有理由期待和探索艺术公赏力的可能性。也就是说,正像我们对主导文化作品或高雅文化作品所应当做的那样,需要从更新速度快、变化多样的大众文化作品中,尽力分析和提炼出那些蕴含公共价值理念或理想的美学尺度的元素来,汇入足以代表当今时代个体人生体验的高度、公共智慧的水平及族群未来理想愿景的丰厚的综合文化长廊中,再通过后代的鉴赏而代代传递下去。这或许正是今天继续从事大众文化研究和教学的目的吧。

由此,这一版的修订目标也就大体可以明确了:调整和完善有关大众文化的理论表述,适度更新大众文化现象实例,注意从中提炼出富于公共价值的文化元素来。

2014年11月10日于北京

# 第二版前言

本书第一版发行已五年,现根据高校大众文化课程教学的新需要,做必要的修订。这次修订的指导思想,是运用马克思主义原理分析和讲解大众文化现象,帮助大学生从学理角度认知大众文化,为进而开展中国大众文化研究奠定素养基础。

这次修订,保留了第一版"主编的话"中提出的编写原则,如由大而全向特色化转变、从体系化向个案分析转变、从理论型向理论—实践型转变等,以及总体上的体例设计。这些在教学实践中都被证明是合理的,自然应当沿用下来,继续成为教材的支撑构架。

这次修订的主要任务,首先是适当更新内容,吸纳近五年来学界大众文化研究的新成果。其次,更换部分实例或个案,加强对新近现象的分析,帮助大学生了解近期大众文化现象。再次就是约略精简理论阐述,更加注意表述语言的通俗和浅显,对大众文化保持一种辩证分析的眼光。

这样做,是要适应大学本专科通识教育课程的教学需求,尽可能顾及不同专业大学生,特别是理工科大学生的课程修读实际。考虑到目前使用本教材的多为"80后"及"90后"大学生,因而针对他们的生存体验和接受实际做些调整是必要的。

随着大众文化在文化中的作用愈益鲜明和突出,它所带来的社会影响愈加显著,加强大学生乃至普通国民的大众文化素养培育也就变得十分重要和迫切了。这也是此次修订要强调的一个重要方面。

具体来说,本书各章都做了不同程度的修改,特别是增加了新的较为鲜活的材料,压缩或合并了部分内容。第一章精简和合并了一些阐述,增加了有关国民大众文化素养的内容,并把结语中的部分表述融合进来。第二章更名为电影文化,突出电影文化的特征,增加对类型电影及我国近年电影个案的描述。第三章更名为电视文化,在加强电视文化特征描述的同时,增加"超级女声""百家讲坛"等新的电视个案分析及动画片分析。第四章重点增加对博客和网络文学现象的分析。第五章加入内地(大陆)和港澳台地区流行音乐的交流与比较内容。第六章增加畅销书分析。第七章更名为视觉文化,精简了对视觉文化理论史梳理的内容而着重加强对视觉文化现象的分析。第八章补充了一些新的广告案例。第九章增加了时装内容。第十章更名为青年亚文化,对青年亚文化概念及其与主流文化的关系做了进一步阐发。

我们在修订中越来越清晰地认识到,大众文化教学固然要对大学生讲解有关大众文化的基础知识,但这一过程本身其实也是大学生的大众文化素养的涵养过程。大学生的大众文化素养的涵养,应当既有利于他们作为普通个体或国民对大众文化的鉴别和享受,同时,也有利于他们作为知识分子或文化人面对大众文化展开积极的学理分析或批判。我相信,一种健康的富于活力的文化,必然需要健康的富于活力的大众文化研究和国民大众文化素养教育。本书希望在这方面尽我们的绵薄之力。

2009 年 2 月 11 日于北京林萃西里

# 初版主编的话

当你翻开这本书,我们就应该已经成为了朋友,至少成为可以彼此平等对话的伙伴或友好争论的辩友。无论你年轻还是年长,也无论你是否同意我们的观点,只要你和我们对大众文化有着共同的探讨兴趣,那么就应该能找到彼此的一些共同点。在围绕大众文化而展开对话之前,有些问题咱们可以聊聊。

**大众文化与文化大众**　大众文化能进入我国高等学府讲堂吗?无论是我编写这部专讲大众文化的高校教材,还是你作为大学生来阅读它,可能首先不得不应对这一问题。诚然,当前没有多少人会反对在学术上探索大众文化,但让它作为正式教材直接进入高等学府讲堂,却是比较新鲜的事情。你可能会担心:听说大众文化这东西比较低俗啊,能行吗?我的看法是:能行!有什么不行的?理由并不复杂:大众文化已经成为我国公众日常生活必不可少的组成部分,而如果不认识大众文化,就无法完整地认识我们当下的生活状况。确实,大众文化可以进大学讲堂。第一,从大众文化的社会功能来看,这是出于当前我国社会文化与日常生活转型的需要。大众文化已成为文化的主潮,成为日常生活的重要部分,需要研究。第二,从大学教育看,这是要顺应我国当前高等教育的大众化转型的需要。高等教育的"大众化"时期,不再只是培养高层次理论型与研究型人才(高精尖),而是同时培养一大批兼具研究与应用素质的综合型人才,即培养具有综合应用素质的有文化的大众——"文化大众"。文化大众最熟悉、最需要认知日新月异的大众文化。认知大众文化就是认知文化大众自己。因为,许多大众文化形态往往最善于投合文化大众的需要。当然,正由于文化大众与大众文化之间的距离很近很微妙,因而要求他们对它进行冷峻的认知本身就是富有难度的,需要依赖于一种清醒的理智力量的激发。

**探讨大众文化的主视角**　探讨大众文化,不能没有特定的视角。大众文化是一种多维度现象,涉及经济、消费、市场、贸易、艺术、审美等领域。大众文化可以从不同视角去把握,如经济学、市场学、传播学、媒介学、社会学、人类学、政治学、心理学等。本教材拟以美学视角为主,综合其他视角,以美学为主导的跨学科方式去把握大众文化。美学往往要突出形象、具体和体验方式的重要性,是从具体审美活动中研究人的感性的活生生的整体形象的人文学科。它关注人的感性的活生生的整体形象如何生成、维护和发展。而大众文化在这方面显示出强劲的活力和突出的问题,实在是美学研究的合适对象。

**研究大众文化的新尝试**　生活在当今中国,尤其是都市的人们,不管我们个人是否喜欢,都无法否认一个事实:大众文化的潮流正拨动着几乎每个市民的心弦,每日每时、潜移默化地影响甚至塑造人们的情感和思想。特别是年轻的大学生朋友,常常以敏感的心灵触摸大众文化的脉搏,受到它的无所不在的重要影响。因此,在当前认识和阐释大众文化,实际上就成为认识和阐释人们自身的一个重要方面了。令人遗憾的是,对如此日常而又重要的大众文化,我国学术界长时间里却知之甚少:要么对其存在置若罔闻,要么一概视其为低俗物而严词拒绝,要么仍旧沿用以往对高雅文化的分析手段笼统地观照,从而一再推迟真正意义上的探讨。

所幸的是,正像你可能已经看到的那样,近些年来已陆续有学者开始正眼打量大众文化了,出版了一系列著述加以研究,或者远赴西方采撷他山之石,尽管这些还远远跟不上大众文化本身的发展和演变节拍。同样值得注意的是,据我所知,我国高等教育界的许多同行,包括本书的一些作者、我在北京师范大学的同事们以及我本人,已经陆续尝试在高等学府中向大学生讲解、分析和批判大众文化了。我想这些应该为大众文化教材的编写提供了必要的条件。可以说,我们今天把大众文化研究写进大学生文化素质课程教材,既是认识和把握当下生活的迫切需要,又是相关研究臻于水到渠成境界的结果。

然而,尽管如此,老实说,把我们关于大众文化的粗浅分析与讲解编写成高等学校通用教材,却是现有国内教材中尚未见到的,暂无先例可循,实是一次新的尝试。由于是新的尝试,我们就难免会遇到这样那样的难题。

**如何讲解大众文化?**　你如果是一位教师,可能更为关心如何讲解大众文化;而你若是一位大学生,显然更为关注如何了解并掌握它的有关知识。这其实道出了同一个问题:我们今天应当怎样认识和评价大众文化?这里不妨向你披露我的一种基本立场,就是:大众文化既非纯金也非纯垃圾,而是在垃圾中布撒着一些看得见或看不见的金屑,有待于人们以特殊的眼光去筛选、收集、熔铸。

大众文化现象那么丰富、复杂,在有限的篇幅和教材形式里如何讲解?编写这本教材,由于国内没有先行者,确实需要小心地摸索着前行,不敢有过高奢求。我的设想有这么几点:

第一,从大而全向特色化转变。过去20年间的教材总想将所有的东西都讲到,古今中外,什么都要谈。这个出发点当初是很有针对性的,有助于在学位制度建立之初向学生全面普及学科知识,提升他们的学术水平。这种大而全的、突出专业化的教材建设任务在20世纪90年代已基本完成。但是,在我国高等教育已经和正在发生重大转型的今天,再继续沿袭这种大而全的套路,就没必要了,而且会暴露出深重的弊端:面面俱到的教材缺少活力,创造的和应用的东西比较少,学生理解起来困难。我们现在更需要的是一些特色化教材。特色化教材,就是体现独特的学术特色、学术独创性或在某一方面特别富于优势的教材。如果我写这种教材,是别人已经讲过的、讲得很透了的,那么我就不讲了;而别人没有讲到的我讲,别人讲得少的我多讲。自己在哪方面有独到的体会,就可以多讲一些。突出的是学者个人或群体的独特学术风貌或问题特色。我觉得这样的特色化教材是比较难得的,有利于激发教材的活力和学生的创造性,增强学生的想象力。就这本教材来讲,我们不求全面而求特色,就是不必追求把当代大众文化的所有东西都装进来,更不必把教材变成介绍西方大众文化理论与批评的专门园地,而是在简要地论述大众文化的内涵和理论状况的基础上,着重描述大众文化的几种主要形态。

第二,从体系化向个案分析转变。过去的教材主要追求体系化或系统性,寻求建构一套完整的知识、理论或学科体系。这是以体系为中心的教材编撰思路。不少教材出版机构往往是事先规定教材编写大纲,据此设计教材体例、目录和内容,尤其是章、节、目、点一应俱全,而且后来在编写中想改也不能改。我强烈地感到,这种体系化传统诚然起过一定作用,但到今天已经严重地束缚编写者的创造力并影响到教材的活力。按照事先分得十分详细的框架写下去,编写者怎么也逃脱不了体系的束缚,整个教材就仿佛成了某种理论体系的"填空"。如何更进一步做到深入浅出、具体生动、注重实践性和操作性呢?这次我下定决心实施教材的"非节化"方案。也就是,敢于打破章、节、目、点的陈旧束缚,酌情把这一序列中的"节"去掉。我从十多年来的教材编写实践中发现,教材设"节"正是造成机械化、深奥难懂的一个重要原因。而只有把"节"去掉,教材各章的论述才能活起来。"章"下面不再有"节"而直接就是"点"。每一章有粗略的理论概述,接下来就是具体的个案分析、问题讨论,最后再归纳一下。这样编写,由于用不着按照机械而固定的"体系"去阐释,就比较自由和开放,能更大限度地追求浅易或深入浅出,而更重要的是,学生接受起来会更容易。所以,我觉得"非节化"进程仿佛是自己的一个重大"发现",一旦去掉"节",我们的手脚就更自由了,天地就更宽了。"非节"之后天地宽。我痛感教材编写要从体系化转变到个案分析。我把这个设想向高等教育出版社文科分社首席策划徐挥先生提出来,很高兴能得到他的理解和采纳。取"节"而代之的,是灵活的论述、具体个案的纵深分析和丰富现象的详细描述。这样做是想尽可能降低教材的理论难度和增强具体应用性、实践性。

第三,从理论型向理论—实践型转变。我的专业文学理论是非常讲究理论与实践结合的,然而现在我们的教材太讲究理论化了,太想"提升"学生,试图把他们一律培养成高层次的理论型或专业型人才。我想应该强调的是,像大学生文化素质类或本科通识课程类教材,应当毫不犹豫地抛弃不切实际的专门的理论性教材套路,转而寻求将理论与实践结合起来。让学生学点理论,主要是为了在增强他们的知识储备的同时,培养他们的实际应用与操作能力。应该让学生在具体的文本分析方面进步一些,拥有起码的文本分析能力,这也要求在教材与教学中做大量的个案分析。

**本书体例**　出于这些考虑,我们对教材体例做出了如下设计:第一章从总体上概述大众文化现象,后面的第二至第十章则依次讲述常见的大众文化形态,即电影、电视、网络文化、流行音乐、通俗文学、图像文化、广告文化、时尚文化和青春亚文化。在每一章中我们力求尽可能多地介绍具体的大众文化现象,让学生能够处处结合这些具体现象思考大众文化。每章结束后有本章小结,是希望帮助读者复习所讲述的要点。同时,我们列出了本书参考文献,把编写过程中所参考或征引的主要著述开列出来,既表示对原著者工作的尊重,也便于读者进一步自修。为了配合学生自修和教师讲授,我们编辑了电子课件光盘版随书赠送。同时,条件成熟的时候,还将通过高等教育出版社网站开展"大众文化导论"网络教学互动服务,欢迎你的参加。

**灵活的难度选择**　读者自学或阅读本书时,可以从自己的个人情况出发选择适当的难度或深度,可深可浅。有些问题感觉难度太大,不易理解,可以暂时搁置,不必强迫自己。有些问题刚开始时觉得困难不小,但其实只要敢于花工夫坚持下去,就会逐渐弄明白的。教师在教学过程中,也可以从学生的不同专业或程度出发,安排不同的教学难度,而不必强求一律。例如,按我个人的教学体会,面对只把大众文化作为业余的人文素质教育课程的理工科大学生,教师完全可以安排较多的欣赏和较少的理论讲解,甚至时间比例上可以达到大约七比三;而面对可以在大众文化与自己所学专业之间寻求联系的人文学科和社会科学专业的大学生,教师就可以适当加大理论分析的比重了。

就本书的总体难度而言,对理工科大学生来说,可能有些章节有点深。建议:一是在具体讲解、布置作业和复习考试时,都适当降低难度,暂且舍弃一些偏深的理论阐述部分,例如电影理论术语、图像文化概念及理论模式等;二是在具体教学实践中加大具体作品欣赏的比重;三是把选课时间从一年级推迟到二、三年级。总之,本书论述的东西诚然比较丰富,甚至有些地方也可以说比较深奥,但你完全可以根据不同的情况而选择不同的自学难度或教学策略。

**轻松体验,快乐思考**　说实在的,面向今天的文化大众去分析大众文化,千万不能过分在意理论分析的难度,而应注意根据学生的不同情况,让他们在对大众文化的体验或回味中去做自己可以选择的适度思考。适度思考,就是说他既可以以个人体验为主而仅仅做浅度或中度思考,也可以在体验的基础上力求做深度反思。我的主张是:轻松体验! 快乐思考! 当然要达到这一效果,还得付出努力。

由于我们能力有限、经验欠缺,这本教材还可能存在一些问题,敬请批评指正。

**2003 年 12 月 20 日于北京志新居**

# 目　录

## 第一章　大众文化概述 ············································································· 1
　　一、大众文化的文化性 ········································································ 1
　　二、大众文化界说 ·············································································· 5
　　三、大众文化的特征 ··········································································· 8
　　四、大众文化与大众媒介 ···································································· 12
　　五、大众文化中的多元互渗景观 ·························································· 19
　　六、大众文化研究与大众文化素养 ······················································· 21
　　本章小结 ························································································· 25
　　思考与练习 ······················································································ 26

## 第二章　电影文化 ··················································································· 27
　　一、电影文化的特征与功能 ································································ 27
　　二、电影语言与电影文化的发展 ·························································· 32
　　三、类型片简介 ················································································ 35
　　四、当代中国电影文化现状与电影批评 ················································· 40
　　五、近二十年中国电影个案分析 ·························································· 46
　　本章小结 ························································································· 51
　　思考与练习 ······················································································ 51

## 第三章　电视文化 ··················································································· 53
　　一、电视文化在西方 ·········································································· 53
　　二、电视文化在中国 ·········································································· 54
　　三、电视文化的特征 ·········································································· 56
　　四、流行电视文化产品解析 ································································ 64
　　五、流行电视栏目个案分析 ································································ 68
　　本章小结 ························································································· 72
　　思考与练习 ······················································································ 73

## 第四章　网络文化 ... 74

一、网络的产生和发展 ... 74
二、网络文化及其特色 ... 76
三、网络时代的艺术与审美 ... 85
四、网络文学 ... 87
五、微文化 ... 89
本章小结 ... 91
思考与练习 ... 92

## 第五章　流行音乐 ... 93

一、中外流行音乐的历史 ... 93
二、流行音乐的含义 ... 96
三、流行音乐的基本特征 ... 98
四、流行音乐媒介 ... 105
五、内地(大陆)与港澳台地区流行音乐比较 ... 111
本章小结 ... 112
思考与练习 ... 113

## 第六章　通俗文学 ... 114

一、通俗文学的含义与特征 ... 114
二、通俗文学的类型 ... 119
三、通俗文学的文化意义 ... 122
四、通俗文学的媒体形态 ... 126
五、畅销书及其个案 ... 128
本章小结 ... 129
思考与练习 ... 130

## 第七章　视觉文化 ... 131

一、视觉文化的定义及兴起 ... 131
二、视觉文化研究的演变 ... 136
三、视觉化与视觉凸显性 ... 138
四、影像场景与身份的多元认同性 ... 143
五、视觉文化意义生成的文化规约性 ... 146
本章小结 ... 151
思考与练习 ... 151

## 第八章 广告文化 ········ 152
一、广告的特征与功能 ········ 152
二、广告的形象与类像 ········ 155
三、广告的编码机制与品牌建构 ········ 157
四、广告与审美的日常化 ········ 159
五、广告中的性别与权力关系 ········ 162
六、广告文化的辩证分析 ········ 168
本章小结 ········ 170
思考与练习 ········ 171

## 第九章 时尚文化 ········ 172
一、时尚文化的特征与功能 ········ 172
二、消费文化中的时尚文化 ········ 181
三、时尚的引领者和实践者 ········ 184
四、时尚生活方式 ········ 186
五、理解时尚文化 ········ 188
本章小结 ········ 189
思考与练习 ········ 190

## 第十章 青年亚文化 ········ 191
一、青年亚文化的起源与功能 ········ 191
二、青年亚文化与大众文化 ········ 193
三、当代中国大众文化背景下青年亚文化的发展流变 ········ 195
四、青年亚文化的未来 ········ 200
本章小结 ········ 204
思考与练习 ········ 205

## 大众文化术语汇释 ········ 206

## 初版后记 ········ 209

## 修订版后记 ········ 212

## 第三版后记 ········ 213

## 第四版后记 ········ 214

# 第一章

# 大众文化概述

置身当今都市或城镇,公众每天都会同大众文化打交道:你伴随耳机里的流行歌曲或电视早间新闻吃早点;出门遇上路边的广告中的美人对你微笑;那辆车厢外装饰有大幅明星图片、有广告语的公共汽车把你送到学校、公司、商场或机关,而车厢内也张贴着五颜六色的广告标语,或者车载电视向你播映音乐电视和药品广告;到了晚上,引人入胜的电视连续剧、丰富多彩的电视节目、富有诱惑力的网络游戏和短视频、图文并茂的报纸杂志或充满悬念的畅销书,都有可能成为你夜晚消遣的伙伴……的确,大众文化,是当代公众天天都有可能接触和体验的一种文化形态。

然而,如何看待和评价它,却常常产生争议或引起误解。例如,它是否就是指人民大众的文化?它与大众传媒有什么关系?它是文化吗?如果是,又有哪些特征?今天,应当如何认识和研究它?在分析具体的大众文化现象之前,这类带有一定普遍意义的问题是需要有所辨识的。

## 一、大众文化的文化性

大众文化是文化吗?问这个问题似乎有点多余:既然称之为大众文化,怎么能生出它是否是文化这一怪问题呢?其实,关于大众文化是否能够被称为文化,历来有争议。一种观点认为,大众文化是低俗的或庸俗的东西,不配称作文化。诗人纪弦的《偶感》(1947)早就提醒人们对大众文化保持一种警觉:

> 如果是真正的黄金,
> 让他埋藏在垃圾堆中;
> 如果是纯粹的音乐,
> 让他沉默在流行歌里。
> 愈积愈高的垃圾堆,
> 即使永无清除的一天;

日新月异的流行歌，
纵然没有停歇的时候。

诗人以其特有的敏感和洞察力，体察到"日新月异的流行歌"在日常生活中的强大影响力，从而发出把"真正的黄金"毅然"埋藏在垃圾堆中"、让"纯粹的音乐"索性"沉默在流行歌里"的愤懑宣言。这位高雅文化的创造者对于以流行歌为代表的大众文化，当然可以表示个人的独特忧虑和拒绝姿态，而且他所提出的"清除"和"沉默"问题至今仍具有启迪价值，引人深思。不过，另一方面，他的上述宣言也确实可以提醒人们关注大众文化正强有力地影响着人们的生活，并引发来自高雅文化的相应的激烈抵抗这一相互冲突的事实。

尽管如此，问题还存在着：诸如纪弦所批评的流行歌之类的大众文化，是否就不配称作文化，而唯有"纯粹的音乐"才有资格进入文化呢？要回答这个问题，首先需要对"大众文化"一词中"文化"的概念加以必要的梳理。

当今许多青少年喜欢的漫画，如同流行歌曲一样，也是大众文化的形态之一。它在哪种意义上成为大众"文化"呢？一幅曾在清末产生过重要影响的现代漫画《时局图》，描绘出中国特殊的地缘政治景观。它于1903年12月25日刊登在蔡元培等主编的《俄事警闻》上，据传系兴中会会员谢缵泰参照西方的"瓜分图"修改或翻译而成。

该图以熊、狗、蛙、香肠、太阳、鹰分别代表当时图谋瓜分中国版图的列强俄、英、法、德、日、美。随后不久，伴随中国局势的新变化，这幅《时局图》又有了约略不同的新版本。除继续用狗、熊、蛙、太阳、鹰分别代表英、俄、法、日、美列强外，还增添了揭露清政府腐败的内容：图中的人物中，手举铜钱的代表贪官；另一个正寻欢作乐；还有一个昏昏似睡，手拉网绳，网中有两人，其中一人正念"之乎者也"，另一人在马旁练武，揭示了清政府用科举考试等升官之途愚弄人民。这幅作品运用公众一看便知的现代漫画手段，成功地描绘出国人当时所处的令人触目惊心的地缘时局图景，目的是唤起国人对中国被帝国主义列强瓜分这一新现实的警醒。①《时局图》是通过现代报纸《俄事警闻》而成批制作和发行的通俗美术作品，它以各阶层公众都能理解的通俗易懂方式，表现了知识分子对于国事的强烈愤慨与焦虑。正是借助这种通俗的机械印刷媒介，它在当时的社会公众中产生了广泛而深远的影响。由此看，这幅早期漫画应当属于严格意义上的大众文化作品。单就表现形式来看，它与纪弦批评的"流行歌"是没有什么两样的：借助现代大众媒介传播，内容通俗易懂，在社会公众中流行一时，产生强烈

---

① 有关《时局图》的版本和作者，这里采纳王云红《有关〈时局图〉的几个问题》(《历史教学》2005年第9期)中的考辨。

的影响。但就社会效果来看,没有人能够怀疑这幅漫画在当时的积极的社会作用。那么,问题就来了:这种看来浅俗但又确有积极作用的大众文化,到底是在怎样的意义上成为文化的呢?对"文化"的概念本身加以大体界说,就是有必要的了。

文化(culture),在西文中最初指土地的开垦及植物的栽培,后来一般指对人的身体、精神特别是艺术和道德能力及天赋的培养,也指人类通过劳作创造的物质、精神和知识财富的总和。然而,进入 20 世纪以来,文化概念产生了新的含义和用法。按英国文化批评家雷蒙·威廉斯的归纳,文化往往具有三种定义或内涵:第一,理想性定义,文化是指人类的完美理想状态。这实际上是概括了以 19 世纪英国学者阿诺德为代表的文化定义。在他看来,文化是这样一种过程或东西——"通过阅读、观察、思考等手段,得到当前世界上所能了解的最优秀的知识和思想,使我们能做到尽最大的可能接近事物之坚实的可知的规律,从而使我们的行动有根基,不至于那么混乱,使我们能达到比现在更全面的完美境界"①。当我们说"这个人真没文化,居然做出这样没修养的事情来"之类的话时,往往是在这一意义上使用文化概念。第二,文献性定义,文化是指人类的理智性的和想象性的作品记录。这种文化概念的内涵要宽泛一些,凡是人类创造的理智的或想象的成果,如文学、绘画、雕塑、音乐、历史学、修辞、语言等都可以被称为文化。第三,社会性定义,文化是指有关人类的特定生活方式的描述。与前两种比较,这一文化概念的内涵就既狭窄又宽泛:狭窄是说,它并不试图概括所有的一般文化形态,而仅仅是指特定人类群体的文化;宽泛是指,对特定人类群体文化而言,它并不仅仅涉及这个群体中的完美知识或理智与想象作品那部分,而是扩展到这个群体的整个生活方式。这一点体现了威廉斯自己的独特倡导:文化是指特定的人类生活方式,同时,文化是日常的。由此出发,他为大众文化及其研究留下了一块合法性地盘。②

美国文化批评家贝尔则采取了略有不同的分类方法:"我在书中使用的'文化'一词,其含义略小于人类学涵盖一切'生活方式'的宽大定义,又稍大于贵族传统对精妙形式和高雅艺术的狭窄限定。对我来说,文化本身是为人类生命过程提供阐释系统,帮助他们对付生存困境的一种努力。"他所说的第一种文化是指"特定人类的生活方式",这是人类学家提出的较为宽泛的文化,这大致相当于威廉斯的第三种文化概念。第二种文化概念是指阿诺德的文化观,相当于威廉斯的第一种文化概念。他认为这两种文化概念都过于狭窄,转而宁愿采用德国哲学家卡西尔的文化概念——文化是指由人类创造和运用的符号形式的领

---

① [英]马修·阿诺德:《文化与无政府状态 政治与社会批评》,韩敏中译,生活·读书·新知三联书店 2002 年版,第 147 页。

② Raymond Williams, *The Long Revolution*, London: Penguin, 1961, p.57.

域,它主要处理人类生存的意义问题。①

比较起来,卡西尔的文化概念确实具有更大的应用价值。它表明,文化是特定人类群体表达其生存意义的符号形式,包括神话、宗教、语言、历史、科学和艺术等形态。在卡西尔看来,人的本质是劳作,劳作的目的是创造符号以便表达人生的意义,所以文化就是人类的符号表意行为或系统。②简言之,可以这样来界定文化:文化是人类的符号表意系统。也就是说,凡是人类的符号表意系统,无论是口传还是笔传、拟物还是摹心、高雅还是低俗、原始还是开化、兴盛还是衰落、稳定还是易变,等等,都可以被视为文化。

如果这个作为人类符号表意系统的文化概念能够成立,那么,像《时局图》这样的大众文化作品能否成为文化呢?如果按照阿诺德的文化界定,它显然远远够不上"当前世界上所能了解的最优秀的知识和思想",所以不能被列入文化范畴。但是,如果按照卡西尔的文化界定,这幅漫画就足以升入文化殿堂了。漫画作为人类多种多样的符号表意系统之一,当然有理由成为文化,具体地说,成为文化中的艺术形态。大众文化作为人类符号表意系统的一部分,完全有理由被视为文化。其文化性就表现在它是一种人类符号表意系统,人类用它来表达生活的意义。

不过,卡西尔的文化概念还没有为大众文化设定合适的领域,即文化分层问题还悬而未决。美国文化批评家杰姆逊虽然也认为存在着三种文化定义,但在具体理解时与威廉斯和贝尔有同有异。其一,文化是指"个性的形成或个人的培养",这大致对应于威廉斯的第一种和贝尔的第二种,即阿诺德代表的狭窄的贵族文化观。其二,文化是指与自然相对的"文明化了的人类所进行的一切活动",属于人类学概念,这显然又与威廉斯的第三种和贝尔的第一种大体相同。其三,文化是指与贸易、金钱、工业和工作相对的"日常生活中的吟诗、绘画、看戏、看电影之类"的娱乐活动。第三种文化概念尤其能体现后现代社会或消费社会的时代特点——文化是指以大众文化为主流的日常闲暇中的娱乐活动。这体现了杰姆逊的特殊立场和关注的焦点:后现代文化或消费文化其实就是以日常感性愉悦为主的大众文化。③

西方学者的论述自有其针对性,不能简单照搬,但这并不妨碍我们略加参照,借用来分析中国大众文化的状况及其特点。

---

① 参见[美]丹尼尔·贝尔:《资本主义文化矛盾》,赵一凡、蒲隆、任晓晋译,生活·读书·新知三联书店1989年版,第24、58页。

② 参见[德]恩斯特·卡西尔:《人论》,甘阳译,上海译文出版社1985年版,第87页。

③ [美]弗雷德里克·杰姆逊:《后现代主义与文化理论——杰姆逊教授讲演录》,唐小兵译,陕西师范大学出版社1986年版,第2—3页。

## 二、大众文化界说

什么是大众文化？这是任何关于大众文化的论述都无法回避的问题。但这个术语的具体含义，无论在国内还是在西方都比我们想象的还要复杂得多。

简要地说，大众文化是个带有歧义的概念。首先应当看到，今天所说的大众文化与20世纪下半叶我国社会生活中的常用语"人民大众的文化"已经有了明显的不同。"什么是人民大众呢？最广大的人民，占全人口百分之九十以上的人民，是工人、农民、兵士和城市小资产阶级……这四种人，就是中华民族的最大部分，就是最广大的人民大众。"[①]"人民大众"主要是一个政治术语，指代表我国人口绝大多数的、被尊为历史主体的无产阶级和农民阶级。文艺的任务就是要"大众化"。"但是什么叫做大众化呢？就是我们的文艺工作者的思想感情和工农兵大众的思想感情打成一片。而要打成一片，就应当认真学习群众的语言。如果连群众的语言都有许多不懂，还讲什么文艺创造呢？"[②]大众化是指革命的知识分子按工农兵大众的思想感情去改造自身，以便创造出工农兵大众喜闻乐见的作品的实践过程。在这里，"人民大众的文化"是在政治立场上并且是在肯定意义上使用的，是指那些代表作为历史主体的最广大的人民大众的根本利益的文艺或文化形态，无论它通过什么传播媒介、对谁发生影响。而今天所说的大众文化则主要是一个文化形态术语，并且是在中性意义上使用的，是指由大众媒介传播的都市文化产业与公众日常消费的文化形态。例如，《时局图》就是通过现代报纸发表而在都市公众中传播的文化产品，正是在这一意义上它被称为大众文化。

"大众文化"这一术语的含义如何，在其原输出地西方，至今也仍无定论。比较起来，主要有两种不同的用法。一种是以"mass culture"去表述的带有否定性用法的含义。德国的法兰克福学派理论家霍克海默和阿道尔诺认为，资本主义条件下的大众文化已经成为对社会群体实施强力控制的"文化工业"（culture industry）。这种"文化工业"正在把社会的个人塑造成无个性群体的一分子。这种由资本主义工业化制造成的大众文化，总是以其千篇一律的"标准化"产品，把个人完全物化了、非个性化了。即使有时表面上显得有个性，这个性也不过是"虚假"的"幻象"而已。它力图掩藏起想强迫人们接受的赤裸裸的"权力"，让这种强制性征服的"权力"变得具有欺骗性。显然，以法兰克福学派为代表的这种大众文化概念，突出大众文化对于个性的否定性作用，从而对其采取严厉的批

---

① 毛泽东：《在延安文艺座谈会上的讲话》，《毛泽东选集》第3卷，人民出版社1991年版，第855—856页。

② 毛泽东：《在延安文艺座谈会上的讲话》，《毛泽东选集》第3卷，人民出版社1991年版，第851页。

判态度。这种用法在西方至今仍有市场。

另一种是以"popular culture"表述的肯定性用法。英国文化理论家雷蒙·威廉斯正是这方面的一个重要代表。他指出：

> "大众"(popular)与其说是那些从民众(the people)中寻求恩惠或权力的观点来看的,不如说是从民众的观点来看的。但这种早期含义并未死灭。大众文化(popular culture)不是由民众而是由其他人来确认的,并且它仍然包含两重旧有含义:下等作品(与不同于通俗文学、通俗出版物的精致出版物相比较);意在赢得青睐的作品(有别于民主杂志的那些通俗杂志和通俗娱乐节目);也还有为很多人所喜欢的更现代的含义,当然在许多情况下与较早含义有重叠。大众文化的近期含义,是指民众为他们自己实际地制作的文化,这不同于所有那些含义。它经常被用来代替过去的民间文化(folk culture),但这也是现代强调的一种重要含义。①

与法兰克福学派不同,威廉斯是在肯定的甚至赞扬的意义上使用大众文化,相信它是民众为自己创作的东西,带有积极的一面。这种用法后来由于英国伯明翰当代文化研究中心等的推崇而被扩展。

这两种西方用法各有其合理性,很难评判其优劣。同时,它们在实际运用中还常常相互交叉、渗透,缺乏明显的界限。这一点本身就表明,大众文化现象历来交织着不同文化价值观及其争论,无论是否定性还是肯定性用法,客观上都传达出这一现象的丰富性和复杂性。

为论述方便,本书主要在"popular culture"意义上使用大众文化,尽管如此,来自"mass culture"的若干内涵及相关研究成果也需要适当吸收。即使是"popular culture"一词,在西方仍然存在着多种不同用法。按斯托雷的归纳,可以至少列出六种用法:(1)大众文化是为许多人所广泛喜欢的文化。这个定义强调受众在数量上的绝对优势,但没有考虑价值判断。(2)大众文化是在确定了高雅文化(high culture)之后所剩余的文化。这里注重它与高雅文化的明显区别,但忽略了两者之间的复杂关系。(3)大众文化是具有商业文化色彩的、以缺乏辨别力的消费者大众为对象的大众文化(mass culture)。这里主要从批判或否定意义上理解大众文化,无视它的可能的积极意义。(4)大众文化是人民为人民的文化(culture of the people for the people)。这里强调大众文化是"人民"自己创造的,但未能指出这种创造所受到的文化语境的深层制约。(5)大众文化是社会中从属群体的抵抗力与统治群体的整合力之间相互斗争的场所。这个

---

① Raymond Williams, *Keywords: A Vocabulary of Culture and Society*, London: Fontana, 1976, p.199.

定义不是把大众文化看作一种文化实体,而是将其理解为不同群体之间的"霸权"斗争战场,但与斗争相对的协调方面却被忽略。(6)大众文化是后现代意义上的消融了高雅文化和大众文化之间界限的文化。这里突出了近年来大众文化与高雅文化间的融会或互渗趋势,但有可能因此而抹杀其差异性。[①]这里不可能更详细地讨论上述六种定义的得失,但可以指出,它们都各有其合理性与片面性,重要的是提醒我们关注大众文化概念本身在具体使用中的多义性与复杂性。

鉴于大众文化一词在用法上存在种种歧义,而在当前又不可能找到一劳永逸的唯一定义,因而只能按我们的理解去寻求一种大体合适的操作性界定。

如何在操作上定义大众文化呢?不同的论者出于特定的理论视野,可能会有不同的考虑或偏重,这里想强调如下几方面:第一,今天所说的大众文化并不是任何社会形态都必然伴随的现象,而主要是工业文明以来才出现的文化形态或过程(尽管也有其发展与演化历程);第二,它以大众传播媒介(机械媒介、电子媒介、互联网媒介等)为主要传播渠道;第三,它作为文化产业的制作产品(包括公众体验过程),常常按商品市场规律去运作;第四,它是社会都市化产物,以都市普通市民大众为主要受众;第五,它往往具有一种与权力斗争或理性沉思相对立的感性愉悦特性;第六,它不是神圣的或纯粹精神性的,而是日常的。

这样,我们可以把大众文化定义为:以大众媒介为手段、按商品规律运作、旨在使普通市民获得日常感性愉悦的体验过程,包括工业文明以来的通俗诗、通俗报刊、畅销书、流行音乐、电视剧、电影、广告、网络剧等产品形态以及受众体验过程。

这一定义可以使大众文化同一些相关概念区别开来。第一,与民间文化不同。两者诚然都具有通俗易懂和受众数量巨大等特点,但与民间文化是存在于民间传统中自发的、主要通过口传的民众通俗文化不同,大众文化是与现代工业化和都市化进程相伴随的、运用大众传播媒介手段制作的、具有商品消费特点的市民文化形态。第二,与高雅文化不同。高雅文化与"精英文化"(elite culture)大体同义,虽然同大众文化一样存在于当今都市并主要用大众媒介传输,但在社会效果上有不同追求:高雅文化以教育程度较高的少数知识分子或文化人为受众,旨在表达他们这个特定阶层的个性化的审美趣味、价值判断和历史使命感等;而大众文化则可以覆盖以市民阶层为主干的几乎各个阶层,满足其共通的日常休闲或娱乐需要。第三,与通俗文化不能完全等同。通俗文化可以指代古

---

① John Storey, *Cultural Theory and Popular Culture: An Introduction*, Athens: The University of Georgia Press, 1998, pp.6–18。

往今来与高雅文化相对的具有普及性的文化形态,例如先秦时代与"雅"相对的"国风"、明清时代与"诗歌"相对的"小说",以及在乡村民众中口头传承的民间文化;而大众文化则专指工业文明以来的由大众媒介传输、文化产业生产的那种通俗文化。

大众文化在文化中有何位置?一定时段的文化应是一个容纳多重层面并彼此形成复杂关系的结合体(并非统一的整体),而在其中,大众文化具有自身的特定位置。当前中国文化存在着若干复杂的层面或形态,这从不同角度可以有不同的划分。主要从在受众中的社会效果看,文化可以有四个层面。第一,主导文化。这是以社会群体整合、秩序安定和伦理和睦等为核心效果的文化过程。这种文化代表政府及各阶层群体的某种共同利益,明确地要在尽可能广泛的社会群体中产生教化作用。这是当前中国文化与西方文化不同的一个重要方面。第二,高雅文化。这是满足知识界的理性沉思、社会关怀和个性探索旨趣的文化过程,其主要特征在于形式实验、社会关怀和个性建构。第三,大众文化。这是满足普通市民的日常感性愉悦需要的文化过程。第四,民间文化。这是由乡村普通民众自发的和口头相传的自娱性通俗文化过程。当然,单纯从文化分层来说,这四个层面本身是无所谓高低之分、贵贱之别的,关键看具体的文化过程或文化作品本身如何。每一层面都可能出优秀或低劣作品,无论它是主导文化和高雅文化,抑或大众文化和民间文化。

其实,大众文化与其他文化过程之间不存在天然鸿沟,它们之间的区分是相对的和可变的。重要的是,每个时代的人们总是从自身的文化语境出发去重新创造和理解大众文化与其他文化,甚至把过去时代的大众文化重新指认为高雅文化,从而转换成新的文化"经典",例如金庸的武侠小说在今天一些读者心中已变得颇有高雅文化风范了,而好莱坞影片《魂断蓝桥》《乱世佳人》《音乐之声》等也被视为电影艺术的典雅之作。因此,大众文化应当被视为一个历史性概念,其内涵和特征会随时代及其他因素的演变而发生演变。

## 三、大众文化的特征

大众文化的特征,可以从不同角度去归纳,这里仅仅结合上面有关大众文化的界定做出简要的阐述。初步看,大众文化有如下一般特征:大众媒介性、商品性、流行性、类型性、娱乐性、双向互动性。

第一,大众媒介性。这是指大众文化以大众媒介为主要传播媒介,具有这种媒介所规定的特点。大众媒介,通常包括机械印刷媒介(报纸、杂志、书籍)和电子媒介(广播、电影、电视、互联网和移动网络等)两大类。与以往的文字媒介相比,大众媒介具有传播信息量巨大和受众数量巨大等特点。大众文化主要就是通过这些大众媒介去传输的文化形态。利用现代大众传播媒介（如电影和电视）成批地制作和传输大量信息并作用于大量受众，是所有大众文化的一个基本特征。"大量"是其优势，但贪多求大往往对公众造成传媒的"暴力"。2021年，河南卫视将郑州歌舞剧院原创舞蹈作品《唐宫夜宴》纳入春节联欢晚会舞台，赢得观众广泛好评，创造出在当年全国各省市电视春晚中独树一帜的奇迹，正体现了大众文化的这种大众媒介性的传播功能。

第二，商品性。这是指大众文化具有由文化产业制作的供公众消费的商品属性。大众文化毫不讳言自身的商品属性——它本身就是一种文化商品，是当今消费文化的一部分。报社、杂志社、出版社、广播电台、电影制片厂、电视台、网站等正是这些文化商品的制作或生产机构。法国社会学家鲍德里亚注意到杂货店中大众文化商品与其他消费品杂糅的状况：

> 杂货店本身具有完全不同的意义：它不把同类的商品并置在一起，而是采用符号混放，把各种资料都视为全部消费符号的部分领域。文化中心成了商业中心的组成部分。但不要以为文化被"糟蹋"：否则那就太过于简单化了。实际上，它被文化了。同时，商品（服装、杂货、餐饮等）也被文化了，因为它变成了游戏的、具有特色的物质，变成了华丽的陪衬，变成了全套消费资料中的一个成分。①

正是在这种无奇不有的现代商业与文化中心，一方面大众文化被商品化，而另一方面商品也被文化化，从而使得消费文化成为广告所允诺的"一门新的生活艺术，一种新的生活方式"。鲍德里亚还引用如下广告："时髦日常性：能够在有空调的同一个地方愉快购物，能够一次性购买到食品、用于套房和乡间住宅的材料、服装、鲜花、刚问世的小说或最新问世的小玩意，与此同时，丈夫和孩子看着一部电影或就地一同用餐等等。"② 在这里，消费时装、食品与消费电影是一回事，即它们都属于市民的日常大众文化行为。大众文化常常并不简单地指静态意义上的作品，而是指包括这种作品在内的人的整个商品消费行为及其过程，在这里，商品与文化杂糅共存。

第三，流行性。一种大众文化文本在开初总是善于吸收高雅文化文本和民间文化文本等的某些特点，创造出原创性新模式，随即迅速地通过批量化生产而流行，在一定时段的一定公众群体中风行开来，形成时尚潮流。流行，正是大众文化的必然特征之一。当然，流行往往容易引来众多模仿之作，走向模式化。《一

---

① ［法］波德里亚（又译鲍德里亚）:《消费社会》，刘成富、全志刚译，南京大学出版社2000年版，第4—5页。
② ［法］波德里亚:《消费社会》，刘成富、全志刚译，南京大学出版社2000年版，第5页。

封家书》以前所未有的"此致敬礼"之类家书体形式创作歌词,开创了将日常书信体语言融入流行歌曲的新形式,很快风行全国。随后就出现了《咱老百姓》《祝你平安》《常回家看看》等作品,在公众中形成更大规模的流行趋势。流行的结果是模式化,而模式化则又距"老化"不远了,这就迫使大众文化产业不断地谋求新的创造。

第四,类型性。在一部电影剧本或电视剧剧本中,好人与坏人、情人与情敌、由顺境转逆境或相反等故事,都是按大致固定的种类或类属的模型去打造的,从而有武打、言情、警匪、伦理、体育等众多类型片、类型剧。这与高雅文化文本注重"典型"或"个性"是不同的。不论影视作品还是流行音乐,往往都按类型化特点"定做"。2019年,专门为庆祝中华人民共和国成立70周年而摄制的影片《我和我的祖国》在当年国庆档期一举取得成功,接着第二、三年就跟进摄制《我和我的家乡》及《我和我的父辈》,完成了同一类型影片的"三连响",这就是当前大众文化类型性的一个典范实例。它们都围绕国庆节、决胜全面建成小康社会等国家重要节庆或重大需求而"定制",从而打造出类型化系列形象,满足公众的节日团叙需要和时尚趣味。

第五,娱乐性。大众文化文本无论其结局是悲或喜,总是追求广义上的娱乐效果,使公众的消费、休闲或娱乐渴望获得轻松的满足。如美国影片《红衣女郎》(1984)通过一个事业成功、家庭美满的中年男性与一个红衣女郎的恋爱经历,带给公众一场日常趣味的满足。

第六,双向互动性。由于主要依托以国际互联网为核心的现代大众传媒平台进行传输,既有电影、电视等传统媒体平台,又有国际互联网、移动网络及相应的博客、微博和微信等新兴媒体平台,越来越多的大众文化作品可以实现传者与受者之间的双向互动传播了。这就是说,在当前由传统媒体与新兴媒体交织而成的全媒体时代,大众文化越来越经常地可以及时反映受者或公众的独立声音,从而体现出比以往任何时候都更加便捷的双向互动性。其典范的意义在于,受者或公众可以运用互联网自主地表达自己接受大众文化艺术品的体会了,甚至包括发出与原有创作者或制作者的意图并不相同的,乃至严正质疑的异样声音。也就是说,公众在大众文化作品的鉴赏过程中,可以既是观众,同时又是共同参与创作的人或创作过程本身的干预者、介入者。

不妨来看一则电影实例:一名青年网民自创短片《一个馒头引发的血案》,通过互联网对影片《无极》(2005)发起挑战。中式古装大片《无极》讲述远古时代海天和雪国之间的穷女孩倾城勇敢挑战命运之神的传奇故事。战乱后,穷女孩倾城从假装吊死的贵族男孩无欢手中抢来馒头,又被男孩夺走,需许诺答应做他的奴隶才能换回馒头。女孩假装承诺,在夺得馒头后就违反诺言而疾速逃走,令男孩震惊。她路遇命运之神满神,后者许诺她成为天下最富有的女人,但代价是永远得不到真爱,即使得到也会失去,除非时光倒流。女孩欣然承诺,而这承诺改变了她的命运。20年后,已贵为王妃的倾城连同国王一道被贵为公爵的无欢追杀,幸赖大将军光明和雪国奴隶昆仑冒死相救而脱险。带伤杀死公爵后,在飘飞的雪花和海棠花中,一身雪国人装束的昆仑抱起倾城说:"我要给你另外一次选择的机会。"命运可以改变,倾城,就像时光有时倒转,春天雪花飘飘,生命可以从头再来。这部影片或许着力投寄了编导对人类以真情抵抗命运之神的艰难历程的深度思考等创作意图,但其非中非西、非古非今的离奇故事编排及其怪异的古装设计等,却受到诟病或质疑。①影片一经放映,就引发观众的激烈争议,但这些争议多停留在口口相传上,并没有产生什么社会影响,也就没能影响到编导的心境。

但是,一位武汉青年网民看完《无极》后,却掀起了一场席卷全国的巨大的公共舆论风暴。这位擅长音乐制作和配音的青年,通过把该片片段与中央电视台法制频道《中国法治报道》节目片段相剪接,自创了大约20分钟长的网络短片(或称微电影)——《一个馒头引发的血案》。该短片情节不复杂:一个发生在圆环套圆环娱乐城的破案故事。工作人员兼模特儿张倾城和丈夫王经理起初因为两个月没领到工资而发生口角,后来又因感情问题而争斗,直闹到屋顶上大打出手,突然一个神秘的蒙面骑马人飞奔而至,用西瓜刀刺死王经理。公安干警奉命调查,发现蒙面骑马人的盔甲竟然是该市城管队真田小队长的。他们拘捕了真田小队长,可后者并不承认。公安人员又派善于引诱孩子的陈满神去侦查,终于锁定真田的助手张昆仑,但苦于没有证据。公安部门又派出特警郎警官,他与张昆仑斗智斗勇,居然彼此结成好友,郎警官因而被撤职。正当案情扑朔迷离时,在杀人现场的证人谢无欢向法院控告真田,于是,真田和张倾城被拘捕。昆仑为救倾城而认罪,法官决定分别判处昆仑死罪、倾城劳教一年。死刑由谢无欢执行,他拿出道具馒头说:之所以策划这一阴谋,是要报7岁那年因一个馒头而受到倾城欺骗之仇。昆仑突然挣脱绳索,拿起西瓜刀杀死谢无欢,与倾城一同成功脱逃,从此过上幸福生活。最后,叙述人直接出声揭露谢无欢的阴谋,并告诫孩子和家长不要受骗上当。

与《无极》相对照,这部短片对前者的模仿、戏拟痕迹十分明显。为了加强全片的讽刺和滑稽效果,短片中间还穿插化用名家语录片段,加之其时人气极高的当红体育明星的段子,还有爱因斯坦相对论原理的对错判断,并配有电影《黑客帝国》的主题曲、流行歌曲《月亮惹的祸》、主旋律流行歌曲片段,最后以庄正歌曲片段伴随昆仑与倾城冉冉上升、飘飘欲仙的身影,体现出鲜明的戏拟风格。该网民自述这部短片的创作动机只在"好玩",其创意受到过周星驰"无厘头"喜

---

① 参见王一川:《从〈无极〉看中国电影与文化的悖逆》,《当代电影》2006年第1期。

剧片的影响,也受到短片《大史记》的启发。

但就连他自己都没有想到的是,这部为了好玩的微电影在2005年年底被朋友上传到互联网后,很快在网络引发轰动,直到传统媒体跟进报道,在全国产生了广泛的社会影响,掀起了一场主要针对导演及其影片的强大的公共舆论风暴。舆论界几乎是一边倒地借此短片而指责导演和作品,当然也伴随声讨该网民制作的短片"侵权"的声浪,直到导演和出品方怒而扬言打官司追究"侵权"责任才告一段落。有意思的是,围绕这部短片是否侵权,全国司法界及社会公众展开了广泛热议。有的认定其侵权,也有的为之辩护。而版权局高级官员在回答电视台记者提问时,则表示应该由司法机关通过民事诉讼的方式来解决。这种网络、媒体和国家管理部门的讨论和争议本身,就凸显了普通受者借助互联网平台而产生的日渐增长的发言权。

这里的问题的焦点,不在于这名青年网民的微电影究竟是否侵权或者是否缺乏原创艺术水平,这些批评或许都有其道理;而是在于,正是它的出现及其激发的巨大的社会效应,集中凸显了当今大众文化作品所必然伴随的双向互动性特征:凡是有社会影响力的大众文化作品,总会注意激发公众的互动反应积极性,以便更多地形成双向互动效应。尽管《无极》的导演对此并非有意为之,而且该片在质量上也确实存在问题,同时那位青年网民的微电影制作动机和质量也值得反思,但它所激发的客观后果无疑体现了这一点,无疑对大众文化创作者或制作者产生了启迪效应,促使他们有意识地借助大众文化的双向互动性特征而增强作品的社会影响力。

此后几年间,影片《失恋33天》(2011)创造的票房奇迹,很大程度上正是仰赖网民的互动性参与和拥戴,包括网上投票选择影片导演、演员和故事构思,影片上映时到影院拉动票房,以及上网发布观影感受等。

这种自觉地运用双向互动性而创作、制作和营销大众文化作品的现象,正变得越来越日常化,使得我们不得不把它视为当今大众文化的一种典范性特征了。

有必要指出,这里只是对大众文化的一般特征作了简要描述,而事实上,不同的大众文化形态,如电影文化、电视文化、通俗文学、网络文化、视觉文化、时尚文化等,是有着不同的特征的,需要分别对待,具体分析。

## 四、大众文化与大众媒介

由于大众文化与大众媒介具有密切的关系,因而对这种关系作专门介绍是必要的。

大众媒介(mass media)与大众传播(mass communication)紧密相关,实际上是指大众传播媒介(mass media of communication)。大众传播的一个经常被引用的经典定义是:"大众传播由一些机构和技术所构成,专业化群体凭借这些机构和技术,通过技术手段(如报刊、广播、电影等)向为数众多、各不相同而又分布广泛的受众传播符号的内容。"① 这里的"专业化群体"就是今天所谓职业传播者,而由这些职业传播者掌握和使用的"机构和技术"主要是指"工业革命"以来逐渐盛行的现代大众媒介(如印刷媒介和电子媒介)。由此看来,大众传播是指职业传播者使用大众媒介,在广泛的传播对象中大量、迅速和连续地传播信息,以便施加影响的过程。相应地,大众媒介是指大众传播得以进行的专业机构和技术,它通常包括两类:机械印刷媒介(如报纸、杂志和书籍)和电子媒介(如广播、电影和电视)。

大众媒介的应用推动了大众文化的发展。以中国的情形为例,中国虽然具有悠久的传播历史,并且是世界造纸术和印刷术的故乡,但真正意义上的大众传播史及大众文化史却是短暂的。即便是在明代及清代大部分时段,中国也还没有形成现代意义上的大众媒介和大众文化,尽管那时它们已经在萌芽、滋长了。现代大众媒介的引进终于导致了重要的变化。在中国,大众文化是与鸦片战争以来大众媒介的引进和运用相伴随的。而就中国晚清情形来说,大众文化首先是与新的印刷媒介取代旧的文字媒介的进程联系在一起的:随着西式印刷机器的引进,新的铅字排版逐渐地取代了传统的木刻活字排版,机器印刷代替了手工印刷,而铅印洋装书也替换了木刻线装书,报刊则成了拥有惊人传播能力的新媒介。

大众媒介对于大众文化的发展有着深远的影响。美国社会学家查尔斯·霍顿·库雷在1909年就指出,新媒介在四个方面更为有效:"表达性,它们能传送范围广阔的思想和感情;记录永久性,即超越时间;迅速性,即超越空间;分布性,即能达到所有各阶级的人们。"② 到了1935年,德国哲学家本雅明论述了以平版印刷、摄影和电影为代表的现代"机械复制"技术对现代艺术的巨大而深远的影响。机械复制"不但能够复制所有流传下来的艺术作品,从而导致它们对公众的冲击力的最深刻的变化,并且还在艺术的制作程序中为自己占据了一个位置"。而这种新的复制技术所导致的一个重要变化在于,通过成批的机械复制而把传统艺术作品所具有的那种独一无二的原创性的审美特质——"灵韵"(aura,或译光环、光晕、韵味等)"排挤"掉了。"在机械复制时代凋萎的东西正是艺术作品的光环。这是一个具有征候意义的进程,它的深远影响超出了艺术的范围。我们可以总结道:复制技术使复制品脱离了传统的领域。通过制造

---

① [美]杰诺维茨:《大众传播研究》,转引自[英]丹尼斯·麦奎尔、[瑞]斯文·温德尔《大众传播模式论》,祝建华、武伟译,上海译文出版社1987年版,第7页。

② [美]库雷:《社会组织》,转引自[美]梅尔文·德弗勒、桑德拉·鲍尔-洛基奇《大众传播学诸论》,杜力平译,新华出版社1990年版,第27页。

出许许多多的复制品,它以一种摹本的众多性取代了一个独一无二的存在。复制品能在持有者或听众的特殊环境中供人欣赏,在此,它复活了被复制出来的对象。这两种进程导致了一场传统的分崩离析,而这正与当代的危机和人类的更新相对应。这两种进程都与当前的种种大众运动密切相联。"① 本雅明清楚地看到,现代机械复制技术能够给传播带来革命性变化:有力地冲击以维护独特"灵韵"为宗旨的"传统"传播方式,开创以大量"复制"为标志的新的大众传播方式。

今天如何把握大众媒介在大众文化发展过程中的作用？现有关于大众媒介的作用的观点很多,这里可以举出其中三种。

第一种是加拿大学者英尼斯的"传播的偏斜"(bias of communication)论,认为传播媒介对于知识在空间和时间中的传输会产生重要的影响,而传播媒介对这种时间或空间因素的相对倚重,将意味着被其传输的文化出现一种意义的偏斜。② 例如,"偏于时间"的社会往往由简单的口头文化统治,或者其中通行的媒介是沉重的、难以移动和复制的,如石头和黏土,这类社会强调习惯、连续体、神圣知识等,是偏重传统的社会。与此相对,"偏于空间"的社会则以更易移动、携带和复制的媒介取而代之,如古埃及以莎草纸取代石头,欧洲以纸张和印刷取代羊皮纸等。这种社会会产生"偏于空间"的文化,如领土扩张、世俗制度、专门技术等。③ 他甚至主张:"一种新媒介的优势将成为导致一种新文明诞生的力量。"④

第二种为"媒介即讯息"(The medium is the message)论。麦克卢汉主张媒介是人的延伸,即人的器官的延长。媒介的发达使得全地球成为一个小小的"地球村"。正是据此观点,他提出了惊世骇俗的"媒介即讯息"的主张。与以往把媒介仅仅视为传播的工具或渠道不同,麦克卢汉认为,一种新媒介的出现总是意味着人的能力获得一次新的延伸,从而总会带来传播内容(讯息)的变化。"媒介即讯息只不过是说:任何媒介(即人的任何延伸)对个人和社会产生的影响,都是由新尺度引起的,这种新尺度是被我们的每一次延伸或每一种新技术引导进我们的事务中的。"⑤ 新媒介的产生并不仅仅意味着一种新工具或新技术,而是一种社会"新尺度"的创造。这种观点富于启发性地揭示了媒介的重要作用,

---

① [德]本雅明:《机械复制时代的艺术作品》,张旭东译,《电影理论文选》,中国电影出版社 1990 年版,第 61、62—63 页。

② Harold Innis, *The Bias of Communication*, Toronto: University of Toronto Press, 1951, p.33.

③ Harold Innis, *The Bias of Communication*, Toronto: University of Toronto Press, 1951, p.42.

④ Harold Innis, *The Bias of Communication*, Toronto: University of Toronto Press, 1951, p.34.

⑤ Marshall Mcluhan, *Understanding Media: The Extensions of Man*, New York and Scarbough: New American Library, 1964, p.23.

但又将这种作用做了过分渲染。

第三种观点是美国传播学者麦罗维茨的"媒介即情境"论,这也许要平实而可信些。他把麦克卢汉的理论与戈夫曼(Goffman)的"面对面互动"(face to face interaction)论结合起来思考,提出"信息情境"论:不应把媒介的作用仅仅理解为技术本身的决定性作用,而应理解为由媒介所造成的信息情境(situation)的作用。媒介的作用取决于媒介所造成的信息情境,这种信息情境犹如谈话的地点场所一样,可以影响到信息的传播,进而影响人的行为。他明确提出如下主张:"新媒介,新情境"(new media, new situations)[①],"新情境,新行为"(new situations, new behavior)[②]。比较起来,麦罗维茨的理论较为契合大众媒介在社会中的实际作用。

从以上三种各有其得失的理论可见,媒介在审美中的作用既不应被夸大,也不应被轻视,而是需要正视,予以充分合理的关注。大众媒介在大众文化中的作用表现在:它不只是大众文化的外在物质传输渠道,而是它本身的重要构成维度之一;它不仅具体地实现大众文化信息的物质传输,而且给予大众文化的意义及其修辞效果以微妙而又重要的影响。

这具体地表现在如下方面:第一,从社会情境看,大众媒介有力地参与营造了大众文化得以生成并在其中发挥作用的社会"公共领域",这种公共领域可以突破统治者的话语霸权垄断而实现自由信息的传输与制造。第二,从发送者看,正是在这个由大众媒介建构起来的教育与舆论情境中,一批批痛感文化危机而渴望寻求出路的文化青年承受着强烈的现代性冲击,毅然决然地从传统文人变成了现代艺术家。第三,从接受者看,同样是在上述社会情境中,公众获得了崭新的现代性启蒙,成为熟悉并喜爱现代大众文化如通俗白话小说、广播、电影等的"大众"。第四,从传播方式看,大众媒介构成大众文化及现代艺术样式得以传播的物质传输渠道。在这个意义上,没有大众媒介便没有大众文化以及现代艺术样式。第五,从修辞效果看,大众媒介直接关乎大众文化的意义构成。大众媒介并不只是影响现代大众文化文本的外在剩余装饰因素,而是它的意义及修辞效果的重要构型因素。由于不同的大众媒介在社会情境中扮演不同的角色,因而这种媒介对于大众文化具体文本的意义及修辞效果会发生某种带有实质意义的影响。

举例来说,一位当代作家要当众叙述一个感人的故事,他可以选择不同媒介:如以口语媒介讲述口传故事,可能会力求叙述语言口语化、词汇生动、句式简易,使用可以唤起听众兴趣的重复性套语等,这更适合通俗听众的口味;如以手

---

① Joshua Meyrowitz, *No Sense of Place: The Impact of Electronic Media on Social Behavior*, New York: Oxford University Press, 1985, p.38.

② Joshua Meyrowitz, *No Sense of Place: The Impact of Electronic Media on Social Behavior*, New York: Oxford University Press, 1985, p.40.

抄本媒介传输小说，可能会照顾文人读者的阅读习惯，不妨使用一些富于文采或带有个人性格的复杂词语和句式；如以机械印刷媒介大量地印行小说，可能会兼顾不同阶层读者的阅读需要，寻求"雅俗共赏"；如以电视连续剧的剧本形式去讲述，可能会注意投合"黄金档期"或"黄金时段"家庭主妇的观看兴趣；如以网上小说连载，则会顾及网上传输速度而力求表达简易、考虑上网的日常性而力求通俗、鉴于没有公开的编辑把关而无所顾忌地表达，同时也满足匿名的各阶层网友的私人隐秘渴望或公共领域幻想。无论选择哪种媒介，都无法改变这一事实：文本的意义及修辞效果因媒介的不同而或多或少地出现差异。

中篇小说《贫嘴张大民的幸福生活》最早发表在《北京文学》1997年第10期，以一种类似"黑色幽默"的看似轻松实则凝重的笔调，叙述了北京胡同平民青年张大民的"幸福生活"，唤起读者对这种普通人及其生存困境的反思与同情冲动，令人读后感受到一份久久难以释怀的沉重。这是与登载小说的杂志媒介的特点紧密关联的。这种文学杂志要求读者具有较高文化程度，至少具备初等以上教育，能够"坐下来"阅读和思考，透过语言而想象其描写的形象并品味其意义。显然，这一杂志的读者多是文化人，他们大体能够领会作者传达的高雅文化色彩浓厚的深层意义。张大民的妻子李云芳以前的情人——曾是毛巾厂技术员，从美国回来探亲，要请李云芳等过去的同事一道在鸿宾楼吃饭。吃饭看来是一件日常生活的平常事件，在这里却使人感受到，在张大民的"幸福生活"之下，那种通常被掩盖着的可怕的乃至全球化体验的危机。不妨阅读下列片段：

> 那年夏末，毛巾厂的技术员回来了。可能有衣锦还乡的意思吧，要请厂里的朋友吃饭，也请了李云芳。她不想去，同事们说你必须去，给他一个面子，他敢来劲，我们帮你掀桌子，不信他不把尾巴夹起来。李云芳告诉了张大民，问去还是不去，满以为他会说又不是没吃过饭，吃他的饭干吗，不去！听到的却恰恰相反，去！快去！干吗不去！挑最贵的菜点，好好敲他一顿！平时逮不着美国鬼子，好不容易逮着一个，死吃！菜不够，把他也蘸酱油咽喽！别忘了给我带条胳膊，我想嚼他不是一天两天了，我倒满了酒杯等你！张大民嘻嘻哈哈，像往日一样没正经，李云芳就不再说什么，开始打开柜门儿给自己找裙子了。她的后脑勺没长眼睛，没看见他的脸一下子阴云密布，目光也暗下去，灰下去，惶惶然如丧家之犬了。
> 
> "……在哪儿请？"
> 
> "鸿宾楼。"
> 
> 李云芳前脚走，张大民后脚就跟出来了。没干过这种事，知道是丑事，知道不该干，可还是硬着头皮干下去了。盯梢儿吗？吃醋吗？怕最后一根稻草离开自己飘走吗？下起了小雨。不久便下大了，变成了瓢泼大雨。张

大民落汤鸡一样站在树底下,看着鸿宾楼的灯光和大玻璃后面的红男绿女,陷入了一生中最大的精神危机。折腾了半辈子,三十六拜都拜了,最后一哆嗦也哆嗦了,还是一事无成啊!

张大民在雨中走到半夜,一推家门发现李云芳在客厅坐着,饭桌上搁着一叠钱,绿不叽的,不是中国钱。

"你干什么去了?"

"看你们吃饭去了。"

"你……"

"钱都付了?"

"急死我!真有你的!"

"他想买你什么?"

"你……"

"还是你已经卖了?"

"……你混蛋!"

李云芳给了张大民一个嘴巴。那叠外国钱,把张大民残存的最后一点儿自尊给击碎了。怪就怪技术员自作多情,把888美金放在礼品衬衣里,要给受赠人一个惊喜,殊不料吓坏了李云芳,还打碎了她们家的醋坛子,把男主人逼得悲痛欲绝,差点儿打开窗户从阳台跳下去。长夜难眠,夫妻俩倾心长谈,一个扒开肋骨让对方看心脏红不红,一个扒开肚子让对方看肠子直不直,不免相拥而泣,说了哭,哭了笑,笑了再说。……

……

张大民和技术员在京伦饭店大堂见面的时候,离飞机起飞的时间不多了。技术员接过装钱的信封,十分腼腆,脸涨得通红,一边看表一边吞吞吐吐的不知要说什么。张大民没想到对方是这种风格,正所谓见了熊人压不住火,一张嘴,嗓子眼儿蹿出一只狗,汪汪汪汪,连他自己都不知道叫的是什么了。

"在美国年头儿不短了吧?学会刷盘子了么?美国人真不是东西,老安排咱们中国人刷盘子。弄得全世界一提中国人,就想到刷盘子,一提刷盘子,就想到中国人。英文管中国叫瓷器,是真的么?太孙子了!中文管美国叫美国,国就得了,还美!太抬举他们了!你现在是美国人,你心里最清楚,那儿美吗?是人呆的地方吗?他们叫咱们瓷器,咱们管美国叫盘子得了!赶明儿多去点儿中国人,好好刷他们丫挺的,让丫美!"

"对不起,我要去赶飞机了。"

"我送送你。以后别这么随便给人钱。你要塞给这儿的一位小姐,她就跟您钻耗子洞了。你塞给我们云芳,我们云芳都哭了,觉得受了侮辱,以为你想怎么着似的。我知道你对不起她,心里有愧,想补偿补偿,可是这点儿钱拿不出手呀。等您发了大财,拿出十万八万的,用红带子扎上,单腿儿一跪,把它们当面交给云芳,不比你现在藏着掖着的强?这点儿钱你留着回美国买汽油使吧,别瞎耽误工夫了。赶明儿钱不够花了跟我说,我让云芳寄给你,咱就甭客气了,谁跟谁呀?哪儿跟哪儿呀?您说是不是!"

"对不起,车来了,再会!"

……

出租车开出老远了,他才住嘴。嗓子眼儿发干,太阳穴嘣嘣直跳。张四民去世以来,下岗以来,吃醋以来,一切一切的憋闷都随着这通胡说八道吐出去了。天蓝了,云白了,走在大街上两只脚一颠一颠的又飘起来了。①

这个片段有点长,但确实写得精彩,也颇能说明问题。这起看来平常的吃饭事件,意料不到地引发了张大民内心的剧烈波澜。李云芳与技术员恋爱的事,虽然早已过去,但在张大民心中却烙下了难以修复的深刻的社会创伤记忆:他这个普通工人与那位移民外国的技术员之间的社会地位是如此的不平等,以致给他带来连他自己恐怕也不十分清楚的全球化时代特有的社会创伤体验,引起他的屈辱感和怨恨。这次由于技术员宴请李云芳事件的激发,才得以毫无遮掩地流溢出来。于是,借助吃饭事件,张大民找到了重新调整自己社会地位的合适借口,凭借自己的"贫嘴"给予技术员以辛辣的嘲讽、挖苦,从而使自己作为北京胡同下岗工人在与从外国衣锦还乡的技术员的社会地位之争中,取得了一种幻想上的优势地位或语言上的胜利,似乎由此化劣为优。正像叙述人所说的那样,"一切一切的憋闷都随着这通胡说八道吐出去了。天蓝了,云白了,走在大街上两只脚一颠一颠的又飘起来了"。然而,张大民的这种优势感更多的只是停留在言语上而不是现实中,只不过是一种言语的狂欢而已。言语的狂欢成了张大民调整自己卑微社会地位的一种修辞性策略。可见,透过文本解读,张大民的"幸福生活"实在不过是一种过于沉重和沉郁的"幸福",体现了一种必然的"黑色幽默"和反讽效果。

然而,当这部小说于1999年和2000年先后被改编成典型的大众文化文本——电影《没事偷着乐》和与小说原著同名的电视连续剧时,就特别突出了电子媒介所特有的表现上的视觉性、面向普通受众的内容上的通俗性,以及相应的明星效应(相声和小品演员饰演影片中的张大民,电视剧中的张大民则由著名话剧演员饰演)。这种影视改编的突出效果之一,在于着力渲染了张大民的平民生活的"幸福"感。这可以极大地满足大众文化所规定的表现普通公众幸福生活、

---

① 刘恒:《贫嘴张大民的幸福生活》,《北京文学》1997年第10期。

适应其轻松与休闲愿望的诉求。相比之下,杂志小说里的那份高雅文化特有的理性反思意味和沉重感,就轻易地被视听觉上的"幸福生活"感觉给消解掉了。当观众在晚饭后一边聊天,一边观看张大民的"贫嘴",他们从中领略到的除了"好玩""够劲",还有什么?他们又如何能够体会到由对杂志小说语言的反复阅读才得以获得的那份生命的沉重感?可以说,作为电子媒介的影视文学解构了作为机械印刷媒介的杂志文学原有的高雅文化修辞效果,使其悄然间转换成了大众文化。

简言之,大众媒介关乎大众文化过程——其选择和运用在特定语境里总是关涉大众文化的意义及其修辞效果。大众媒介对于大众文化的作用和意义是多方面的和复杂的,这里只作了简要说明。

## 五、大众文化中的多元互渗景观

上文着重阐述了大众文化与主导文化、高雅文化和民间文化之间的区分,从另一方面看,它们之间的相互渗透、相互融会其实更为经常。在大众文化文本中,常常可见主导文化、高雅文化和民间文化的因子的渗透痕迹,从而出现大众文化的多元互渗景观。大众文化的多元互渗景观,是指大众文化文本中多种文化元素交叉渗透、彼此难以分辨的情形。它有着丰富复杂的表现,主要有以下三种形态。

第一,大众文化的主导化。大众文化文本要真正在当前我国社会中产生合法性作用,就需要遵循或至少不违反主导文化的规范。电视剧《历史转折中的邓小平》(2014)通过回顾邓小平复出至出席阅兵式的几年间的开拓历程,刻画了这位改革巨人的形象,从而为新的改革历程提供了一面镜像。《觉醒年代》(2021)在大历史观背景下,围绕《新青年》杂志这个中心,讲述了"新文化运动""五四运动"和"建党运动"的历程,塑造了陈独秀、李大钊、毛泽东、陈延年、陈乔年、蔡元培、辜鸿铭等典型人物的群像。《问苍茫》(2023)重访毛泽东从1921年参与建党到1927年发出"枪杆子里面出政权"的宣言之间的"苍茫"旅程,在情景交融中叙事而产生化史为诗的修辞效果,在大历史观下反思而起到以史增信的作用,通过烘云托月法表现人物而释放出典型传神的力量,创造出这位革命伟人从"苍茫"到明朗、从有疑问的探寻到信念确定的抒情式青春史诗。这三部电视剧显然都突出了主导文化在大众文化中的导向作用。

第二,大众文化的高雅化。大众文化常常把以往的高雅文化经典的某些因子巧妙地渗透进自身躯体中,以便获取来自高雅文化经典的权威性。金庸的武侠小说就常常输入中国古代高雅文化因子,在大众文化形态中变形地再造出"高雅"。《射雕英雄传》第30回写郭靖护送黄蓉去寻找一灯大师治伤,一路闯过"渔樵耕读"四大高手中的前三个。面对最后的高手书生,小说这样写道:

黄蓉……见那书生全不理睬，不由得暗暗发愁，再听他所读的原来是一部最平常不过的《论语》，只听他读道："莫春者，春服既成，冠者五六人，童子六七人，浴乎沂，风乎舞雩，咏而归。"读得兴高采烈，一诵三叹，确似在春风中载歌载舞，喜乐无已。黄蓉心道："要他开口，只有出言相激。"当下冷笑一声，说道："《论语》纵然读了千遍，不明夫子微言大义，也是枉然。"那书生愕然止读，抬起头来，说道："甚么微言大义，倒要请教。"黄蓉打量那书生，见他四十来岁年纪，头戴逍遥巾，手挥折叠扇，颔下一丛漆黑的长须，确是个饱学宿儒模样，于是冷笑道："阁下可知孔门弟子，共有几人？"那书生笑道："这有何难？孔门弟子三千，达者七十二人。"黄蓉问道："七十二人中有老有少，你可知其中冠者几人，少年几人？"那书生愕然道："《论语》中未曾说起，经传中亦无记载。"黄蓉道："我说你不明经书上的微言大义，难道说错了？刚才我明明听你读道：冠者五六人，童子六七人。五六得三十，成年的是三十人，六七四十二，少年是四十二人。两者相加，不多不少是七十二人。瞧你这般学而不思，嘿，殆哉，殆哉！"那书生听她这般牵强附会的胡解经书，不禁哑然失笑，可是心中也暗服她的聪明机智……①

　　这种"胡解经书"的方式，是用戏谑的方式拆解经典，造成化雅为俗和以俗戏雅的效果。解读儒家经典以及对对联、猜谜语等，原是中国古代文人阶层高雅文化传统的一个显著特征，这里却以戏拟这一特殊形式移植到现代大众文化文本中，并且与黄蓉和书生等人物的具体生活境遇密切结合起来，既有助于刻画黄蓉和书生的性格或特点，又可以向现代读者显示高雅文化传统的独特魅力。这样做，意味着使武侠小说这种大众文化文类获得"高雅化"，从而似乎可以超越通常大众文化的水平而进入高雅文化的行列。不过，金庸武侠小说具有多面性，既可俗读也可雅读，既可视为大众文化也可视为高雅文化。原因并不复杂：某些优秀的大众文化文本是可以超越通常分类的限制而兼具其他文化的文本特征的。

　　第三，大众文化的民间化。大众文化有时竭力借用民间文化因子，投合普通民众的通俗趣味。曾经登上2016年中央电视台春节联欢晚会的流行歌曲《华阴老腔一声喊》，是摇滚乐与陕西民间传统艺术华阴老腔相融合的一个典范，由流行歌手和陕西华阴老腔艺人联合表演。"周秦汉几千年/圪梁梁土塬塬/不怕汗珠子摔八瓣/老百姓盼的是日子甜/盼盼盼甜甜甜/盼盼盼甜甜甜"，这样充满泥土味的歌声，在现代摇滚的节奏中释放出华阴老腔的深沉底蕴，给予电视观众以深切的感动。2020年1月下旬新冠疫情防控期间，一群武汉音乐人集体创作

---

① 金庸：《射雕英雄传》（珍藏本），广州出版社2009年版，第900页。

出都市轻民谣风格的歌曲《武汉伢》：

街道口的风，撩醒了夏虫/竹床上的小孩做着梦，热干面糊汤/一样的吃相，海角天涯/流淌唇齿香，这是我的家/在这里长大，轧过大桥说过心里话/深夜的司机，绕几圈繁华/不宵夜，不作罢/黄鹤楼的诗，烂熟在嘴巴/多少次我低头默念啊，只准自己骂/只许别人夸，我爱的/武汉啊，江汉路的雨/淋过你几回，二厂汽水换成了酒杯/牛皮谁在吹，面子给不给/仆仆千里，有母劝儿归/这是我的家，在这里长大/一把蒲扇，挺得过炎夏/冬天雪花花，日子火辣辣/可爱的，武汉伢/这是我的家，我们守护她/故乡的土，亲吻过脚丫/如果有一天，她也需要我/搭把手，就过了/搭把手，就过了

歌中深情回忆起武汉人的民间日常生活过程，提及如"热干面糊汤""二厂汽水"等民间美食，"竹床""蒲扇"等日常物品，"街道口""大桥""黄鹤楼""江汉路"等武汉市的标志性地名，"只准自己骂/只许别人夸"等民间口头习惯语。还有就是"轧过大桥说过心里话"一句，点出的是武汉市民才知道的当代民间习俗：一对青年男女相约牵手走过武汉长江大桥后，就等于共同确定终身大事、一同白头偕老了！这是多么美好而又平常的当代民间习俗！重温这些武汉当代日常民间习俗，相当于发掘武汉地缘美学密码，可以激发起武汉市民坚定的生存信心和勇气。这正是当代大众文化（流行音乐）主动借鉴民间习俗以增强感染力的一则生动案例。

大众文化的多元互渗现象是丰富多样的，这里只是简要的列举。

## 六、大众文化研究与大众文化素养

在对大众文化作了上面的讨论后，有必要对它在当代中国的研究状况作点极简略的描述，以便帮助读者通过了解大众文化研究在我国的演变，进一步理解大众文化的社会作用。同时，还需要就国民大众文化素养问题作出初步说明。

改革开放以来，我国的大众文化研究经历了从批判立场到学理分析立场的演变。回想 20 世纪 90 年代初，大众文化咄咄逼人的发展势头曾激起学术界对大众文化的研究热情，主要体现为知识界对大众文化的商业性的敏锐警觉和对其低俗品位的冷峻批判。[①] 这些批评自有合理的一面，其对法兰克福学派批判

---

① 参阅以下论著：尹鸿《为人文精神守望：当代中国大众文化批评导论》（《天津社会科学》1996 年第 2 期）和《大众文化时代的批判意识》（《文艺理论研究》1996 年第 3 期）、陈刚《大众文化与当代乌托邦》（作家出版社 1996 年版，第 65—74 页）、陈晓明《先锋派之后：九十年代的文学流向及其危机》（《当代作家评论》1997 年第 3 期）和《从虚构到仿真：审美能动性的历史转换——九十年代文学流变的某种地形图》（《当代作家评论》1998 年第 1 期）等。

理论和鲍德里亚理论的运用也有一定的意义。但与此同时,对于大众文化较为冷静的学理分析的声音也逐渐响起。这里既有明确反对那种有关大众文化是使"人文精神"遭到"遮蔽"或"失落"的罪魁的一边倒看法,认为新的文化语境下"人文精神"必然会"转化"到包括大众文化和精英文化在内的多种文化形态中,从而等于肯定了大众文化的文化性。与有关大众文化品位低俗的判断不同,这里也有认为"大众文化的兴起适应了当前中国大众的一个新需要:在基本温饱满足之后,在政治与日常私人空间分开后,他们竭力寻找属于个人的文化消费空间。正是由于这一新机遇,加上高度先进的大众传播媒介的神奇功效,大众文化在与精英文化的生死较量中平步青云,显示了无与伦比的市场优势"。这里还有看到大众文化是中国社会文化出现分流与互渗状况时的必然产物,具有独特地位,因而认为:"90年代审美文化不会是一体化的,而总会呈现三种、甚至多种文化形态之间的错综复杂的局面。"出于对多种文化形态必然相互共存和互渗的认识,这里还有一种主张,即平等地对待大众文化及其他文化,"这些文化之间不应有简单或一成不变的等级划分,它们应共处于一个平等的文化结构网络之中。重要的不是使各方消融个性以变得整齐划一,而是一方面尊重各自的独特逻辑,建立其价值系统,将自身可能性充分展示出来,另一方面寻求确立他们之间的能形成平等对话的良性循环机制"。同时,对大众文化也有很大的保留:一方面反对那种认为大众文化"遮蔽"了"人文精神"的观点,主张它可能携带人文精神;另一方面又看到,"当代大众文化中人文精神诚然可能有,但毕竟已很淡薄了",从而呼吁以新的"沟通"精神使80年代的"启蒙"精神得以"转化",加强不同文化形态之间的对话、仲裁、阐释、认同和体验等多种沟通活动,在当代文化整体中建立起大众文化与其他文化之间的良性循环关系。[①]

在过去二十多年间,对大众文化的肯定性探讨逐渐增多。一些学者并不讳言大众文化的商品化和低俗化偏向,但是不主张用高雅文化的准则去生硬地阻碍大众文化发展,而是强调用大众文化本身的标准去衡量它并允许其生存。有学者建议在双重视域中考察"电子文化"的意义,认为它既带来解放效果,又制造一种控制;既预示了潜在的民主,又剥夺了某些自由,所以,应当既肯定又批判。[②] 随后,越来越多的学者开始检讨先前对大众文化的偏颇看法,主张从中国特定的文化历史语境中进行客观的理解。[③]

---

[①] 参见王一川:《从启蒙到沟通——90年代审美文化与人文精神转化论纲》,《文艺争鸣》1994年第5期。

[②] 参见南帆:《双重视域——当代电子文化分析》,江苏人民出版社2001年版,第4页。

[③] 参阅以下论著:陆扬、王毅选编《大众文化研究》(上海三联书店2001年版,第17页),金元浦《当代文艺学的"文化的转向"》(《社会科学》2002年第3期),陶东风《日常生活的审美化与文艺社会学的重建》(《文艺研究》2004年第1期)等。

经历了上述演变历程后,我国学界基本上已经不再仅仅以高雅文化或精英文化的标准去审视大众文化并谴责其低俗,而是能够以理性态度和学理视角加以分析,特别能够结合中国社会和文化的独特而复杂的语境,借鉴西方大众文化理论资源,对当代中国大众文化现象作出理性分析和判断。这样,20世纪90年代初期那种难免失之简单的美学批评和道德谴责,已让位于严肃而宽容的学术探讨。当然,需要指出,这种演变部分地也与来自西方的大众文化理论资源的演变有关:起初法兰克福学派的批判理论在我国一枝独秀,随后才有英国"文化研究"等新资源的持续和大量的引进。

法兰克福学派理论家霍克海默和阿道尔诺在《启蒙辩证法》一书中,将大众文化视为对于公众的一种彻头彻尾的"欺骗"形式,认为其导致人与人之间的关系被"彻底物化"。置身在广告等大众文化精心编织的欺骗性氛围中,消费者常常身不由己地受到蛊惑。针对霍克海默和阿道尔诺对大众文化的否定性立场,费瑟斯通评论:"他们的方法取向,是通过对今天看来已经站不住脚的关于真实个体与虚假个体、正确需求与错误需求的区分,对大众文化进行精英主义式的批评。普遍的看法是,他们瞧不起下里巴人式的大众文化,并对大众阶级乐趣中的直率与真诚缺乏同情。"[①]应当讲,这种否定性观点有其合理的一面,即正确地看到了大众文化所具有的虚幻性与商品性等属性,有助于人们抵御那些充满泡沫的大众文化的虚幻允诺,至少可以对其保持一种警觉。然而,另一方面,完全无视大众文化的任何积极作用,就过于偏激了。

另一些论者对大众文化宁愿采取肯定性立场。与霍克海默和阿道尔诺激进地否定大众文化不同,英国"文化研究"代表人物理查德·霍加特、雷蒙·威廉斯和斯图尔特·霍尔等致力于发掘大众文化的积极作用。霍尔分析了公众对电视节目的态度。霍尔认为,电视节目来自制作者的精心编码(coding),而观众的观赏则意味着对之加以解码(decoding)。观众中可能存在着三种解码立场:一是统治性—霸权性立场(dominant-hegemonic position),指观众完全受制于制作者的意图;二是协商性符码或立场(negotiated code or position),指观众可以投射进自己的独立态度,与制作者形成协商格局;三是反抗性符码(oppositional code),指观众从制作者的对立面去瓦解电视意图。[②]如果说,第一种立场可以为法兰克福学派的否定性主张提供来自观众视角的支持,那么,第二种立场则开始有所偏离,而到第三种立场则已经站到了这种否定性主张的对立面,即转而为有关大众文化的肯定性观点提供支持。根据第三种立场,大众文化就完全可能在观众的能动观赏中抵消可能的消极作用,转而呈现出积极的社会效果来。这表明,大众文化绝不是铁板一块,公

---

① [英]迈克·费瑟斯通:《消费文化与后现代主义》,刘精明译,译林出版社2000年版,第2页。
② Stuart Hall, Encoding and Decoding in Television Discourse, During, Simon.ed. *The Cultural Studies Reader*, second edition, London: Routledge, 1993, pp.507—517.

众既可能被淹没,也可以寻求自己的主体性。一个合适例子是,2001年中央电视台播出电视连续剧《笑傲江湖》时,引来全国电视观众的各种激烈反应,其中占压倒优势的是指责、讽刺或谩骂声浪。这是电视剧制作者们始料未及的,也是媒体事前所无法预料的。观众如此激烈的反对声浪,在中国电视剧的播映史上应是空前的,而各种媒体的重点报道也前所未有,这突出地证明了观众对于大众文化文本的解码立场的多样性和复杂性,也折射出此时的社会文化心态。

可见,大众文化文本的社会作用是复杂多样的,应具体分析,不能单凭制作者意图而断定它的优劣好坏。同时,这也可以提醒那些对大众文化采取武断的否定态度的人们:普通公众中有可能蕴藏着对于大众文化的识别与反抗的能量,这种反抗并不简单地来自大众文化之外,而就存在于大众文化的包括制作与观赏在内的整体过程之中。也就是说,大众文化本身就可能是自反性的,即它可以自己反对自己、自己解构自己。原因之一就在于,大众文化总想投观众所好,让观众有一种主人翁的感觉,显得比故事中的人物高明,从而使观众有时可以轻易地看穿制作者的意图或把戏,并站出来毫无顾忌地以常识为武器加以揭露。

当然,大众文化毕竟是一种牵连广泛的复杂的文化现象,需要以一种清醒的理智态度去审视。尤其是在当前消费文化潮流中,大众文化常常以不容置疑的强迫性左右公众:有时让自身的商品特性与审美特性复杂地纠缠在一起,甚至往往让固有的商品特性隐藏在令人炫目的审美特性之中;有时以表面的阶级或阶层平等掩盖事实上的不平等;有时以高雅文化作为卖点;有时给予人们空幻的自由许诺,如此等等。对此,都需要以理智的态度,针对具体现象去加以探讨。

正是在此情形下,大众文化素养及其涵养就有着重要的意义。在当前,面对已成为日常生活的重要组成部分的大众文化,我国社会公众或国民都需要具备相应的鉴赏、鉴别、判断和分析等素养,这就是大众文化素养。大众文化素养,是有关大众文化现象的认知、体验及分析素质与能力。国民不仅需要一般的饮食与衣着素养、安全素养、文字与文化素养、道德素养、情感素养、理智素养、社会尊重素养、自我实现素养等,而且也需要专门针对大众文化的大众文化素养,这种素养可以有效地帮助国民学会鉴赏、鉴别和分析大众文化,把大众文化纳入健康的文化认知框架中。

国民大众文化素养的培育或涵养,在当前具有重要的意义。来自传媒学科的媒介素养(media literacy)知识系统可供我们借鉴。美国媒介素养中心(Center for Media Literacy,简称CML)曾提出考察媒介素养的五个核心概念:第一,所有媒介都来自建构,有建构原则或非透明性原则;第二,媒介讯息由拥有自身规则的创造性语言建构,有编码与规约原则;第三,不同的人对同一媒介讯息可有不同体验,有受众解码原则;第四,媒介含有价值和观点,有内容性原则;第五,多数媒介讯息被组织旨在获利或获权,有动机原则。这五个核心概念或原则都旨在以专业化的媒介研究概念系统去承担公众的媒介素养教育的任务。事实上，这五个核心概念都建立在对媒介系统的不信任这一基本判断上。注意，不是信任而是不信任，成为大众媒介或媒体留给社会公众的基本形象。把这五个原则引入大众文化素养研究，也可以照此推论说，大众文化同大众媒体的本性一样，就该是运用大众媒介手段去感染和吸引公众并且从中获利。如是，则国民大众文化素养教育的任务，就该是培养社会公众或国民养成抵御大众文化欺骗的坚强素养了。

这看起来有些偏激和片面，但确有一定的合理性。因为，在通常的大众文化过程中，大众文化制作方往往代表文化创造、商业资本及社会强势群体等的控制力量，处在强势与主动地位；而国民则是由分散的年龄、性别、阶层等多种群体构成，特别是其中的未成年儿童尚缺乏基本的认知与鉴别能力，他们容易在不期而至的时尚潮流中随波逐流，被置于被动与弱势地位。这就要求通过讲解和分析大众文化，让国民明辨其基本的建构原则、编码策略及获利动机等，逐步涵养健全而睿智的大众文化素养，随时防备种种大众文化的强力冲击或轮番诱惑。对此可以提到流行歌曲《雾里看花》：

雾里看花水中望月/你能分辨这变幻莫测的世界/涛走云飞花开花谢/你能把握这摇曳多姿的季节/烦恼最是无情夜/笑语欢颜难道说那就是亲热/温存未必就是体贴/你知哪句是真哪句是假/哪一句是情丝凝结/借我借我一双慧眼吧/让我把这纷扰看得清清楚楚明明白白真真切切。

这里描述的"雾里看花"，仿佛是对真假莫辨、迷离恍惚的大众文化的贴切领悟。呼唤"借我一双慧眼"，可以视为对于国民大众文化素养教育的急切诉求。拥有较高的大众文化素养，正可以有效地抵御来自大众文化的多方面的震扰，让公众或全体国民以健康的理性态度应对大众文化。因此，国民大众文化素养的涵养，正是当前提高国民整体素养的一个重要方面，应当成为国民素养教育的一个基本课题。与其继续争辩大众文化是否是文化或是否具有积极的文化价值，不如为涵养国民的大众文化素养做些基本的工作。

## 本章小结

大众文化作为人类符号表意系统的一种，完全有理由被视为文化。大众文化概念有两种用法：一是以"mass culture"表述，一是以"popular culture"界说。本书主要在"popular culture"意义上使用大众文化。大众文化是以大众媒介为手段、按商品规律运作、旨在使普通市民获得日常感性愉悦的体验过程，包括工业文明以来的通俗诗、通俗报刊、畅销书、流行音乐、电视剧、电影、广告、网络剧等产品形态以及受众体验过程。大众文化有如下特征：大众媒介性、商品性、流行性、类型性、娱乐性、双向互动性。大众媒介的应用推动了大众文化的发展。关于大众媒介的作用的观点主要有三种：第一种是加拿大学者英尼斯的"传播的偏斜"论，第二种为麦克卢汉的"媒介即讯息"论，第三种观点是美国学者麦罗维茨的"媒介即情境"论。大众媒介在大众文化中的作用表现在：它是大众文化的重要构成维度之一，给予大众文化的意义及其修辞效果以微妙而又重要的影响。大众文化具有多元互渗景观，表现为大众文化的主导化、高雅化、民间化。大众文化具有基本的社会作用：通过大众媒介传输和生产那些具有流行性、类型性和娱乐性的文化商品，以便满足公众的日常愉悦需要。我国的大众文化研究经历了从批判立场到学理分析立场的演变。大众文化素养是对于大众文化现象的认知、体验及分析素质与能力。需要加强国民大众文化素养的涵养。

## 思考与练习

1. 大众文化是文化吗？结合具体实例加以说明。
2. 大众文化有哪些不同用法？
3. 什么叫大众文化？
4. 大众媒介与大众文化有何关系？
5. 大众文化有哪些特征？结合具体实例加以分析。
6. 大众文化与其他文化有何关系？
7. 如何理解大众文化素养及其作用？

第二章

# 电影文化

在当代,电影已不仅仅是一门大众艺术。在都市生活中,看电影已经成为一种普遍平常的生活。作为日常生活中主要的文化娱乐方式之一,看电影已经衍化出到电影院看电影、在家看影碟、在家看电视电影[①],以及通过在线视频媒体平台看电影[②] 等多种方式了。可以说,电影已经成为一种大众文化,是当代民众生活中的一道日常而亮丽的文化风景线。本章拟简单分析电影文化的特征、功能和电影艺术发展进程,介绍作为电影文化的突出代表的类型片,同时结合当代中国电影现状及近年中国电影个案谈谈如何展开初步的电影批评。

## 一、电影文化的特征与功能

一般而言,电影是一种以活动照相术结合幻灯放映发展起来的综合艺术,主要流程是用电影摄影机以每秒摄取若干格画幅的运动速度,将被拍摄的运动过程记录在条状胶片上,成为许多格的动作逐渐变化的画面;然后经过一定的工艺过程,制成可以放映的影片;当影片通过放映机以同样的运转速度被灯光连续地投影于银幕时,由于人类视觉具有暂留印象的特性,观众便从银幕上看到像是实在活动的、放大了的活动影像。[③] 学者们普遍承认,20世纪以来的电影不仅是

---

① 电视电影是电影与电视结合的电影类型,是指专门为电视台播映摄制的影片。
② 视频通常指涉各种动态影像的储存格式,视频技术最早是为了电视系统而发展,但现在已经发展为各种不同的格式以利消费者将视频记录下来。网络技术的发达也促使视频的纪录片段以串流媒体的形式存在于互联网之上并可被电脑接收与播放。媒介平台是指通过某一空间或场所的资源聚合和关系转换为传媒经济提供意义服务,从而实现传媒产业价值的媒介组织形态。媒介平台在如今主要指新兴媒体,即基于互联网的媒介平台。基于互联网指并不限于互联网,而是既有线上服务也有线下业务。
③ 所谓视觉暂留,主要是指人眼在观察景物时,光信号传入大脑神经需经过一段短暂时间,光的作用结束时,视觉也不立即消失。残留的视觉称"后像";视觉的这一现象称为"视觉暂留"。在放映电影的过程中,画面被一幅幅地放映在银幕上。画幅移开时,光线就被遮住,幕上便出现短暂的黑暗;每放映一个画幅后,幕上就黑暗一次。但这一次次的黑暗,被人的视觉生理现象"视觉暂留"弥补。比利时科学家 J.A. 普拉托于1829年奠定了这一理论。经许多位科学家研究确定,视觉暂留时间约为1/5秒到1/30秒。当电影画面换幅频率达到每秒15~30幅时,观看者便见不到黑暗的间隔了。因此,电影发明初期,无声电影的标准换幅频率为每秒16幅(每秒输片1英尺),之后的有声电影则改为每秒24幅。参见约翰·劳顿、亚当·斯密:《速成读本:电影》,张树智、李文译,生活·读书·新知三联书店2002年版,第10—11页。

一门综合艺术,同时也是现代社会的一项文化产业。

这里标举电影是一种文化,主要强调作为现代大众媒介形态的电影与现代民众之间的紧密关系,及其在当代世界民众文化生活中的相应功能。在20世纪30年代,德国思想家本雅明就指出,电影以其鲜明的新型媒介技术拉近了艺术与群众的关系,突破了文化与艺术的传统,冲击力强。"总而言之,复制技术把所复制的东西从传统领域中解脱了出来。由于它制作了许许多多的复制品,因而它就用众多的复制物取代了独一无二的存在;由于它使复制品能被接受者在各自的环境中去加以欣赏,因而它就赋予了所复制的对象以现实的活力。这两方面的进程导致了传统的大动荡,而传统是人类的当代危机和革新的对立面,它们都与现代社会的群众运动密切相联,其最有影响力的代理人就是电影。电影的社会意义即使在它最具建设性的形态中——恰恰在此并不排除其破坏性、宣泄性的一面,即扫荡文化遗产之传统价值的一面——也是可以想见的,这一现象在伟大的历史电影中表现得最为明显,并不断扩大。"[①] 本雅明特别重视现代媒介技术条件下的电影,作为新型文化生产方式,电影的出现和成熟,带给民众震惊,并且极大地改变了现代民众消费习惯,生成了新型媒介技术下诸多艺术特点。他强调,这会引发艺术观念本身的变革,其影响非常深远,也蕴含着社会革命的潜能。事实也正如此,从大众文化的角度看,在当代世界,电影文化正是当代世界电影工业的产物,电影文化产品体现的也正是当代世界的文化逻辑。具体分析而言,在当代世界,电影文化具有如下几个重要特征:

1. 文化工业化

电影通过娱乐大众而获得经济利益,这正是影片制作的一个主要目的。从制作和资金循环而言,电影主要以大众喜好为主导趣味,实行商业运作,其投资行为和工业化生产都以追求利润为主要目的和动力。据美国电影协会资料,到2000年,美国电影每年的国内票房已达到76.6亿美元,同时还从海外电影市场赢得超过60亿美元的巨额利润,这正是美国新经济的重要组成部分之一。据统计,20世纪90年代初期,在世界所生产的4 000部故事片中,好莱坞影片的数量不到1/10,但票房却占其中的70%。经过半个多世纪的国际化努力,如今的美国电影无处不在,好莱坞几乎已经成为电影的代名词。从总体上讲,除少量实验或艺术电影以外,世界绝大部分电影都是大众文化产品,其制作者也都希望影片能获得高票房和经济效益。《重庆森林》《一代宗师》等被许多人当作艺术片,但其导演却多次谈到,自己的电影如同超级市场货架上的货物一样,是供人选择的产品。

---

[①] [德]瓦尔特·本雅明:《摄影小史 机械复制时代的艺术作品》,王才勇译,江苏人民出版社2006年版,第115页。

2. 产品娱乐化

电影作为文化产业制作的大众文化产品,以大众趣味的培养和满足为基本导向。在影片与现实的关系上,大众文化形态的电影主创者并不强调影片与现实、社会和意识形态之间的必然联系,他们往往认为影片无所谓固定旋律,只有大众选择的艺术走向、艺术趣味和政治观念。同时,在影片中不追求真实,甚至在价值评判上也不寻求直接的道德教化效果。

3. 故事类型化

在电影叙事上,商业电影的总体特征是情节化、故事化,主要讲求封闭叙事或营造戏谑活泼氛围,以娱乐大众和形成主流认同为目的。因此,作为大众文化产品的电影,往往形成若干的相对固定的故事类型。也有少数影片淡化叙事因果链,追求氛围、情绪和场景的展示,留下空白,让观众自己将故事组接完形。

4. 语言通俗化

作为文化产业的电影,其语言往往讲究明晰清楚,注重观众的可接受性,因而影像往往是透明的、客观化的,具有可传达性。虽然也有写意性,或营造诡谲意象、设置离奇情节,但总体上而言,其语言表意明确,功能清楚。

不过,自电影诞生一百余年来,对芸芸众生而言,形形色色的电影塑造了一个个奇妙的梦幻世界,而电影文化也映现着现代民众的趣味、欲念和感知觉方式。学者们常常用如下这几个有意思的隐喻,来概括电影文化在现代社会的认识、教育和娱乐功能。

(1) 画框

法国电影理论家米特里把银幕比喻成画框,因为影像是纵深的,它的透视效果总是确定在某一点上,因而更像绘画。虽然电影可以成为对人类行为最真实客观的目击者,但电影影像向我们展现的始终是一个画框里的世界,画框使电影隐藏起叙述人(即摄影机)的存在,似乎是故事本身在讲述自己,表现自己。在隐藏的摄影机的推、拉、摇、移、升、降运动的复合与变换中,在音响和音乐进一步完善修饰和帮助下,电影以运动的方式记录运动的物体,形成丰富多彩的叙事和修辞,形成一个充满真实幻觉的故事世界。本雅明将绘画与电影相比较,描述电影以其新的媒介方式给人们带来的"惊颤":"人们可以把放映电影的幕布与绘画驻足于其中的画布进行一下比较,后者使观赏者凝神观照。面对画布,观赏者就沉浸于他的联想活动中;而面对电影银幕,观赏者却不会沉浸于他的联想。观赏者很难对电影画面进行思索,当他意欲进行这种思索时,银幕画面就已变掉了。电影银幕的画面无法被固定住。……实际上,观照这些画面的人所要进行的联想活动立即被这些画面的变动打乱了。基于此,就产生了电影的惊颤效果。这种效果像所有惊颤效果一样唯有通过格外的镇定,才能被感受到。电影则凭借它的技术结构解放了官能的惊颤效果……"①画框中的影像就是这样一个感官与实物当面接触的幻觉,摄影机通过镜头和焦距的巧妙转换,通过对观众观看方式和距离的模拟,使观众始终处于一个如同在现场的、当下的目击者的位置,观众的身心无须太多的想象就身不由己地卷进事件的时间与空间。电影影像给观众造成的逼真的视觉幻觉和体验上的冲击力是毋庸置疑的。

(2) 窗户

20世纪初电影诞生不久,便有人发现柏拉图在两千多年前讲述的"洞穴"寓言与电影影院空间有着惊人的相似。柏拉图假设有一群人固定在洞穴里,对于外部世界,他们只能看到投影到洞壁上的影像,由于他们终生不能行动或回头,因此投射在他们面前洞壁上的影像,便成了他们所能看到的关于外部世界的唯一真实。当路过的人们谈话时,洞穴的人们会误认为声音正是从他们面前移动的阴影发出的。柏拉图讲洞穴寓言的目的是强调人们往往由于自身的限制而把幻象当成真实,把表象当成真理。然而20世纪的影院也如同这样一个洞穴:黑暗中影像幢幢;正规影院中对号入座的方式,也就在观影过程中将观众锁在固定座椅上;一堵墙隔开影院和放映室,从放映室方窗即观众后上方发出的光源,将影像投射在观众面前的幕布上。电影的影像如此逼真和迷人,人们忘了它并非真实而仅仅是一些移动的光影。扬声器从银幕两旁或整个放映厅发出声响,而观众却宁愿相信声音来自银幕。电影与叙事的结合,也使电影成为人类有史以来最成功而有效的"骗术"。虽然如此,法国电影理论家安德烈·巴赞喜欢把银幕比喻成窗户。在他看来,虽然银幕的四边会遮挡人的行动,使观众看不到银幕外的空间,但人们对银幕外空间的理解其实是以银幕内空间的存在为潜在前提的;而且,人们总是从一个空间移向另一个空间,总是想象或渴求着下一个镜头的出现。虽然镜头呈现的可能是表象和幻象,也可能是真实或真理,但也正是电影使人们可以从这扇窗户中看到这个纷繁变化中的世界,从这个通俗易懂的艺术中得到消遣、娱乐和游戏,从而逃离现实压力,消除疲劳,得到精神的滋养。也就是说,虽然影像并不意味着真实和真理,但电影作为大众文化的重要样式之一,其认知功能是不能低估的。

(3) 梦境

美国学者苏珊·朗格认为,"电影与梦境有某种关系,实际上就是说,电影与梦境具有相同的方式""就其与形象、动作、事件以及情节等因素的关系而言,可以说,摄影机所处的位置与做梦者所处的位置是相同的"。②法国电影理论家雷

---

① [德]瓦尔特·本雅明:《摄影小史 机械复制时代的艺术作品》,王才勇译,江苏人民出版社2006年版,第142页。

② [美]苏珊·朗格:《情感与形式》,刘大基、傅志强、周发祥译,中国社会科学出版社1986年版,第480页。

纳·克莱尔也指出:"请注意一下电影观众所特有的精神状态,那是一种和梦幻状态不无相似之处的精神状态。黑暗的放映厅、音乐的催眠效果、在明亮的银幕上闪过的无声的影子,这一切都联合起来把观众送进了昏昏欲睡的状态,在这种状态中,我们眼前所看到的东西,便跟我们在真正的睡眠状态中看到的东西一样,具有同等威力的催眠作用。"① 法国电影理论家克里斯蒂安·麦茨以弗洛伊德思想及其后学发展的精神分析学为依据,研究电影和梦之间的相似性。在他看来,电影的实质在于满足观众的欲望,因而影片结构往往间接地反映和应和了无意识欲望的结构。比如,观众在观影时出现"入片状态",即观众在意识到自己是在看电影,银幕上的一切不过是虚幻影像的同时,却又像睡着了一样沉湎于影片之中,以至于把银幕上的一切又都当作现实,现实与梦幻融合,产生犹如"白日梦"的幻觉,这或许正是好莱坞往往被称为"梦幻工厂"的原因。学者们的概括当然不一定全都准确,但可以肯定的是,观众观看电影时确实时常进入一种全身心投入、昏昏欲睡似的欣赏状态。他们充分发挥自己的感知觉,与银幕上的画面、影像进行互动。而作为观看对象的影像,则常常成为人们期盼、向往和移情的对象,借助它,人们的爱恨情仇和喜怒哀乐得到传达和宣泄。也就是说,电影作为大众文化样式之一,其移情、宣泄和娱乐的功能也是不能忽视的。

(4) 镜子

按照法国精神分析理论家雅克·拉康的"镜像"理论,婴儿往往通过镜中自我来确认自己。鲍德里亚认为,观众的观影活动与此类似,因为镜子的外形与银幕相似,都是有框架的二维画面。银幕使电影影像与现实世界分离,构筑了一个想象中的世界。而观影者凝视银幕的情景,与婴儿在镜中寻求自我确认时的情景是非常相似的,都处于静止和被动状态。观众表面上是眼睛盯着银幕影像,实际上如同婴儿一样向影片中的角色寻求认同,把自己的目的和欲望投射到影片中人物的身上,然后反过来再对人物所体现的动机和价值产生认同。许多电影都非常有意味地出现镜子的意象,如法国新浪潮左岸派导演阿伦·雷奈的《去年在马里昂巴德》、我国第四代导演黄蜀芹的《人·鬼·情》。有的电影甚至直接以镜子命名或探讨镜像中自我的问题,如瑞典导演英格玛·伯格曼的《犹在镜中》,苏联导演塔尔科夫斯基的《镜子》等。因此,在某种意义上,镜子的比喻确实说明了观众与影像的关系,即观众对影像的"双重的认同":观众既对摄影机产生认同,摄影机使观影者变成了一个全知全能无处不在的上帝,又对镜中物即人物影像产生认同,叙事的世界是以主要人物为中心组织的。银幕与镜子的类比,推翻了传统电影理论关于电影是物质现实的复原的观念,这种观念突出了电影的意识形态和文化认同的功能,强调通过电影中主体的文化生成的效应:原本作为

---

① [法]雷纳·克莱尔:《电影随想录》,邵牧君、何振淦译,中国电影出版社1962年版,第89—90页。

欣赏客体的对象在瞬间成为主体或互为主体,观众好像是看到了另一个自己。比如《费城故事》(1993)中,观众似乎会逐步地、有意无意地对故事中的那个杂牌律师产生认同,感到他值得同情,感到身患艾滋病的主人公像是一个巨大的"召唤结构",它不仅唤醒了律师的同情和爱心,而且也使原先采取保守立场的观众受到很大的震撼,进而对主人公生出同情、理解和爱怜。

总体而言,由于影片可以大量复制放映,有着过去的戏剧艺术形式所没有的传播优势,所以具有广泛的群众性。也正因此,匈牙利电影美学家贝拉·巴拉兹指出,电影对人类文化生活及能力提升都具有极大的促进作用:"电影艺术的诞生不仅创造了新的艺术作品,而且使人类获得了一种新的能力,用以感受和理解这种新的艺术……电影艺术的产生增强了人的理解能力,因而揭开了人类文化历史的新的一页。正如音乐的影响促进了人类听音乐和理解音乐的能力一样,电影艺术的丰富内容也促进了人类欣赏和理解影片的能力……我们不仅亲眼看到了一种新艺术的发展,而且看到了一种新的理解能力和一种新的文化在群众中的发展。"[①] 这一观点从肯定的和乐观的角度揭示了电影的文化作用。

电影的魅力,让人很容易回想起意大利电影《天堂电影院》(1988)中的场景:已是有声电影时代了,在那间昏暗的天堂影院里,物质上非常匮乏的人们,却非常激动而狂热地聚在银幕面前,眼睛直勾勾地盯着银幕上的每一个人物和动作,一边喃喃自语,一边发出哄笑和喧哗,甚至流下痴情的泪水。对大众而言,电影就是这样,既像是一个不断变换着影像的画框,画框里上演着悲欢离合的人生戏剧;又像一扇窗户,汇聚了世间万物、芸芸众生和大千世界,给我们认识,也使我们接受着可能不是真理的表象;电影也像一面镜子,映照着人生的沉浮和人性的善恶,人格的高尚、平庸和卑劣;电影有时又像一个似真似幻的梦,表达着我们的恐惧、创伤和无奈,也寄托着我们的希冀、期待和热情。电影在某种意义上来讲确实满足了观众深层心理的种种欲望,尤其是惊险片、动作片、爱情片和喜剧片等类型片和娱乐电影。这些电影之所以吸引观众,往往可以从观众深层心理结构中找到原因。

## 二、电影语言与电影文化的发展

电影是一种文化,但在电影文化和电影工业发展的初期,有很多现代思想家和艺术家是把它当作一种崭新的艺术并投入了大量的艺术激情和创造力来发展的。作为大众文化的艺术样式,电影既是视觉艺术又是听觉艺术,既是时间艺术又是空间艺术,获得了继音乐、诗歌(文学)、舞蹈、建筑、绘画、雕塑之后的"第七艺术"的美称。概括而言,电影以视觉画面和声音组成的逼真镜头,运用蒙太

---

① [匈]贝拉·巴拉兹:《电影美学》,何力译,中国电影出版社1982年版,第18—19页。

奇等表现手段,创造特有的时空结构,去再现生活,表现思想,成为一门视听结合的综合艺术。画面、声音和蒙太奇①,是电影艺术的基本语言。在 20 世纪,正是通过电影语言的不断创造革新,电影得以吸收各门艺术的长处和特点,丰富和充实自己的视听表现力,从而使自己从马戏团杂耍般的地位中逐渐地摆脱出来,发展成为一种得到更多公众认可的属于大众文化的艺术样式。

1. 卢米埃尔兄弟的"活动照相术"

卢米埃尔兄弟拍摄的《火车进站》内容非常简单:火车在远处像个黑点,从远方开来,逐渐逼近了站台,同样逼近了观众。景深镜头表现了火车由远而近的过程,极具纵深感,放映时观众受到极大震惊,甚至引起前排观众惊恐逃逸。电影短片《工厂大门》再现了一群工人从厂里出来,值班的人将大门关上,影片结束,没有故事,只有记录,并且非常简单。而《水浇园丁》或许是后来一切喜剧片的雏形,它的特色在于有一个小小的故事情节,一个园艺工人正在给花草浇水,一个儿童走过,踩住了水管,园丁以为没水了,但儿童把脚挪开,水柱喷射而出,喷了园丁一脸。故事近乎标准喜剧,令人发笑,导演的顽皮和机警隐于其中。总体上看,此时的电影只是对原生态生活的纪实描摹,侧重的是电影的照相本性,他们的"活动照相"带有纪实的风格,最初的观众得以带着惊奇的目光从银幕上辨认出"自己"和日常生活世界,由此可以获得崭新的体验。但随后的电影不能不突破原始记录的窠臼,寻求进一步发展。

2. 梅里爱的"戏剧化"电影

梅里爱原为演员和魔术师,1897 年在法国建造电影史上第一个专业摄影棚。梅里爱发现,摄影机镜头不必总是对着周围的生活,戏剧舞台上的场景变换和情节演变也可以使电影突破现实的束缚,由此人们可以看到未曾见到的、只能在想象中出现的事物。这样,从古代历史传说到现实奇闻逸事、从虚幻梦境到真实事件,都可以进入电影。梅里爱还创造了诸如"停机再拍"②、叠印、叠化、多次曝光、渐隐和渐显等电影手法。在电影史上,梅里爱确立了"戏剧化"电影的基本样式,发展了电影突破现实的想象功能。但是,梅里爱的电影由于剧情

---

① 蒙太奇是法文 montage 的译音,原本是建筑学上的用语,意为装配、安装。电影理论家将其引入到影视艺术领域,指电影作品创作过程中的剪辑组合。"蒙太奇"的含义有广狭之分。狭义的蒙太奇专指对镜头画面、声音、色彩诸元素编排组合的手段,即在后期制作中,根据文学剧本和导演的总体构思精心排列,将摄录的素材构成一部完整的影视作品。其中最基本的意义是画面的组合。

② 一个偶然的机会使梅里爱意识到电影巨大的幻想功能:有一次梅里爱在拍摄街景时,摄影机发生故障,原计划拍摄的婚礼队伍错过了,当摄影机重新开始工作的时候,原先的位置已经为灵车所替代。在放映时,奇迹出现了,婚礼场景的后面突然出现了丧礼的灵车,两个镜头连接在一起产生一种新的诙谐幽默的效果。梅里爱马上意识到一种新的技巧诞生了,通过它,一个物可以变成另一物,一个人可以变成另外一个。梅里爱由此在电影中开始大量使用"停机再拍"的手法,实际上,这正是把两个不同镜头剪辑在一起的蒙太奇手法的前奏。参见尹鸿、邓光辉:《世界电影史话》,国际文化出版社公司 2000 年版,第 18 页。

基本不离古典戏剧"三一律"、摄影机也固定不动、"银幕即舞台"的观念过于固定化,终于在无情的市场竞争中被淘汰出局,而梅里爱也因此破产以致沦落街头。

3. 格里菲斯、爱森斯坦与蒙太奇

"镜头"是电影的最小单位,这个理念直到格里菲斯才真正得以实现。在格里菲斯之前,电影的构成是以场景为单位的,梅里爱的幕启幕落和固定视角显示了他与同时代人对电影的理解。而电影中时空的自由转换,用影像记录人类自己才是电影的本质。当格里菲斯在自己的电影中初步尝试和自觉运用"闪回""平行交叉"以及移动摄影、交替切入等手法来控制影片的节奏,进而产生梦幻般感觉的时候,人们才感觉到电影充满了戏剧所不及的崭新创造力。如在影片《一个国家的诞生》(1915)中,林肯在剧院被刺一段,格里菲斯运用多机位拍摄和交叉剪辑的方法拍成。本(即后来的小上校)疾驰救援卡麦伦全家的"最后一分钟营救"一段,成功运用平行蒙太奇手法,使重大事件发生过程中的不同时空和具体场景中人物的情状和反应,以及整体上的混乱和紧张效果,都得到集中展现。再如《党同伐异》(1916)中,影片将一个慈祥的老妈妈摇动摇篮的镜头重复展现,造成了时间的流动感,从而突破过去以单个故事进行线性叙述的俗套,实现了四个同时展开的故事的切换。格里菲斯打破了"三一律"的戏剧旧程式,使电影摆脱了附庸于古典戏剧的状况,在电影语言上也最终与戏剧语言区别开来。格里菲斯的多种电影新手法只是为了完成对故事的实际叙述,还未能具备美学上的自觉意识。而真正充分认识到蒙太奇在电影中的地位和作用,并全面论述蒙太奇在电影中的美学价值和美学规律的,要数20世纪20年代以爱森斯坦等为代表的苏联蒙太奇电影学派。1923年,年仅25岁的爱森斯坦发表文章《杂耍蒙太奇》,这是第一篇关于蒙太奇理论的纲领性宣言。爱森斯坦强调,画面是影像的相互碰撞,通过剪辑出来的效果才能使观众感到震惊,两个镜头对列在一起产生新的表象、新的概念和新的形象。在他导演的影片《战舰波将金号》(1925)中,爱森斯坦对蒙太奇的运用达到炉火纯青的地步。影片在短短的70多分钟里,有多达1 346个镜头,剪辑节奏紧张有力,充满张力和冲突。其中最激动人心、堪称经典的是"敖德萨阶梯"段落,极具惊心动魄的震撼力。片长3分43秒,镜头则多达139个,宏大场面和微观的小细节交叉剪辑,画面表现出强烈的视觉冲击力,镜头的组接产生了极强的蒙太奇效果和艺术节奏感,充满了危机感、紧张感和控诉感,观众的紧张、恐惧和忧虑被这种蒙太奇手法渲染到了高潮。爱森斯坦的蒙太奇理论得到后来几乎所有的电影理论和实践的公认。蒙太奇被普遍用来指画面、镜头和声音的组织结构方式,成为按照特定的创作目的和遵循一系列艺术规则,对镜头与镜头、画面与声音进行有机组合的基本手段。通过这种手段,创造出电影作品空间与时间的完整性和统一性,完成对人物、环境和事件的叙述，表达具有内在逻辑的思想和情感，创造和谐的节奏和风格。广义而言，蒙太奇不只是一种剪辑规则，它不仅仅体现在电影制作的后期剪辑中，而且也体现在文学剧本和分镜头剧本的构思、创作以及由各个创作部门合成的整个创作过程中。在爱森斯坦之后，蒙太奇的观念、艺术规则和技术技巧等随着电影的发展有了许多变化，其功能也不断完善和丰富。

4. 巴赞与"长镜头"

二十世纪三四十年代以来，美国好莱坞电影的风格发挥着越来越大的影响力，好莱坞的经典影片形成了以戏剧化和分解拍摄为特点的电影美学传统。出于对当时电影中过度使用的蒙太奇手法和"戏剧化"的警惕，巴赞在40年代提出"总体现实主义的理论"，并将之扩展为一套完整的写实主义电影体系。巴赞批评爱森斯坦的蒙太奇理论过于强调导演的主观意念，分解了完整的现实，破坏了生活的整体性，从而使一种简单化的思想意识凌驾于实际生活的无限多样性之上，世界本身的多义性和开放性变成了单义性和封闭性，剥夺了观众对生活的感受和体验。从这个立场出发，巴赞提出"蒙太奇应予禁止"，对当时正在崛起的意大利新现实主义电影给予了高度评价，并且有针对性地提出了要求完整再现现实的时间和空间关系的"长镜头"理论。意大利新现实主义电影是20世纪40年代末50年代初以罗西里尼的《罗马，不设防的城市》(1945)、德·西卡的《偷自行车的人》(1948)、德·桑蒂斯的《罗马11时》(1952)为代表的电影运动，这些作品以其对社会现实的朴实反映和对人生情感的真挚关怀，几乎打动了世界上所有国家和民族的电影观众。这些电影力图"回到卢米埃尔的风格"，反对好莱坞的戏剧化模式，追求一种质朴的纪录性。这些影片所包含的人道主义关怀、现实主义精神以及包括实景拍摄、非职业表演、自然灯光、偷拍等的纪实性电影技巧，一起为后来的电影创作提供了多方面的启示。巴赞认为："就电影生产的重要地位和影片的质量水准而言，今天对电影的理解最为深刻的国家恐怕就是意大利。"[①] 意大利新现实主义电影坚持和发展了银幕上的现实主义传统。

## 三、类型片简介

类型片是作为大众文化的电影文化成熟的产物，也是当代电影文化的突出代表。所谓类型片(genre film)，主要是指在外部形式和内在观念上按照某种相对固定套路(比如对有关情节、角色、布景、主题、技巧以及明星等元素的处理)进行摄制和观赏的故事影片。类型片最初在20世纪初到第二次世界大战期间的美国好莱坞发展、分化并成型，而后盛行于世界各国。类型片的分类不同于电

---

① [法]安德烈·巴赞：《电影是什么？》，崔君衍译，中国电影出版社1987年版，第272页。

影类型的分类(如故事片、纪录片、专题片、风光片和广告片等),而主要指故事片中具有的相对稳定的套路类型,如西部片、爱情片、喜剧片、强盗片、推理片、惊险片、动作片、歌舞片、科幻片、战争片等。

一般而言,类型片之所以成为类型,是因为它首先提供了一个包含着无法解决的社会矛盾的两难框架,如穷人与富人(爱情片等),文明与蛮荒(西部片),秩序与颠覆(侦探片),速度与恐惧(惊险片)之类;然后用各种变奏去演绎、强化这种对立;并最终用一种假想方式去解决那个事实上根本无法解决的矛盾。每一种类型片都包含了对观众不同欲望的挑逗、满足与规诫。类型片往往创造集体神话,塑造当代英雄,表现社会主流价值和大众心理愿望,比如敢于对抗政府或黑社会的英雄、除暴安良的警察、个人奋斗的底层小人物,乃至凭爱情制胜的灰姑娘;使用分门别类的模式体系,按照创作者和观赏者熟悉的程式创造定型化的人物;多采用非现实主义的手法,程式化叙事,运用夸张的人物表演和造型,注重观赏效果等。

类型片并非固定不变。20世纪50年代好莱坞类型片发展到高峰后,显得僵化和停滞,受到观众的批评和冷遇,以及法国新浪潮电影的破坏性模仿的冲击。所以,近几十年来,好莱坞及全球的类型片一直随着时代进步和观众趣味而变化,往往通过讽刺、综合新元素等方法来震撼观众的期待视野,造成观赏上的新鲜感。从60年代起,好莱坞的一些中年导演创作了一批重新赋予类型片模式以生命力的影片,这一现象被笼统地称为"新好莱坞"。这些导演并不彻底否定好莱坞的类型片,而是承认类型的规律、明星制和工业化的生产方式,主要在影片的形式和内容上为其充实各种新元素。1967年阿瑟·佩恩导演的《邦尼和克莱德》,标志着"新好莱坞"电影确立地位和类型片重获生命力。此后,他与弗朗西斯·科波拉、斯蒂芬·斯皮尔伯格、马丁·斯科西斯、斯坦利·库布里克、乔治·卢卡斯、丹尼斯·霍佩尔等都拍出了许多成功的类型片。其中著名的如:《教父》(1972)、《大白鲨》(1975)、《星球大战》(1977)、《闪灵》(1980)、《美国往事》(1984)、《与狼共舞》(1990)、《好家伙》(1990)等。同时,由此也形成了各种派生类型(如从强盗片发展而来的警匪片,可归入科幻片的灾难片),也有复合类型(如惊险动作片、警匪枪战片),也有场景、视觉风格、结构形式较固定的类型(如黑色电影),甚至反类型的类型片,类型划分不一而足。下面就中外电影中的几种典型的类型片作简要描述。

1. 爱情片(romantic film)

该类型影片往往以爱情为主要题材,着重铺陈爱情的发展,从萌生、发展、到波折、磨难,直至恋人的大团圆或离散悲剧的情节过程。传统爱情片往往采用灰姑娘模式或穷小子配富家女的格套,表现一种爱情至上、超越一切的精神。如《魂断蓝桥》中爱情战胜悬殊的阶级和身份差异,《美女与野兽》中爱情战胜了魔法,《我的父亲母亲》中爱情顶住了政治环境的巨大压力,《人鬼情未了》中爱情更是超越了人鬼殊途的生死两界。爱情片的风格一般比较浪漫、流畅,调子明亮,对电影语言的运用偏于谨慎、朴素甚至保守。爱情片的代表作有《一夜风流》(1934)、《魂断蓝桥》(1940)、《卡萨布兰卡》(1942)、《罗马假日》(1953)、《窈窕淑女》(1964)、《简·爱》(1970)、《法国中尉的女人》(1981)、《人鬼情未了》(1990)、《风月俏佳人》(1990)、《钢琴课》(1993)、《西雅图不眠夜》(1993)、《甜蜜蜜》(1996)、《泰坦尼克号》(1997)、《我的父亲母亲》(1999)等。

2. 西部片(western movies)

该类型影片产生于美国,是最经典的类型片品种之一。西部片形成了较为规范和完整的模式,常常以美国西部拓荒时代为背景,反映文明与蛮荒、个人与社会、本族文化与异域文明之间的基本矛盾。西部片在视觉造型上往往出现西部风貌,如山谷、沙漠、荒原、小镇和酒馆;摄影造型上多注重运动、广角镜头、黄色基调,与西部景物相配;情节紧张,动作激烈,人物定型化;道具多有来复枪、左轮枪、马、马靴、宽边帽、牛仔服、皮裤、警徽等。题材往往是表现西部牛仔拓荒故事和警察建立法律的过程,或拓荒者与印第安人的关系,人物多由贞洁女主角、善良男主角和邪恶歹徒组成典型的三角关系。西部片主要表现西部牛仔的英雄精神,他们崇尚自由,独来独往,勇于任事,建立法律,拓展文明。一般认为,《火车大劫案》(1903)是西部片的滥觞之作,《关山飞渡》(1939)是奠定西部片基本模式的经典之作。美国好莱坞制造的著名西部片还有《正午》(1952)、《原野奇侠》(1953)、《午后枪声》(1962)、《黄金三镖客》(1966)、《西部往事》(1968)、《与狼共舞》(1990)等。

3. 惊险片(thriller film)

惊险片又名悬念片、惊悚片。该类型电影善于让观众体验悬疑和惊悚的情感。与往往以足智多谋的侦探为主人公的侦探片和以罪犯为主人公的强盗片不同,惊险片主要以受害者为主人公,他们是普通人却处于危险之中,而影片要充分调动各种视听觉元素,不断地制造悬念,使观众跟着主人公一起卷入情境,同人物一起经历焦虑和惊悚,感受威胁感,其结局往往也是主人公暂时脱离险境。一般认为,惊险片处理的大多是现代人的焦虑和恐惧,表现了人类境遇中的荒诞和心理上的幽暗面,并且通过强化表现这类焦虑和恐惧,缓释了现代人的心理压力。20世纪最著名的惊险片大师当数阿尔弗雷德·希区柯克,其代表作有《爱德华大夫》(1945)、《后窗》(1954)、《晕眩》(1958)、《西北偏北》(1959)、《精神病患者》(1960)、《群鸟》(1963)、《暴怒》(1972)等。继希区柯克之后,惊险片也有上乘佳作出现,如《致命的诱惑》(1987)、《恐惧角》(1991)、《沉默的羔羊》(1991)等。

### 4. 动作片（action film）

动作片主要指以人或机械的快节奏动作为主要形式来制造趣味的电影。在动作片类型电影中，动作场面往往占了相当大的比重。影像中人物的跳跃和飞行，人的肉搏、冷兵器打斗和现代枪战，以及包括飞机、汽车、摩托车等在内的动感强烈、具有视觉冲击力的种种机械运动，都是重要的场面和情节内容。同时，动作片往往对镜头语言的剪辑节奏和外部摄影机的运动提出较高的要求，以便造成一种独特的动感效果。与那种将注意力集中在设置对立双方的社会定位、价值观对立上的警匪片电影不同，动作片的叙事主要是为主人公展示武打和动作。比如，吴宇森的警匪片《英雄本色》(1986)，虽然也有较多的动作和武打，但该片渗透了强烈的情绪和情感色彩，极力渲染人的愤懑、抑郁、伤感和对义气、地位、信心和尊严的追求。相比之下，成龙的电影《警察故事》(1985)的主要兴趣都在动作，如他自己所说："我编的影片在任何时候都是以动作为主，以《警察故事》为例，①车在木棚区横冲直撞；②劫持巴士；③喜剧动作；④在超级市场打斗。有这4个动作，再考虑人物。"[①] 从总体上看，动作片可以分成两种。一类是以人的动作为主要表现对象的，如美国的《洛奇》(1976)、《第一滴血》(1982)和中国武打片如李小龙、成龙的电影等。源于西洋拳击格斗和中国武术传统的武打动作，往往令观众从心理上得到攻击欲的宣泄和满足，或者形成对影片中动作的"内模仿"。另一类则以飞机、汽车、摩托车等机械运动为主要内容，美国导演斯蒂芬·斯皮尔伯格于20世纪80年代创作的"印第安纳·琼斯"系列（《夺宝奇兵》《魔域奇兵》《圣战奇兵》）正是这类影片的代表，影片中表现出来的对汽车、飞机等运动机械的迷恋，以及镜头运动和快速蒙太奇剪辑，都使电影显得紧凑而流畅，千变万化的镜头画面与不断运动的构图、景别、光色令观众眼花缭乱，目不暇接，形成了好莱坞独具魅力的动作奇观。

在中国电影中，动作片主要指武打片和武侠片。武打片与武侠片可以统一，但略有差别，武打片偏于表现人物的动作，比较写实，从李小龙的实战搏击到成龙的亲身历险，都力求以真功夫折服观众。而武侠片偏于表现人物的侠义，形式更为自由，天马行空，更多想象与幻想，常有神怪、气功等超自然现象进入叙事。1928年张石川导演的《火烧红莲寺》是世界上第一部比较成熟的武侠片。20世纪40至50年代，香港电影出现了讲究实战技击功夫的"黄飞鸿"系列影片，从此武打片的概念开始深入人心。以60年代《龙门客栈》(1967)、《云海玉弓缘》(1966)、《独臂刀》(1967)为代表，中国武侠片进入一个新阶段。将武打/武侠片推向世界的是香港演员兼导演李小龙(1940—1973)。他自创截拳道，

---

[①] 陈野整理：《成龙谈成龙电影》，《电影艺术》2000年第2期。

主演以中华武术为主体、以真实武功为表现手段的《唐山大兄》(1971)、《精武门》(1972)和《猛龙过江》(1972),创当时香港最高卖座纪录,并使武打片打入国际市场。70年代后,香港影坛出现了武打巨星成龙,武打片与喜剧相结合,形成了功夫喜剧,成龙主演的《蛇形刁手》(1978)和《醉拳》(1978)等,使英雄大侠的形象开始向谐趣顽皮的小子过渡。香港导演张鑫炎赴嵩山少林寺实景拍摄的里程碑式的作品《少林寺》于1982年上映,将武打片推向一个高峰。1991年,何平导演的《双旗镇刀客》营造了一种环境化的视觉奇观,为当代武侠电影引入了新的叙事方式和精神品格。随之而来的是90年代的香港武侠电影突破忠孝节义、爱国主义等传统内容,使传统题材与现代生活交融对话,形成了一种喻世与娱乐相结合的新武打片潮流,以《黄飞鸿》(1991)、《笑傲江湖Ⅱ:东方不败》(1992)、《新龙门客栈》(1992)、《黄飞鸿Ⅱ:男儿当自强》(1992)和《黄飞鸿Ⅲ:狮王争霸》(1993)等为代表。到90年代中后期,香港武打动作片开始以各种形式参与好莱坞电影类型片的创造,如吴宇森在好莱坞导演的《终极标靶》(1993)、《断箭》(1996)和《变脸》(1997),袁和平参与拍摄的《黑客帝国》(1999)等。武打动作片以其独特的视觉冲击力和动作元素的文化内涵,丰富了世界电影的类型。

5. 科幻片(science fiction)

科幻片主要指用幻想的形式表现人类科学技术远景的影片,其主要特色在于情节中包含了科学奇想。1902年梅里爱推出了经典科幻片《月球之旅》,这部影片取材于凡尔纳的《从地球到月球》,描写一颗炮弹将地球探险家送上月球,经过奇幻之旅后回到家乡。两次世界大战之间出现了科幻电影的第一次繁荣。1927年德国电影界推出了默片时代最伟大的科幻巨片《大都会》,这部影片的影响力远远超过科幻艺术领域,被视为20世纪十大影片之一。在严格定义的科幻电影中,有关科学的内容必须是推动剧情发展的中心元素。但近几十年来的科幻片早已突破了这个界限,纯科学的内容被弱化为故事背景,在好莱坞制作的科幻片中已经开始强调特技、震撼的音效、惊险刺激的画面、英雄和爱情等,甚至引入黑色幽默、哲学玄思等。如美国导演奇才库布里克导演的《奇爱博士》(1964)和《2001:太空漫游》(1968)等。1977年,卢卡斯执导的"星球大战"系列三部曲的第一部上映,开创了科幻电影的高科技时代。1982年,斯皮尔伯格导演的《E.T.外星人》,充满了温馨的人性思考,突出了科幻片的人性内涵。20世纪90年代以来,在新的电脑科技的支持下,好莱坞制作了许多科幻片,如"侏罗纪公园"系列、"蝙蝠侠"系列、"终结者"系列和"异形"系列,都是一连多集,视觉特技非常高超,给观众提供了前所未有的视觉奇观,因而票房都很高。1999年的《黑客帝国》给20世纪的科幻电影留下了一个出色的结尾。

类型片中的每一个类型都有自己的模式,各自的符码,并自成系统。比如,对一个爱看西部片的观众来说,接受、领会和破译其中的符码是极其容易的事。因此一定的影片类型、导演和演员都会拥有自己特定的观众。但类型片之间的划分其实并未有严谨的逻辑规定。同时,类型片和艺术片之间充满了相互改造的可能性:将触角从类型片的框架中伸出去,更深地触动观众心灵的就是艺术片;而形成新框架的就是类型片了。每一部好看的类型片都会涉及现实的社会矛盾和观众深层心理。希区柯克的影片既是商业片也是艺术片,斯皮尔伯格能拍《夺宝奇兵》也能拍《辛德勒的名单》,即便像雷诺阿、特吕弗与黑泽明这样典型的非商业电影导演,其影片也有广大的市场。

### 四、当代中国电影文化现状与电影批评

从20世纪80年代后期起,尤其是进入90年代以来,在计划经济体制向市场经济体制转化和大众消费时代来临的新形势下,中国文化格局出现了新的裂变,形成主导文化、大众文化和高雅文化三足鼎立的新格局。与之相应,作为大众文化的电影也体现了这种文化分化的要求。电影不仅要体现艺术审美的特色,继续为人们的艺术审美需求服务,而且要满足意识形态和大众娱乐的需要,既在思想内容上拥护和印证社会发展的主旋律,体现政府主导的意识形态诉求,又要让老百姓喜闻乐见,获得经济利益的回报。中国电影文化已经进入社会主义市场经济体制下的大众化和产业化时代。

电影文化的大众化,并不是历史的偶然,而是作为产业、艺术和文化的电影在新的经济全球化和文化工业化语境中发生一步步转型的结果。首先,当代中国电影文化的大众化,是随着中国社会从计划经济向市场经济的变革进程的深入而逐渐深化的。80年代中期开始,中国电影业从过去计划经济体制下的国家意识形态事业,转化为定位于市场和效益的大众文化产业。由此,中国的电影业从制作到发行都被陆续推向了市场。比如,在投资方式上,过去电影生产主要由国有制片厂投资,但从80年代后期开始出现了大量社会集资拍摄和与海外、境外合作拍摄的影片。由于各种国内外企业投资电影,电影生产必须将市场定位和票房收益放在首位。在电影发行方式上,由于电影事业行政管理体制的推动[①],过去的统购统销、垄断经营的电影发行体制解体,各电影生产者直接面对具体的发行企业,电影必须获得市场利润才能继续再生产。市场化进程使观众成为电影产品的消费者,电影作为大众文化产品必须有观众的消费才能回收制作成本和换取利润。因此,除了受到政府行政机制支持的电影作品以外,进入市场的电影作品都必须以经济效益和票房利润为文化产品的根本参数。上座率

---

[①] 比如1993年1月广播电影电视部下发《关于当前深化电影行业机制改革的若干意见》以及《实施细则》,1994年下发《关于进一步深化行业机制改革的通知》。

和票房成为电影产业赖以生存发展的基本条件,它使得生产者与消费者之间建立起一种直接的经济关系,由此促使电影生产尽可能满足数量众多的观众的需要。大众的趣味好恶因而引导着文化生产。90年代以来,电影的工业化和商业化已经成为一种自觉的行为,电影业被当作一种可以赚取巨额利润的工具。除了原有的国营电影企业之外,各种集体所有制的电影企业、私营企业和中外合资企业相继涌现,电影的工业化和商业化进程都促进了中国电影文化的大众化转型。

其次,当代中国电影的大众化转型,是电影遵照自己的特征和功能进行娱乐化和产业化定位的结果。20世纪80年代后期,伴随着经济体制改革的推进,中国第一次出现了关于电影的"娱乐性"的讨论。通过广泛讨论,"娱乐化"最后成为当时政府部门制定的全国性电影战略决策。在1989年全国故事片创作会议上,当时政府部门制定电影战略决策认为,"有鉴于处在改革、开放的形势下,人们对多种文化的渴求、需要愉悦、松弛乃至健康的宣泄,因此强调注重电影的观赏性和娱乐性乃是贯彻'二为'方向的题中应有之义"①。这就明确地把娱乐性提到"二为"方向的高度去认识,从而使电影大众化转型得以大力推进。到20世纪末,人们的电影观念已经发生了重大的转变,电影文化产品可以不是个性化创造的产物,电影活动可以是一种产业化生产流程。从策划、投资和制作,到宣传和发行,到被观众观看和消费,电影产品都可以作为一种批量生产的产业产品而被投入文化市场。即便那种独往独来的电影创作和深沉的人文理想,也必须植根于社会大众的需要、理解和体验。电影要让尽可能多的观众感到愉悦、畅快。电影可以是一种美学创造,但它更是一种能满足大众梦想的消费品。自从20世纪90年代以来,"娱乐化"成为电影界的重要口号之一。

当代中国电影从事业走向产业的市场化进程,推动了电影的大众化、娱乐化和类型化。中国电影由此开始借助大众文化工业的传播技术和复制手段,不断地为人们提供消遣性的"原始魔术",通过对观众无意识欲望的调用,为大众制造遵循快乐原则的狂欢节。这必然对电影的题材、样式、风格和制作都产生直接影响。与80年代的电影文化不同,在从20世纪90年代至新世纪以来的数十年间,各种市民情节剧、惊险动作片、通俗轻喜剧、青春言情片等在数量上成为中国电影文化的主体。轻松流畅的故事、离奇曲折的情节和纷繁多样的场景,构造起种种令人兴奋而又眩晕的视听时空。面对大众,影片可以被名正言顺地命名为一种叙事游戏。这些叙事游戏可以消除时间感,排除历史意识,割断与现实生

---

① 《增强责任感,为提高影片的思想艺术质量而努力——在1989年全国故事片创作会议上的讲话》,《当代电影》1989年第2期。

存的真实性联系，从而成为自我封闭的文本嬉戏和精致养眼的视觉盛宴。各种各样的电影宣传活动让观众涌进影院、购买影像产品，满足日常感性愉悦需要，作为回报，电影制作者赚取电影票房和经济收益。

如果从多种文化类型在电影文化产品中复杂地组合的角度看，当代中国电影总体上可以分成三种类型。第一类是带有明显的主导文化取向的大众文化片。这类影片较多地从过去传统政治意识形态出发，主要通过银幕形象寻求社会公众的群体整合、秩序安定和伦理和睦等，简称主导型大众片，如《焦裕禄》(1990)、《重庆谈判》(1993)、《国歌》(1999)、《生死抉择》(2000)、《集结号》(2007)、《建国大业》(2009)、《建党伟业》(2011)等。第二类是带有高雅文化特色的大众文化片。这类影片较多表达八九十年代文化变革中人文知识分子的旨趣，表现出社会和文化精英向往的理性沉思、社会批判和美学探索旨趣，简称高雅型大众片，如《秋菊打官司》(1992)、《活着》(1994)、《黑骏马》(1995)、《巫山云雨》(1995)、《有话好好说》(1997)、《孔雀》(2005)、《三峡好人》(2006)、《钢的琴》(2011)等。当代电影的大众化转型在第三种类型上体现得尤为突出，这类电影往往呈现出毫不遮掩的或彻底的大众文化取向，竭力投合普通市民的日常感性愉悦需要，简称大众型大众片，或者就叫"大众片"。典型的如张艺谋执导的《我的父亲母亲》(1999)、《英雄》(2002)《十面埋伏》(2004)《满城尽带黄金甲》(2006)《山楂树之恋》(2010)等，冯小刚执导的贺岁系列片《甲方乙方》(1997)《不见不散》(1998)《没完没了》(1999)、《大腕》(2001)、《天下无贼》(2004)、《非诚勿扰》(2008)等。①

90年代以来，大众型大众片虽逐渐占据主流，但它毕竟与主导型大众片和高雅型大众片共生共存，其大众文化的内容和趣味仍然受到总体文化格局中的多重文化因子的影响，甚至出现大众型大众片与主导型大众片相互靠拢、合流的趋向。比如，1999年为向国庆献礼，由政府投资、成本在千万元以上、体现时代主旋律的主导型大众片一下子涌现七八部之多，如《国歌》《横空出世》《大战宁沪杭》《我的1919》《紧急迫降》《冲天飞豹》《春天的狂想》等。如果说以前的主导型大众片的基本策略是把政治伦理化(如《焦裕禄》)，那么《横空出世》《国歌》等大型献礼片则借助爱国主义的大众感情来弘扬国家意志。另外，还有几部影片试图实现商业片的主旋律化，将类型片元素吸收到主旋律片中，但影片里的类型片元素表现内容相对单一，如侦探片要歌颂警察的大智大勇(《龙年警官》)，灾难片要表现集体主义(《紧急迫降》)，西部片需要弘扬民族团结或爱国主义(《红河谷》《黄河绝恋》)，尚未成功建立起类型片的基本形态。②

---

① 参见王一川：《潮头过后见平缓——第八届大学生电影节部分影片印象》对当代中国电影文化类型的分类，略有调整，《电影艺术》2001年第4期。
② 参见尹鸿：《世纪之交:90年代中国电影备忘》，《当代电影》2001年第1期。

并不是每个人都有机会参与电影的创作,但每个懂生活的人都可以批评、分析和评价电影。从理论上讲,即使没有机会或不准备发表,只要是观看和评述电影,总会形成自己的看法,并采用一定的批评思路。如果发自内心而非人云亦云,每位观众对电影的理解都是融入了个性的独一无二的感受和评价。然而现实并非如此。人们往往有千言万语或各种想法,却不知从何说起,或最后只是人云亦云。因此,借助一些批评思路,理解电影可以更深入,表达见解可以更充分,从而焕发评论者的个性。电影批评并不是高深的学问。事实上,90年代以来中国文化界的电影批评有广阔的空间,有各种各样的声音,因而有各种各样的形态。至少可以看到如下四种批评形态:[①]

1. 专业类批评

这主要是对电影现象和作品的及时感悟和技术评点,多出于电影管理机构的工作人员和研究机构的职业批评家,他们的言说在电影圈内外具有重要影响。原因在于他们不仅能从专业技术角度评价电影作品,而且掌握着电影评价系统,如具有电影颁奖的权力,而这种权力制约下的颁奖有可能给电影作品带来巨大的市场或商业前景。90年代以前,这种批评只限国内,而且主要是体制内评奖,如今体制外和海内外的评奖机制也已经形成,变得相对灵活和多变了。

2. 新闻类批评

在中国主要指90年代以来获得急剧扩展的新的批评形态,主要指各种大众传媒上经常出现的影视动态、导演访谈、明星逸事和公众评论等新闻、访谈、逸事与批评的杂糅形态。这种批评多出于媒体编辑、记者或职业撰稿人,往往投合和左右普通公众的好奇心,成为数量最广大的读者的"电影收视指南"。随着影视娱乐版在各媒体版面上的比重的增长和扩张,这种媒体批评实际上对公众的影响力变得愈益庞大,而且往往具有控制力。

3. 大众类批评

大众类批评主要指普通观众对电影的日常言谈,这种日常言谈虽不如专业批评那么权威,却自有其常识和视野,反映出观众所处的日常生活境遇和时尚趣味。过去公众往往虚心听从某某家的权威评论,如今则可以在家庭私语、朋友聚会、同事闲聊等各种场合中信口点评。他们可以出于个人好恶而随时随意谈论和评判电影。而互联网上的影视评论,也就是这种大众批评的典型样式。这也是在90年代以来获得快速发展的新的批评形态。随着大众文化崛起,日常生活成为大众生存的基本境遇,观众通过观看、理解和言说电影,其日常生活获得点缀,平常生活中的压力得以纾解,被压抑的无意识欲望得到宣泄。所以,大众类

---

[①] 参见王一川:《批评的理论化——当前学理批评的一种新趋势》,《文艺争鸣》2001年第2期。

批评也因此得以疏离专业批评和新闻评论而独立浮现出来。

4. 文化类批评

文化类批评主要指研究机构或高等院校里的人文学者对于电影作品和现象的学术观察,突出体现为学术专著和批评论文。由于这种批评往往沉浸于电影史的梳理,有意无意地与最近的电影现象保持距离,或者只是偶尔点评一二近期作品,其批评术语、言说思路和评价指标又带有很强的理论性和历史性,所以,常常被百姓大众讥以"象牙塔""脱离群众",也被电影工作者批评为脱离"创作实际""读不懂"。事实上,这类批评的读者对象往往是针对进入高等教育体制的大学本科生、硕士生和博士生,以及具有相当文化素养和趣味的其他各种读者,他们其实也是数量不小的"文化大众"。20世纪90年代以来高等教育已经确立大众化的目标,这意味着具有高等教育学历的文化大众的数量将达到同龄人总数的15%以上。同时,面向文化大众的文化类批评在经过文化大众的理解和转译后,可能也可以间接地渗透到日常大众的阅读、新闻批评和专业批评之中,发挥一定的影响。

从上面介绍的四种电影批评形态可见,在当代开展电影批评是可以有不同选择的。这里着重介绍文化类电影批评的特色。一般而言,文化类批评要求批评者具备多方面的学术资源。第一,是电影领域的知识联通。要求批评者熟知电影史、电影理论和批评方法,能够从事各种具体电影现象的批评。第二,是电影与其他文化形态的跨学科联通。比如与文艺学、哲学、社会学、心理学、教育学、政治学和人类学等学科之间的跨学科联通,可以展现电影批评思路的活力。第三,是文本的个性化体验。批评者要深入探究文本对于个人的生存体验的表现或再现,并且发掘自己对于文本的独特体验。像好莱坞这样的电影工业已经形成了某种意义上的标准模式,制作者从长期实践中总结出大量经验,将其转化为成套的电影语言,使观众在观看时几乎认为电影是自然地发生的,而没有意识到完全是建构起来的。当你没有意识到电影技巧的存在时,电影就可能发挥作用。这就要求观众学会突破长期以来"被动地看"电影的模式。文化类电影批评就是让你学会"主动地看"电影。根据批评侧重点的不同,它可以有如下几种批评样式:

(1) 文本分析

文本分析的出发点是认为影像、叙事和音响都是被建构的,它们是经过编码的,而不一定是根据能指与参照物的自然关系建构起来的。文本分析重视的是从电影文本中所有电影形式要素可能产生的意义去挖掘作者有意无意强调或隐瞒的意图和意义。它喜欢追问:这种影像、叙事和形式在常识之外有意义吗?从中能发现作者隐瞒什么或无意间遗漏什么了吗?也就是说,文本分析立足于影片文本,着眼于一些有意味的影像、有意义的叙事或有用意的视听元素,进而挖掘这些影像、叙事或元素的文化意义。比如在电影《雨人》(巴里·莱文森导演,1988)中,有意无意的"落雨"影像一共出现了三次:第一次是查理在父亲葬礼后与苏珊娜到父亲住宅并讲述与父亲的痛苦关系,出现了一个雨落池塘的空镜头,孤寂萧索,无疑是查理心境的视觉表现;第二次是查理与苏珊娜在如何对待兄长雷蒙德的问题上吵翻后,查理与雷蒙德来到汽车旅馆,心境寂寥;第三次是在赌城广场中心飘落缤纷的"喷泉雨"中,查理、雷蒙德和苏珊娜一同坐在汽车里,查理让雷蒙德开车绕着喷泉行驶,喷泉扬起三个人的快乐,"雨滴"将快乐飘洒在空中、画面中,也飘落在观众的心里。总之,"落雨"作为"情感动机",在影片中起到非常突出的映衬、铺垫和积累作用。①

(2) 作者批评

作者批评主要在尊重电影"作者论"的基础上,结合电影作品去探讨创作电影作品的作者与其文化语境之间的互动关系。作者批评一般从作品尤其是代表作和成名作的艺术风格入手,对作品的内容和形式以及其中表现出来的创作个性进行考察,把握作者的创作个性。这并不是要把导演或编剧看成全能的创造者,而是把他们看作一位被无意识支配、善于将生活积累和心理能量升华到一定高度并创造出新的影像的人。比如,一般人认为,美国导演斯皮尔伯格是好莱坞的成功者的标志,其影片票房雄冠全球,是一位卓越超群的作者。但是通过作者批评,可以发现,斯皮尔伯格其实是一位没有太多创作自由的作者,因为作者与社会的互动关系太紧密了:社会制造出斯皮尔伯格,社会也为作者制造了一批观众,他对社会的影响越大,也就越受社会需求的牵制。《辛德勒的名单》(1993)和《拯救大兵瑞恩》(1998),既是斯皮尔伯格个人创造力的展示,也是好莱坞文化工业和美国大众口味的体现。斯皮尔伯格只能在重复自己与花样翻新之间平衡前行。②

(3) 类型批评

类型批评主要在类型片创作规范的基础上,追寻特定作品中体现的观众思维方式、志趣等精神特征,以及来自社会文化语境的影响。类型片是现代大众文化中较为成熟的形态,它让大量的观众痴迷陶醉,反映出特定社会的集体文化心理。观众个体心中蕴藏着无意识愿望和恐惧,这些心理能量被电影观赏引发出来。类型批评就是要结合作品的影像和叙事中的一些有普遍性和特征性的无意识的蛛丝马迹,分析并归纳出特定时代心理和无意识欲望,进而总结出社会文化的认同机制。比如,对获得 1991 年度奥斯卡最佳影片奖的《沉默的羔羊》这一惊险片进行类型批评分析,可以发现情节由两个故事组合而成,一是野牛比尔连

---

① 参见胡克、李一鸣、李迅:《当代欧美名片评析》,北京广播学院出版社 2000 年版,第 4—5 页。
② 参见胡克、李一鸣、李迅:《当代欧美名片评析》,北京广播学院出版社 2000 年版,第 147、258 页。

环杀人,二是年轻女特工克拉丽丝与精神病医生兼食人囚徒汉尼拔之间的智力角逐和诚信交流。这两个故事背后表达出的却是影片作者与美国民众心中对当代世界社会危机、精神焦虑和科技魔力的某种忧虑。①

(4) 文化研究

文化研究是大众文化研究中从西方舶来的新的批评模式之一,其独特思路在于强调将各种电影批评思路综合起来,与各种社会科学理论和方法相配合,分析和批评电影作品的社会历史内涵和大众文化意蕴。比如,对号称是当代美国文化经典的好莱坞大片《阿甘正传》(1994)进行批评,必须结合电影本身的叙事,并且通过跨学科的研究,建构起理解电影文本故事所需要的历史和文化语境。为什么影片通过阿甘形象这个侧面,能够展现包括20世纪60年代学生运动、黑人民权斗争、反越战风潮、中美关系解冻和水门事件等在内的当代美国历史事件? 文化研究不能不注意到90年代美国社会主流思想和中产人士的思想趣味与精神取向。以第二次世界大战后出生的克林顿入主白宫为标志,从美国政要到工商巨子,从学界精英到娱乐圈中的电影大腕如科波拉、斯皮尔伯格、马丁·斯科西斯以及本片导演泽米基斯等,在60年代都曾是一代"愤怒的青年"。而今他们已步入主流社会,变成了美国社会的中坚。在经过80年代以里根主义为代表的保守主义思潮的统治之后,他们正在寻找一代人曾经失落的价值观。影片所提供的"阿甘哲学",显然是力图在价值剧烈动荡的当代世界寻求适应并重新定位的一种尝试。通过在现代文明中逃离历史、返璞归真的阿甘形象,被纷繁复杂的现代生活搞得身心疲惫而又不得不常常顽强进取的民众,也似乎找到了重新回归简朴自然的希望。②

电影批评有各种各样的思路,它们完全也可以是互相开放的批评样式。值得注意的是,在文化类电影批评中,最需要理解的一点在于,电影不存在单一的意义,不同的观众可以用不同方式解读和评判。电影批评是观众与文本之间的协商交流过程。因此,观看和理解电影的过程,就是要把电影和电影文化当作文本,寻找其中的意义,探求意义产生的过程,特别关注被掩盖、扭曲或压抑的意义,并且透视话语权力运作的方式,反省观众所处的位置,等等。

## 五、近二十年中国电影个案分析

盘点21世纪以来二十年间我国电影状况,可以欣慰的是电影产业的迅猛发展势头,特别是影片生产数量的快速增长和观众数量的疾速回升,电影文化产业在相当范围内出现繁盛的景象。这可以分为两个阶段。在头十年里令人难以忘

---

① 参见胡克、李一鸣、李迅:《当代欧美名片评析》,北京广播学院出版社2000年版,第110—111页。
② 参见胡克、李一鸣、李迅:《当代欧美名片评析》,北京广播学院出版社2000年版,第166—168页。

怀的优质影片或堪称经典的影片并不多,相比之下记忆里最具影像修辞效果并值得回味的国产片或可以《英雄》(2002)、《三峡好人》(2006)、《集结号》(2007)、《让子弹飞》(2010)为代表。近十年中式大片集中出现,其类型特色和影像美学初步定型,这些中式大片的类型主要有:(1)贺节大片,以"国庆三部曲"(2019—2021)为代表,它们分别是《我和我的祖国》《我和我的家乡》《我和我的父辈》;(2)动作大片,主要有《湄公河行动》(2016)、《战狼2》(2017)、《红海行动》(2018);(3)科幻大片,主要有《流浪地球》(2019)、《流浪地球2》(2023)等;(4)战争大片,以《长津湖》(2021)、《长津湖之水门桥》(2022)为代表;(5)传奇大片,如《我不是药神》(2018)、《奇迹·笨小孩》(2022)等;(6)灾难大片,如《中国机长》(2019)、《中国医生》(2021)等;(7)公路大片,如《人再囧途之泰囧》(2012)、《港囧》(2015)、《心花路放》(2014)等;(8)奇幻大片,如《西游·降魔篇》(2013)、《捉妖记》(2015)、《美人鱼》(2016)等;(9)侦探喜剧大片,如《唐人街探案》系列(2015、2018、2021)。这里主要通过比较、综合和分析,叩问前十年的这些电影代表作的文化价值症候,同时尝试把握后十年类型片的特色和影像美学。①

在20多年前的世纪之交,影片《英雄》表现了由无名、残剑、长空、飞雪、如月等组成的侠客群体向秦王复仇的故事。他们面对秦王,试图"知其不可而为之"地阻挡其统一天下的强有力步伐,显示了可贵的品质。但在影片结尾,崇高而又渺小的无名倒在似乎遮天蔽日的黑色中这一幕,在全片中则具有重要的象征意蕴。这似乎在竭力告诉观众,这批英雄虽令人景仰,但面对天下需要和平的大势,个人利益总要归于群体利益,再崇高的个人也是卑微的。影片显然站在历史趋向统一以便结束内战的大势下,为秦王统一全国的战争寻找到了一种历史合法性。但是,影片在为秦王的残暴战争寻找到历史合法性的同时,却没有为那些无辜受戮的千千万万的个人寻找到生存的合法性。当编导把更多的精力投寄到中国流视觉盛宴的精心打造时,当视觉美学效果的重要性被视为远胜于那些"可有可无"的精神内涵探求时,观众感到遗憾和不解便不足为奇了。

与《英雄》的故事相比,影片《三峡好人》讲述一群卑微小人物的日常生活琐事,显然处在另一极端。从男女主人公韩三明(挖煤民工)和沈红(护士)到三峡库区寻亲的经历,观众可以目击个人生存状况的变幻莫测及命运的交错组接。韩三明来奉节,是要寻找分离十六载的"前妻"麻幺妹和女儿;与此平行的是同样来自山西的护士沈红对离别两年的丈夫郭斌的苦苦搜寻;中间还有一位侠义做派的男孩"小马哥",他喜欢模仿电影主人公。这是一群不折不扣的卑微的底

---

① 参见王一川:《历史影像再现中的价值取向——以21世纪头十年四部国产片为例》,《当代文坛》2012年第1期;《〈长津湖〉中式大片民族美学范式的定型之作》,《电影艺术》2022年第1期;《中式大片民族影像美学范式的定型与提质——2012—2022年中国电影发展略览》,《世界电影》2022年第6期。

层小人物。从影像所再现的生活世界看,这群小人物却是实实在在地生活着,各有其生活"理想"或"幻想",并以自身特有的不得不如此的奋斗或抗争方式去加以追求。他们明知身处生存的巨变风险中,却能处变不惊,体现出一种生存的韧性。这些小人物面对当今人际鸿沟现状,诚然有着强大的沟通需求,但同时也有着清醒的承认:既清楚生活中金钱、地位、情感等无情鸿沟的存在,但又力图加以跨越;既力图跨越,但又承认这种跨越的艰难。《三峡好人》没有取得多高的票房业绩,这说明其观众数量和社会影响力极其有限,但这样的影像再现却自有其独特的现实价值。重要的是,在社会大变迁的时代,卑微个人的实实在在的生存改变之举,或多或少也会呈现出某种崇高品质来。影片所呈现的这种可能性至今仍具有意义。

在社会大变迁时代,个人的命运包括其崇高的英雄壮举本身也许终究显得渺小,但是在影片《集结号》中,看起来渺小的个人却可以凭借其不懈的义举而赢得崇高美誉。《集结号》前半部在外观上颇像以视、听觉奇观引人入胜的战争片,但随着剧情的进展,战争奇观越来越只像故事动人耳目的外形,越来越动人心魄的是主人公谷子地奉上级命令奋勇献身,为死去战友顽强讨回公道的情节。这相当程度上满足了当今老百姓在生活中激发的对于正义的强烈诉求。从影片中可以看到,在谷子地身上,有效聚集了当前社会的主导价值,同时又在张扬民众信仰的舍生取义、袍泽情义、誓讨公道等正义。影片有效缝合了传统价值与主导价值,传达了社会巨变中的个人正义诉求。《集结号》里的谷子地把阵亡战友的身后尊严俨然看作自己的命根子,必须全力加以追求和守护。与当代社会巨变相比,这种对个人尊严或名誉的维护义举,有时似乎显得微弱,但是,即使幽微,它也属于社会大义链条中的个人小义诉求,也通向大义。

影片《让子弹飞》讲述了一个奇特的故事:民国乱世,土匪张麻子(牧之)打劫县长专列后冒名顶替上任鹅城,端掉恶霸黄四郎并解放全城百姓。尽管故事的背景是在民国乱世年代,但由于编导匠心独运,其蕴含的体验领域和意义空间却很广阔,观众在看片后勾连起现实中的反贪官、反腐败等信息,单从这点看,影片让观众在畅快的娱乐中领略其兴味蕴藉(或现实教化意义等),确属成功之举。透过张牧之对鹅城恶霸黄四郎的快意复仇和对全城百姓的解放,《让子弹飞》似乎成功地当然也是想象性地宣泄了市民积压于心的对贪官、不义、不公等世相的愤懑之情,虽然呈现出来的却多是生命强力喜剧的形式。与80年代一时爆红的影片《红高粱》多少有点相似的是,《让子弹飞》中有不少展示野性生命力的狂放张扬,比如小六子自掏肚腹证明清白的血腥镜头,以及张麻子一举杀掉黄四郎的替身从而使除恶义举出现重大转机,等等。令民众感到迷惑的是在生命强力的价值取向上的迷乱:张扬个人生命强力难道就必须以其他个人生命力的必然灭绝为代价?有必要警觉这些无意识呈现的东西可能意味着这个时代价值体系深层的隐秘症候。在狂欢迷乱的表象之下,不妨追问:为观众所拥戴的一身侠肝义胆的张麻子其言行的侠义内涵到底在哪里?张麻子身上到底蕴含何种大义而让民众倾心跟从?这会不会成为以暴易暴的简单工具?张麻子颠覆县长后取而代之,希图通过官位赚取钱财,结尾处为了成全老三而忍痛放弃自己心仪的花姐,这些是否体现出某种价值上的迷失和混乱?衡量一种文化价值体系的得失,不仅在于其正义行动的结果,而更在于这种正义行动的运行方式及建设目标蕴含的价值取向。当价值尺度及其重心陷入迷乱时,便要问一问影片是否经得起历史的检验。

整体而言,在21世纪头十年,以上述电影为代表的影像再现有不少令人惊艳的修辞效果,却在其文化蕴含上给人变动纷呈的印象。出现这种症候的原因,不能只是从影片创作团队(含编剧、导演、表演、美工、摄影、录音等)的综合水平去看,还应从影片评论、报道、研究环境看,或许更应从当下整个文化界的文化价值体系建构及其基础来看。从总体上而言,这些中国电影都体现了从社会革命年代电影向社会改革年代电影的转变趋势,它们在价值体系建构方面还处在生成的途中,是变动不居的,还有待形成自身的完整性。从对秦王与刺客群体、张麻子与群众关系的刻画上,可以见出一种犹豫或含混:是要群体和谐还是要个人正义?群体和谐与个人正义之间难道就是必然对立的吗?归根结底,或许时代和将来会要求对这一问题有更清楚的思路,提供一种相对清晰的价值构架。

近十年来,中国电影的产业和市场都得到迅猛的发展,出现了不少观众规模较大(票房过10亿元)、引发一定社会舆论,甚至产生"现象级"或"破圈"效应的国产片。这些中式大片在改革开放以来前三十年的探索和积累的基础上,将民族影像美学范式的构型推向了初步的定型层次。所谓定型,是指代表民族国家文化意识的影像艺术系统在基本类型和结构上趋于成型和稳定。其典范性标志有两方面:一方面是美学特征鲜明,指这类影片呈现出一些观众可感知的影像形式与意义特征。另一方面是工业上的可复制,指这类影片在初次产生超级影响后还有着可持续重复再生产的能力。这里简略分析战争大片的类型特征和影像美学。

以《长津湖》《长津湖之水门桥》为突出标志,中式战争大片在国家正义宣示上做出重要建树,在民族影像美学范式上趋于初步定型。这两部姊妹篇的制作和放映,正值当今世界"百年未有之大变局",全球经济和社会危机加剧,如何加强国内团结,稳定和谐、一致对外地妥善应对国际事务就成了当务之急。这两部中式战争大片通过叙述抗美援朝战争期间志愿军在东线长津湖地区艰苦作战赢得胜利的故事,在中式战争大片民族影像美学范式定型上取得突破性业绩。其突破性业绩集中体现为一举成功地回答此前中式战争片中的三大问题:一是中式战争片怎样才会好看;二是我军参战的正义性如何凸显;三是中国的国家制度到底为了谁。正是通过正面回答这些问题,中式战争大片完成了自身的初步定型任务,实现了中国电影人的独特影像美学成就,也为进而回答国家正义性等相关重大问题奠定了基础。国家正义性在当今世界格局下为什么重要?伦理学正义理论领域的知名学者这样主张:"正义是社会制度的首要价值,正像真理是思想体系的首要价值一样。一种理论,无论它多么精致和简洁,只要它不真实,就必须加以拒绝或修正;同样,某些法律和制度,不管它们如何有效率和有条理,只要它们不正义,就必须加以改造或废除。……作为人类活动的首要价值,真理和正义是决不妥协的。"[1]正义既然具有"人类活动的首要价值"的地位,那么世界上任何民族、国家对它的认同就更是毋庸置疑的了。当前中国国家制度及军队制度等的正义性,直接关系到全体国民的文化自信和文化自强,因而需要正面回应。而这两部中式战争大片的观影效果及其在民族影像美学范式上的定型努力,满足了这一急迫而重大的政治稳定需要。

  这种定型的标志可见于如下几方面。第一,全景式战争巨制营造。三位国际知名导演的合作执导,让战争片在各个环节上都变得"好看",吸引观众进影院投入地观赏,真心承认中国电影人也能拍出动人心魄的不输于外国同类影片的战争片。战争片的"好看"并不在于一味追求胜利或打得精彩,而是在于对战争中人的境况、形象及其背后隐伏的正义力量的揭示。第二,民族影像美学风格的成熟。该片在民族影像美学风格上传承了中华民族历史上的英雄主义精神传统,创造出不妨称为"悲歌慷慨"和"气韵沉雄"的美学风格,在观众中产生强烈的震撼效应。第三,人物塑造上的典型化再构型。不仅伍千里和伍万里兄弟,还有指导员梅生、排长雷睢生、排长余从戎、狙击手平河等,由一个个普通人构成的平民英雄形象,像浮雕一样活灵活现。这样的呈现相当于做了一次人民才是历史主角的生动宣示。第四,场面和细节的仪式化链条构造。该片不仅有令人震撼的大环境和大场面的描绘,更有精心设计的具体场面和细节作为支撑,它们宛如相互联系的"互动仪式链",组合成一个严整有致的影像整体,凸显出志愿军的英雄主义气概。如反复出现的第七穿插连花名册以及其中画满红框的英雄姓名、梅生随身携带的宝贝箱子、战士们在列车上为壮美长城所倾倒的场景、众战士的伤痕("雷公"左耳被炸聋、余从戎脸上有疤、伍千里左手手指短了一截)、"冰雕连"雕像等,这些场面和细节组成的"互动仪式链",在个体情感能量、群体团结、群体象征符号、道德感等方面产生了显著的增强功能。它们本身异常感人地回答了志愿军何以打胜仗的问题。第五,军队参战正义宣示。该片

---

[1] [美]约翰·罗尔斯:《正义论》,何怀宏、何包钢、廖申白译,中国社会科学出版社1988年版,第1—2页。

细致地呈现我们之所以参战,是因为敌人把战火烧到了家门口,我们打仗是为了后代不打仗,由此精确回答了我军为何参战的正义性问题。第六,国家政权正义宣示。该片一开头就正面描写国家领导人为了中国与世界和平及人民安宁而被迫决定参战的情景,还注意运用蒙太奇手法,让中南海宁静庭院中毛泽东送子赴朝作战与浙江秀美水乡里寻常人家送子归队,毛岸英的牺牲与千千万万战士的献身,共同组合成"互动仪式链",有力地阐明中国之所以团结如一人,之所以强大,正是因为政治制度上下同心、家国同构。这些无疑都构成了中国国家制度正义性的美学宣示,有针对性地回应了当今现实生活中国家正义性的相关提问和反思。

## 本章小结

电影文化,主要强调作为现代大众媒介形态的电影,与现代民众之间的紧密关系,及其在当代世界民众文化生活中的相应功能。在西方,电影主要指向娱乐性电影或曰商业片,正是这些娱乐性电影或商业片体现了当代世界电影生产的基本原则,当代电影文化产品突出地反映了当代世界的文化逻辑,也映现着当代社会大众的趣味和欲念。电影文化作为大众文化,具有文化工业化、产品娱乐化、故事类型化、语言通俗化等特征,而在效果和功能上,许多学者常常用画框、窗户、梦境和镜子这几个有意思的隐喻去加以概括。从电影语言上看,电影艺术和电影文化经历了活动照相术、戏剧化、蒙太奇、长镜头及对蒙太奇进行补充等发展阶段。类型片最初在20世纪初到第二次世界大战期间的美国好莱坞发展、分化并成型,而后盛行于世界各国。类型片的分类不同于电影类型的分类,而主要指故事片中具有相对稳定的套路,如西部片、爱情片、喜剧片、强盗片、推理片、惊险片、动作片、歌舞片、科幻片、战争片等。从80年代后期起,尤其是进入90年代以来,中国电影开始进入大众化转型的时代。如果从多种文化类型在电影文化产品中复杂地组合角度看,当代中国电影总体上可以分成三种类型:主导型大众片、高雅型大众片和大众型大众片。当代电影批评大致有四种批评形态:专业类批评、新闻类批评、大众类批评和文化类批评。展开电影批评不仅要求电影史、电影理论和批评方法的知识联通,而且要求跨学科联通和文本的个性化体验。文化类电影批评就是让你学会"主动地看"电影,有文本分析、作者批评、类型批评和文化研究等多种方式。

## 思考与练习

1. 跟其他艺术比起来,电影文化的特征和功能是什么?结合具体电影文本谈谈你的认识。
2. 从电影语言角度看,电影经过哪几个重要的发展阶段?
3. 结合具体电影文本,谈谈你对某一种类型片的理解。
4. 结合某一具体的电影文本尝试做一篇1 000字左右的电影文化批评。

# 第三章

# 电 视 文 化

　　生活在都市和乡村的公众,每天都可能与电视打交道。电视如今已不容置疑地成为大众文化的一种重要媒介和存在方式了。那么,电视文化作为大众文化的一种重要形态,我们应当如何认识? 本章将着重讲述中外电视文化发展概况和基本特征,并在此基础上对流行电视文化产品与流行电视栏目加以解读和分析。

## 一、电视文化在西方

　　电视(television),是一种运用电子技术传送声音、图像的媒介手段。它可以兼容绘画、雕塑、建筑、音乐、诗歌、舞蹈、戏剧、电影等空间艺术和时间艺术的特长,通过电子编辑手段对各门类艺术进行再加工、再创造,具有灵活性和综合性,是集新闻、艺术、技术于一体的传播媒介。

　　电视文化是指由电视媒体建构的生活与艺术交融的符号表意系统。它是率先在西方发展起来的。英国和美国是世界电视发展的先导。20世纪20年代末至30年代初,英国、美国进行了首次电视广播。到20世纪30年代中叶,英美已开始了系统的电视广播。截至1936年,伦敦有3 000台电视机,纽约有50台。电视在英国起步时,深受20世纪20年代初无线电广播模式的影响。当时英国政府认为,对电视广播的控制权最终应当属于国家,政府通过颁发广播许可证来加以间接调控。公营的英国广播公司于1927年应运而生,它的电视广播台从1936年起开播。这家公司的垄断地位在20世纪50年代中期由于商业电视的引入而受到削弱。商业电视由广告赞助,这种竞争对英国广播公司产生强大冲击,使其所占有的观众份额大幅下降,并降低至20%。[①] 英国政府为使广播消费者有更多的选择余地,实施取消控制权并且引入更大范围竞争的政策。1990年《广播法》中的一个补充条款,就是有关设置第三个商业频道的规定。该频道被

---

① [英]阿伯克龙比:《电视与社会》,张永喜等译,南京大学出版社2002年版,第92页。

称为 5 频道，于 1997 年开播。

与英国相比，美国电视文化发展的商业化进程更快，程度更高。1939 年，全国广播公司开设美国第一个定时电视广播。当时公众并没有作出积极反应。与此同时，美国的商业电台却跃跃欲试，设法控制未来美国电视的发展走向。它们按照赢利电台的发展模式，对电视节目进行资助和设计。1941 年 7 月 1 日，全国广播公司的纽约台和哥伦比亚广播公司的电台分别获得营业执照，正式成为美国首批商业电视台。美国各地电视台众多，除了少数教育电视台等以外，大部分为商业性电视企业。电视节目一般可获资助，资助者通常雇用广告公司为其设计广告节目，而广告公司从电视网或地方电视台购买节目播放的时段。电视网还在全国乃至世界维持庞大的新闻采集机构，把新闻和录像资料出售给其他国际电视公司，从中获取可观的利润。地方电视台通过播放全国电视网提供的插有广告内容的电视节目，获得由电视网支付的报酬。地方电视台之间往往也相互竞争。它们通过自己的新闻采访组、记者和制片人员，提供最新地方新闻以及天气预报和商情，以便赚到更多的广告费。

美国的电视节目繁多，是公众的一种十分重要的娱乐工具。白天的节目以家庭主妇为主要对象，包括"肥皂剧"（因穿插肥皂广告而得名）、小型喜剧、有观众参与的各种问答比赛等。晚上的节目有电影、纪录片、电视剧、各种音乐以及包括歌舞杂耍等内容的综合性节目。此外，还有儿童动画片，主要内容是各种宇宙探险类科幻故事。有些电视节目是系列片，常常播放几个月甚至几年。在美国，也有一个由政府拨款的大众广播局，但它通常只吸引 5% 的观众。①

## 二、电视文化在中国

电视文化是在 20 世纪 50 年代后期出现在内地的。1958 年 5 月 1 日，中国第一座电视台"北京电视台"（即后来的中央电视台）开始首播。中国第一部电视剧《一口菜饼子》运用戏剧化的叙述来阐释国家政策，通过剧中人物"姐姐"的倒叙，回忆中华人民共和国成立前旧中国人民缺衣少食的生活故事，来教育"弟弟"珍惜粮食。显然，这部电视剧是为配合当时中共中央提出的"忆苦思甜""节约粮食"的宣传精神而制作的政治教材。这时期电视剧多数都像《一口菜饼子》一样，具有明确的政治教育主题。当时，中国仅有一座电视台，电视覆盖面小。开始时全国电视机拥有量仅数百台，"文化大革命"时期达到数万台。除极少数政府领导和高级知识分子以外，一般中国观众看不到电视。所以电视节目对于那时的普通观众来说几乎没有任何影响。

20 世纪 70 年代末到 80 年代初，随着中国步入改革开放新阶段，电视业的

---

① ［英］阿伯克龙比:《电视与社会》，张永喜等译，南京大学出版社 2002 年版，第 102 页。

运作方式逐渐地发生了深刻的变化。1979年1月28日,上海电视台播出了一则1.5分钟的"参杞补酒"广告。这是中国电视发展史上的第一条广告,意味着市场经济力量开始进入一直被看作"党和政府喉舌"的电视运作之中。电视节目制作在政府资金以外获得了新的资金渠道,电视也开始受到政府以外的市场力量的制约和影响。

1981年2月5日,中央电视台开始播出《敌营十八年》,这部9集电视剧具有一种标志性意义:它是中国第一部电视连续剧。它与其他重视政治批判、艺术风格的电视剧不同,不注重对人物个性的开掘,也不强调对政治思想的形象解释,而是突出情节性、戏剧性、惊险性、离奇性等,具备了娱乐性作品的基本特征。1980年底,日本儿童电视动画片《铁臂阿童木》开始在中央电视台播出;美国电视节目如科幻电视剧《大西洋底来的人》、惊险动作剧《加里森敢死队》也于同年在中国播出。这些节目为过去主要只观看单集电视剧的中国观众展示了"连续剧"的魅力,而且也展示了以情节的曲折、人物的生动、故事的离奇为特色的通俗电视情节剧的娱乐效果。从此,伴随通俗和娱乐等特征,电视连续剧逐渐成为中国电视剧的主导形式。这就是说,中国电视文化的直接的政治意义淡化了,其消费意义开始凸显。

随着政府事业单位改革的逐步深入,电视机构也不得不直面波诡云谲的商品市场。电视机构开始从单一的"事业型"转向既考虑所担负的社会使命,也兼顾自身生存的"企事业混合型",如通过广告和一些纯粹商业性质的栏目及活动取得收益。这样,可以一方面补充事业经费的不足,另一方面也可增强自身"造血"机能,争取文化市场份额。到20世纪末,一些纯粹以营利为目的的民间电视制作机构更是如雨后春笋般诞生。它们以承包广告公司为发端,进而扩张为电视节目承包制作公司。据报道,仅北京就有民营影视公司上万家,其中不少已颇有"名气"。例如,北京嘉实广告文化发展公司是国内最早的民营电视节目制作、销售企业,拥有国内最大的电视节目销售网,还拥有国内一流的节目策划、制作及营销专家。过去该公司一般在电视娱乐节目领域发展,制作《影视新干线》《中国流行音乐雷霆榜》《中国娱乐特快》等。21世纪初,又跻身经济新闻领域,投资5 000万打造一个新栏目——《中国企业报道》。"华谊兄弟太合影视投资公司"于2000年12月18日正式挂牌成立。广州的"广东巨星影业公司"在短短几年内拍摄影视作品23部,其中电视剧《康熙微服私访记》曾一度登上收视排行榜冠军。近几年来,观众看到了越来越多的好看的影视作品,与这些民营影视公司的大规模资金注入及人才和管理上的创新密不可分。

我国民营电视公司的涌现,是历史和时代发展的必然产物,产生了一系列积极效应:一是新的民营电视机构冲破了以往电视文化产品制作完全依赖国家财政支撑的机制;二是将电视节目制作的重点转向娱乐、生活、历史、文化,拓展了信息传播的领域;三是开始将电视节目的生产推向了市场,开始进行全方位的市场化运作。①

中外电视文化发展殊途同归,电视文化要向产业化、规范化方向发展是不可逆转的时代潮流。在当代中国大众文化景观中,电视文化构成一道别样的风景线。

### 三、电视文化的特征

电视文化作为大众文化的一种形态,具有哪些基本特征呢? 根据前面有关大众文化的特征的论述,结合电视本身的特点,可以见出电视文化的如下基本特征。

1. 聚众化与分众化

作为一种大众文化,电视节目,尤其是综艺类电视节目,当然要追求最大规模受众的聚集效应,简称聚众化。以中央电视台《春节联欢晚会》(简称央视《春晚》)为例,某种意义上它已经成为众多中国老百姓的"精神年夜饭",从而占有惊人的受众市场。央视索福瑞的调查显示,每年的央视《春晚》都能在收视率排名中雄居榜首,具有明显的"领先"优势。不过,由于我国地域辽阔,人口众多,东西南北各地的民风民俗差异较大,央视《春晚》自身也还面临着众口难调的尴尬与危机。例如,主持人常挂口边的一句"合家都在电视机前吃着饺子看晚会",就会令不少南方观众感到莫名其妙,因为他们并没有除夕吃饺子的节日民俗。甚至赵本山的语言类小品在南方的人气也并不高,某些东北方言在北方人听来不免捧腹,南方人却仿佛置身云里雾里,不明所以。2008年全国各地的春晚收视率统计也显示:辽、吉、黑三省均在85%以上,京、冀地区也达到70%以上,而上海只有17.4%,海南省仅1.3%。

事实上,在新的电视传播模式中,电视观众已不再被视为一个单一的整体,而是可以分解为具有不同观赏习惯和接受取向的受众集合。电视文化的发展趋势逐渐从追求老少咸宜转到各取所需。因此,这种分众化构成当代电视文化的一大新兴特征。最明显的例子就是电视屏幕已从单一的综合频道走向专业化频道。除了央视1频道是综合频道外,其他都已专业化了,诸如央视2为财经频道,央视3为综艺频道,央视4为中文国际频道,央视5为体育频道,央视6为电影频道,央视7为国防军事频道,央视8为电视剧频道,央视9为纪录频道,央视10为科教频道,央视11为戏曲频道,等等。

严格说来,电视文化演进的这种分众化不过是一种特殊方式的聚众化,即

---

① 参见高鑫:《中国电视文化理念的嬗变和趋向》,《现代传播》2001年第5期。

通过量化的市场调研对特定的受众群实施精确锁定,并为之提供专业化的电视产品服务。2006年上海东方卫视推出的《春满东方》春节系列特别节目,巧妙吸收了《超级女声》《武林外传》《无极》的时尚娱乐元素,在都市时髦青年中创造了不俗的收视业绩,直播当天便收获60多万条短信、15万分钟声讯电话。就中国电视文化发展的现状看,"春晚"等传统的综艺类节目仍将保持强大的聚众效应,与此同时,电视文化传播日益从"广播"走向"窄播"的分众化特征也成大势所趋。

2. 类型化

赖亚尔曾对电影类型作出如下界定:"对类型评论的主要框架是由艺术家、影片和观众构成的三角形。类型可定义为模式、形式、风格或结构,它们超越单个影片,指导影片制作人的制作,引导观众欣赏。"[1] 其实,赖亚尔的见解也适用于电视。电视所表现的类型范围更大——纪录片、新闻、游戏节目、肥皂剧、警匪片、惊险故事片、情景喜剧和访谈节目。

以欧美流行的肥皂剧为例,欧美在制作上就有不同的标准或格式,从而发展出相异的类型。[2] 英国肥皂剧(如《加冕街》)表现了生活在同一社区的、有着横向和纵向(代际)联系的一个个家庭,在社区内部形成"有机团结";美国电视网播出的肥皂剧则由一系列不稳定的冲突关系组成,平衡总是被打破,恋爱关系被突出,剧情依单代线索发展。这两种类型展现了截然不同的生活形态,尤其是女性生活形态。英式剧倾向于以各种各样的母亲形象表现母性,当血缘上的母亲遭遇麻烦,"代理母亲"就插入进来;而美式剧的人物则更多是爱情至上者,母亲角色从属于爱情。英美肥皂剧的差别根源在于:美国社会自认为是开放、个人主义、无阶级分别的,因此美国商业电视网常常选择"爱情迷宫"作为卖点;而英国社会则较为刻板,阶层较为凝固,因此英国肥皂剧往往突出家长式的教化角色。

应当看到,电视制片人按照一套严格的类型要求或程序工作,有利于建立一个由编剧、导演、演员和技术人员组成的强大而严谨的阵容,布景、道具、服装等可反复使用。同时,类型的定位可以吸引和稳住习惯于各种类型节目的观众。类型即制作人与观众达成的某种共识。观众知道自己要了解什么内容,因此,他们往往会抱着固定程式所赋予的各种期待去观看电视节目,并从这些期待得以实现的方式中获得快感。

目前,我国国内电视剧类型化生产总体上还不够成熟,节目质量参差不齐,

---

[1] [英]阿伯克龙比:《电视与社会》,张永喜等译,南京大学出版社2002年版,第49页。
[2] 参见[以色列]塔玛·利博斯、[英]索尼亚·利维斯通:《欧洲肥皂剧:多元化类型及意义解析》,夏倩芳译,《新闻与传播研究》2001年第1期。

但仍有几家制作公司在进行着成功的探索与实践。① 像专门生产情景喜剧的英氏公司,1993年把国外的情景剧模式引进国内,制作了家喻户晓的情景喜剧《我爱我家》。虽然此前已引进过《火星叔叔马丁》和《成长的烦恼》等情景喜剧,但《我爱我家》才真正使情景喜剧被社会各个阶层广为接受,成为大众喜闻乐见的电视文化形式。英氏公司在情景喜剧制作中实行工业化生产流程,注重从战略高度谋划远景和培育专门人才,强调趣味性与时代感的统一。他们在《我爱我家》之后推出的《候车大厅》《心理诊所》《中国餐馆》《闲人马大姐》《东北一家人》等都像"都市漫画"一样受到广泛好评,形成稳定的收视群体。其实,任何产品投放市场都有一个认知的过程,能够一炮走红的精品毕竟是少数,因此,类型化节目取胜的一个重要因素在于量的积累,能够引导受众的持久消费取向。

3. 日常化

21世纪初曾经有专门研究收视行为的学者对一定范围内的城市居民做过一个调查:你回到家中第一件事情干什么?回答是千奇百怪的,但其中40%以上的人在第一个答案中选择了"打开电视";75%以上的人在前3个答案中选择了"打开电视"。由此可见,"看电视"已经成为人们尤其是城市里人们的一种日常生活习惯,是人们在家中的一个"标志性行为"。后来随着微博、微信、视频网站等新媒体的崛起,当前全国电视开机率已呈现明显下滑趋势,但电视仍是一个不折不扣的"家用媒体"。

电视机和音响、空调、加湿器等不同功能的家用电器一起,放置在起居室的各个位置。"看电视"这个行为本身已经成为日常生活的一部分,它往往伴随聊天、接电话、做家务等活动同时进行。在家里一切都是自由和随意的:没有人要求你必须正襟危坐才能开空调、听音乐,也没有人能够要求你应该怎样严肃庄重地看电视。电视收视调查的对象也正是以家庭为单位的。尽管多数观众还保持在家中收看电视节目的习惯,但越来越多的观众已利用随身携带的设备在移动中收看电视剧等节目了。

电影是在技术上和电视最接近的媒体,但从观众参与的方式看,电视的收视经验与电影是明显不同的。电影观众更多的是专心地欣赏,而电视观众更多的是把看电视当作一种消遣,二者的区别就在于电视是家用的,而电影只能在影院里欣赏。有人会说:电影压缩成为VCD、DVD或录像带之后不就可以在家里看了吗?当观众通过电视机收看VCD、DVD时,这样的"电影"其实已经成为一种电视节目类型——也就是说,电视是以其传播和收看的方式而不是以其播放的内容来分类的。

电视的家庭特色在西方世界也得到有力的印证。勒尔指出:

---

① 参见常爱君:《电视:大众文化需要打造产业化品牌》,《当代电视》,2002年第11期。

20世纪80年代,西方世界一个明显的重要趋势是越来越多的家庭宁愿待在家里消遣……为待在家中消遣的趋势所列举的其他原因包括:娱乐费用昂贵、恐惧暴力、总体上缺少社会参与,以及有线电视和录像机的普及。这种现象可能表明,在美国、欧洲和英国,家庭生活方式呈现出更为保守和传统的趋势。在美国、欧洲和英国,"以家庭为中心"是当代社会发展的结果。我们虽然不能说是电视导致了这种现象,但是电视已经为人们待在家里增添了充足的理由。电视与其他社会因素(社会的、经济的和文化的)相互作用,产生了待在家中的趋势。①

　　这就是说,电视已成为大众家庭日常生活的一部分。
　　电视不但是种"家用媒体",同时还是"主持人媒体"。电视是在家中轻松收看的,是用来娱乐与交流的,所以它需要主持人,需要通过主持人对观众的吸引力、亲和力来实现电视与观众之间的交流。究竟是谁在说话?对于舒舒服服坐在家中看电视的观众而言,不是"电视台""电视机"或抽象的"电视节目",而是电视中活生生的人。电视传播和其他媒体的传播,最大的区别就在于电视传播中有看得见的主持人因素,它具有某种人际传播的属性。在所有的传播方式中,人际传播是最少距离和最易达到感染效果的。主持人就成为电视表达亲近性和实现交流感的一个重要载体。虽然不能说观众都是冲着主持人才看电视的,但电视媒体的家用属性决定了电视观众希望看到他们喜爱甚至崇拜的人像朋友一样走进他们的家庭。这是电视与电影相区别的重要标志。《新闻站》是日本朝日电视台的一个著名电视新闻栏目,其主持人久米宏在日本也是妇孺皆知。1999年,当久米宏退出《新闻站》时,这个电视新闻栏目的收视率受到严重挫折,直至久米宏返回后才重新回升。自然、亲近、可靠的主持人作为电视节目的形象品牌,意味着产品质量的稳定性。只要这块牌子在,电视产品的品质就被观众信任。可以说,日常化是电视文化产品的一道生命线。

　　4. 娱乐化
　　电视作为大众文化,与日常生活中观众的娱乐需求密不可分。电视节目力图使观众的休闲渴望获得轻松满足。
　　中国气象局华风影视中心制作的《凤凰气象站》尝试用戏谑调侃的方式带给人们气象信息,吸引了大批受众,拉近了电视和大众的距离。例如,2006年5月21日的《凤凰气象站》节目,除了讲述天气信息"北方晴天多,南方雨水多"等内容外,还讲述了这么一个故事:"我今天一提到长江心里就有那么一点点伤感,因为我早上看了一篇报道,是说有位'女王'啊,因为看不到长江水而绝食

---

① 转引自[英]阿伯克龙比:《电视与社会》,张永喜等译,南京大学出版社2002年版,第200—201页。

了,这是怎么回事呢,待会儿(城市天气预报)回来告诉您……欢迎回来,因为见不到长江水而绝食的女王啊,就是现在住在北京海洋馆豪华包间里面的中华鲟女王了。"然后讲述了中华鲟的生活习性及其目前绝食、体重已减轻80公斤这一细节,反思人工饲养的利与弊,想象"如果能够不是在海洋馆,而是自己穿着潜水服,在长江里看中华鲟那该多好啊"。这后半截节目内容完全可以看成一个传说故事,有主人公,有故事情节,还有浪漫的幻想,吸引观众。开头制造的悬念,虽然说是故作神秘,像传奇节目一样有些夸张,但在这里确实达到了吸引眼球的目的,勾起好奇心,让人们继续关注本节目,同时也就达到了让更多人收看城市天气预报的效果。

我国天气节目的发展历程,可谓典型地体现了中国电视文化的娱乐化发展趋势。最初电视天气预报只是简单通报天气分析,照本宣科预报各地城市天气;后来有了自然亲切的生活提示和对天气预报结论的详细解读;而今,娱乐化元素进一步注入其间。这是时代的进步,但电视天气节目的娱乐化必须适度,要避免产生负面影响。比如说不能过分追求故事性、戏剧化的效果。有时一些都市类报纸媒体会夸大其词,比如使用大幅标题"100年不遇的干旱",以达到对读者的震撼效应。作为电视媒体和气象部门工作一部分的天气预报节目,就应该尊重事实,让事实来说话,绝不能简单跟风炒作。

适度的电视娱乐化是一个长期的探索过程,不可能一步到位。《武林风》是河南电视台主办的一档以武术竞技比赛为主要内容的电视节目。该节目构思新颖,娱乐身心,趣味十足,但在知识性与娱乐性的平衡上仍有改进空间。

自电影《少林寺》风靡银幕以来,武术一直都是大银幕和荧屏的热点元素之一,也是我国对外交流和宣传的一张"名片"。《武林风》节目定位在武术竞技上,以弘扬中华武学文化为己任,以"武术艺术化娱乐化"为指导,合理安排节目的竞技项目,通过"个人秀""功夫PK""拳王争霸"等各种竞技环节来展现中华武术的独特魅力,让观众在精彩与快乐中,体会"搏艺有道,娱乐无边"的魅力。体育竞技一般是严肃、认真、激烈的。在电视媒体声画结合的作用下,受众往往会产生一种身临其境的感觉,不自觉地会和竞技者一起投入激烈搏击或者比赛中去。就像在电视上看世界杯比赛一样,观众的情绪极易受到感染,会情不自禁地为自己支持的球队的胜利而欢呼。这样一来,受众的情绪往往比较紧张,不能达到休闲放松的目的。《武林风》在体育竞技内容的安排上独具匠心,在激烈的竞技当中加入了娱乐化因素。比如在竞技选手出场时,加入了青春时尚的歌舞表演,并用了炫目的灯光和大量的特写镜头,远景、近景以及特写镜头交替运用,既展现了竞技选手的英姿,表现了选手的人物性格,也增强了栏目的观赏性和趣味性,使得受众在观赏节目时既紧张又愉快,获得极大的身心享受。

观众参与的低门槛也是《武林风》节目延伸舞台、增强娱乐性的举措之一。搏击运动虽然是一项比较专业的运动项目,但《武林风》节目开辟了《百姓擂台》子栏目,采取了降低参与门槛,竞技末位淘汰的办法,使得所有喜爱体育搏击运动的观众都可以报名参加,将节目的舞台延伸到每一个受众的身边,使得平时只能在荧屏上看到的电视节目、只能由专业人士参加的搏击竞技节目真正和受众实现了"零距离""零门槛"。正是没有经过专业训练的受众参与,增强了栏目的亲民性和趣味性。这些没有经过专业训练、不是专业内明星的"草根人物"的登台表演,满足了受众的求新求异的观赏心理。同时,有些参赛的"草根人物"不懂得专业的搏击技巧,在对手的攻击下"频频失误",一些雷人的、非常规的招式和姿势都会出现。观众看到一些选手正儿八经地摆起一些并不标准的架势和招式时,往往笑点频生,使人们在观赏专业组紧张搏击之余获得愉悦。

当然,该电视节目的文化深度仍有待拓展。武术是我国的国粹,是我国传统民族文化的瑰宝。《武林风》在加强娱乐化、推行百姓擂台、降低参赛门槛标准的同时,对武术本身的全面介绍和焦点解读有所忽略。正如人体固然需要糖分的滋养,但如果吸收过多也会诱发各种疾病,电视娱乐化的尺度正在于可以通俗但不能庸俗,要努力在知识性和趣味性之间建立动态平衡。

5. 商业化

作为感性愉悦型的文化形态,大众文化背后的商业机制显然起着极为重要的塑造作用。保持大量受众、充分占有文化市场、通过审美娱乐的提供获取巨额的商业利润,这是电视产业作为大众文化在生产过程中始终存在的制约性机制。在德国学者阿道尔诺看来,马克思对商品的评价,也适用于各种文化商品:文化商品"完全掉进了商品世界之中,是为市场生产的,目标也在市场上"[1]。这种电视文化商业机制的制约作用,我们很容易从电视文化的制作方式及本文景观等方面解读出来。

从电视文化产品的制作方式,确实可以窥见其商业奥秘,而其中制片人角色尤其值得注意。阿伯克龙比甚至认为"电视是制片人的传媒"[2]。同赋予直接创作人员尤其是导演更大权力的电影不同,电视作为大众文化产业则依据更为紧凑的时间表进行运作,必须用有限的预算制作出更多的作品。电视制作的这种急迫性特点对于运营管理提出更为严格的要求。于是,电视制片人的角色受到重视和偏爱。制片人是连接电视创作方和出资方的桥梁,是大权在握的经理人,因而会对电视文化生产施加重要影响。电视连续剧《三国演义》的总制片人曾指出:"制片人是一个什么样的行当呢?……用咱们现在通常话来说叫项目经

---

[1] 转引自[英]多米尼克·斯特里纳蒂:《通俗文化理论导论》,阎嘉译,商务印书馆2001年版,第67页。
[2] [英]阿伯克龙比:《电视与社会》,张永喜等译,南京大学出版社2002年版,第130页。

理。作为制片人来讲,他实际上(从事的)是一个艺术和行政结合起来的一种工作……他主要的事情就是,让整个的摄制组能够正常地运转,能够在规定的期限内拍完,能够拍出好的质量(的电视剧)来,最后得到他应该得到的收益。"①

不但电视产品制作过程,电视本文景观自身也同样鲜明地体现了大众文化的商业性特征。以《渴望》之后再次吸引全国观众视线的《编辑部的故事》为例,它每次节目开播前都要播出"南方黑芝麻糊"和"百龙矿泉壶"两个广告。其中,"百龙矿泉壶"广告直接使用"编辑部"的场景,以李冬宝和戈玲为主角,并将他们的性格设计延伸到这个广告中。戈玲仍机灵,李冬宝仍慧黠而不乏憨厚。开始时李冬宝兴致勃勃地盯住矿泉壶,这时正值午夜,突然灯亮,戈玲已到身旁,两个人用手势较量,结果李冬宝如在剧中一样,败在了戈玲手下,最后戈玲抱起矿泉壶得意扬扬地离去。这段广告色彩艳丽,可以看出是用电影胶片拍摄。在电视剧的正文中也有百龙矿泉壶,放在热水瓶旁边。"正文"之中有广告,广告中间有"正文"。这种广告与电视剧正文的互相渗透说明原有的"正本文"与"次本文"间的界限已打破。② 更为重要的是,这几个广告制作精良、优美,不像《编辑部的故事》的"正文"画面看得出仓促和草率的痕迹。这是一个有力的象征,表明商业机制已在电视传媒中居于支配地位,电视制作要受到广告出资人的制约。

电视文化商业化特征最主要还是体现在收视率上。法国社会学家布尔迪厄一针见血地指出:"通过收视率这一压力,经济在向电视施加影响。"③ 的确,每个参与制作电视节目的人都对收视率感兴趣,甚至会把它作为衡量工作成败的标准。正如一位美国日间肥皂剧制片人所说:"每周四(收视率公布的日子)编剧总要打来电话聊道:'你好,天气不错呀,那个剧本我快弄完了。'然后转变话题问道:'拿到收视率没有?情况还不错吧?'"④ 在英国广播公司的一份关于英国电视的研究报告中,伯恩斯发现了类似关心收视率的情况:

1963年播放了一出喜剧连续剧。该剧一度达到了75%的收视率。可突然有报道说:收视率下降到了63%。消息传来,举座震惊,几乎使处在后期制作的彩排工作停顿了一两个小时。工作进展甚为缓慢。随着一个个最新消息的传来,沮丧的气氛愈加浓重。大家三五成群地围着男主角、舞台监督、助理舞台监督坐在那里。而制片人则在他们和电话之间来回穿梭。"这就是在早晨获悉到糟糕的收视率时出现的情形。"有人向我解释道。甚至在彩排工作开始后,大家在幕间休息时还在议论这个数字:"63%,我还以为

---

① 高鑫主编:《影视艺术欣赏》,北京广播学院出版社2001年版,第253页。收录时略有删改。
② 参见谢冕、张颐武:《大转型——后新时期文化研究》,黑龙江教育出版社1995年版,第371—372页。
③ [法]皮埃尔·布尔迪厄:《关于电视》,许钧译,辽宁教育出版社2000年版,第65页。
④ 引自[英]阿伯克龙比:《电视与社会》,张永喜等译,南京大学出版社2002年版,第156页。

是一出顶呱呱的好戏哩。"大家聚在一起,事实上,他们关心的不是下一出戏的彩排工作,而是一件更令他们牵挂的事:找寻令人安慰的解释。①

在商品逻辑及收视率的强大作用下,一些纯粹的公益性指导节目也开始向追求商业化卖点的综艺性节目转型,植入式广告大行其道,有得亦有失。

我国较早的职场真人秀节目是2006年中央电视台经济频道打造的《赢在中国》,该节目提出"励志照亮人生,创业改变命运"的口号,以公益性为主。伴随2009年金融危机影响下失业率的持续居高不下,诞生了一种新的商业化运作的现场真人秀求职类节目。一时间各大卫视、地方台争先恐后地纷纷上马。其中,天津卫视推出的《非你莫属》获得了可观的收视率以及众多的广告加盟。《非你莫属》由天视卫星公司打造,众多知名主持人先后担任第一主持人,每期12名一流企业高管组成"BOSS团"进行现场招聘。4位应聘者则来自全国各地,展示个人魅力,同时也希望能找到适合自己的工作。在2012年4月2日的《非你莫属》节目中,主持人一开始便说:"乐吧薯片,《非你莫属》。欢迎12位'BOSS团'的成员,选择快乐,选择乐吧……58同城,身边的生活帮手,感谢本节目的特约播映单位58同城的大力支持。"这段主持人自述的广告时长大概50秒,但是主持人用极快的语速将乐吧薯片重复了4次,前程无忧重复了2次,58同城重复了3次,这50秒的时间真是利用到了极致。

在节目进程中,当"BOSS团"某一位老板心仪某个求职者时,就会介绍自己公司的类型、规模、发展情况等,以此来吸引求职者。这其实也是一种植入式广告,老板的介绍能够起到提高公司知名度的作用。有时老板甚至会凭借其在现场出位的点评来潜移默化地宣传自己的企业。此外,2012年2月19日的《非你莫属》节目还增加了对第81期求职者进行回访的环节。在这段回访视频中,曾经的求职者对其所在公司进行了全方位介绍,包括自己对公司布局的讲解,并有配音:"速8酒店是全球最大的经济型酒店连锁,发展至今,全球共有2 300多家速8酒店……"这是《非你莫属》中另一种比较典型的植入广告传播模式。回访宣传非常直观,还能通过镜头透视一家公司的企业文化。

可以说,在市场化的今天,没有一档节目可以完全地逃脱商业轨道而独立运行,《非你莫属》也不例外。该节目时长1小时左右,分为台前和台后两大区间。节目环节分为"自我介绍""天生我有才""谈钱不伤感情"。《非你莫属》中犀利的语言相互交锋,多元价值观相互激荡,12位企业高管组成的"BOSS团"阵容强大,为竞聘者提供就业机会,这种节目内容容量大,无疑有利于给赞助商提供植入广告的机会。但正所谓过犹不及,分析《非你莫属》中植入的广告,可

---

① [英]阿伯克龙比:《电视与社会》,张永喜等译,南京大学出版社2002年版,第156—157页。

以发现主持人口述广告的次数实在频次太高了。一句开场白多次重复赞助商名字和两家人力资源支持机构,如同绕口令一般。节目中场,主持人也会多次口述赞助商的名字。考虑到《非你莫属》的观众群主要是在校大学生和各行各业的年轻人,大多拥有自身独立的见解,往往坚守自己喜欢的东西,但发现其"变味"时就会毅然放弃。《非你莫属》中主持人如此频繁而又生硬地口述赞助商广告,久而久之,很可能产生事与愿违的效果。

总之,电视作为大众文化,总是要追求受众聚集的最大化,或以精确的受众定位面向特定的收视群体,以类型化、流行性模式占领市场,以日常性和娱乐性切近人们的日常生活,从而达到获取商业利润的目的。理想的电视文化应当实现社会效益与经济效益的统一。

### 四、流行电视文化产品解析

流行的电视文化产品为了吸引、聚合受众,获取市场利润,总要千方百计地调动各种商业化手段来投合人们的娱乐需求,因而有必要对一些重要的电视节目类型及其具体作品作出较为深入的解析。

动画片作为电视文化的重要组成部分,拥有以儿童和青少年为主体的规模庞大的受众群。中国动画片发展的曲折历程深刻表明了市场或商业因素对影视艺术制作强有力的制约与影响。

从20世纪60年代开始,在完全不算"经济账"的特殊历史语境下,一批才华横溢的中国动画艺术家们开始尝试将传统绘画技法移植到动画的制作之中,最具民族特色的水墨画法于是成了突破点。在此后的若干年里,《小蝌蚪找妈妈》《山水情》等"水墨动画"艺术短片令人耳目一新,再加上《大闹天宫》等以散点透视为整体构图的动画片横空出世,使得中国动画获得了国际声誉。令人遗憾的是,这一动画领域的"中国学派"始终没能走出艺术探索与实验的圈子,在经历了短暂的辉煌之后走向沉寂。须知,动画片作为影视艺术的一个门类,也具有商品的属性。而作为一种商品,要拥有较大的生存空间,关键在于采用产业化方式进行批量制作以满足市场需求。"中国学派"动画片生产成本极高,制作周期又过长。对于吞吐量极大的影视媒体,这种"十年磨一剑"的精致艺术短片无异于杯水车薪。特别是当面对境外动画节目那种动辄几十集甚至上百集的冲击时,中国的本土动画就显得力不从心了。

近年来,在国家大力发展动漫产业的政策推动下,中国动漫在出品总量上呈现迅猛增长态势,并且涌现了一批优秀的国产动画精品。中央广播电视总台少儿频道出品的52集大型动画片《丝路传奇特使张骞》就是其中的代表之一。与起步之初相比,21世纪的国产儿童动画在产业体量和制作模式上都有了翻天覆地的变化,但"探民族形式之风"的创作口号和汲取古典文明精华的精神探源任务始终是国产动画的初心所在。《丝路传奇特使张骞》以《史记》《汉书》《后汉书》《资治通鉴》等史籍记载为创作蓝本,故事设置有着扎实的文化根基,展现出以张骞为代表的古代外交家胸怀天下、开拓进取的精神。作品巧妙地借助一台具有穿梭时空功能的机器人,构建了古与今的双重时空,通过小奇和哥哥的一次次奇幻"穿越",以今人的角度品评古人的业绩。例如《蜀布邛杖》一集,讲述张骞一行人偶遇西域客商,惊异地发现他们竟转运着蜀地的竹杖和麻布,通过小奇和哥哥的谈话,观众从中了解到"南方丝绸之路"的开通与川流不息。因此,本片的启蒙教育意义不仅建立在对知识的传输上,更融合了动态的行为体验,让儿童在观看过程中无意间闯入张骞所在的时空,历览前贤路途上的艰险与收获。娱乐性、艺术性和知识性的有机结合,使得该片自播映后便广受好评,甚至被译为英语、阿拉伯语等多个版本传播至海外,有力推动了中国动画片"走出去"的跨文化传播实践。

中国五千年的悠久历史,不仅为现代动画制作提供丰富的文化血液,而且使得历史剧自身成为我国电视文化生产的一座得天独厚的"富矿"。自从电视剧《戏说乾隆》(1991)风靡以来,中国历代帝王戏,尤其是清宫帝王戏就一再火爆荧屏:《宰相刘罗锅》《康熙微服私访记》《铁齿铜牙纪晓岚》和《天下粮仓》等。这些电视剧虽然各有特点,但大多因为对帝王历史故事的特殊叙事而取得很高的收视率。其实,这并不表明中国公众果真具有浓厚的历史兴趣,或者说我们今天正置身在一个历史意识高涨的年代。这些帝王戏与其说是按历史来编写,不如说是根据现代人的娱乐需要而凭空虚构。《康熙微服私访记》所讲述的康熙皇帝到民间微服私访的故事,基本上都是"编造"的;《铁齿铜牙纪晓岚》更是虚构了一个令当今公众拍手称快的"忠臣"兼"优秀文人"纪晓岚。显然,这些被讲述的"历史"并非"正史",而只能说是现代"野史",是供现代公众娱乐的"野史"。①

应当看到,"野史化"了的清宫戏之所以得宠,有其深刻的社会心理根源。当今的中国正处在经济、社会和文化的发展时期,面对社会生活中不可避免地存在的某种无序和混沌,都市大众的心灵难掩迷惘和失落,迫切需要娱乐消遣这道"减压阀"。观看电视剧,无疑是一种方便、有效、廉价的大众文化消费方式。曲折离奇的情节、异彩纷呈的人物、丰富多变的故事、香艳动人的情感,是清宫剧吸引观众好奇心的法宝。比如《风流才子纪晓岚》中的乾隆,为了得到香香公主的爱情,不惜和皇后家族势力作对,甚至愿意牺牲君主地位,实为性情中人。在系列剧《康熙微服私访记》里,康熙经历了下人、囚犯、商人等三教九流的生活,遭

---

① 参见王一川:《皇风帝雨吹野史——我看当前中国电视的后历史剧现象》,《电影艺术》2002年第3期。

遇了许多不同寻常的故事,以自身的行动塑造了一个平易亲切、英明机智、武功了得、有血有肉、极具同情心和人情味的皇帝形象。在观看这类清宫戏时,观众也在进行着一趟集爱情、冒险和英雄主义于一身的"旅行",享受着悬念、窥探和满足的多重刺激。可以说,清宫戏(包括更多的古装剧)的流行,正是迎合了部分观众的填补内心欲望空白的心理取向。作为一个整体,清宫剧的空想可以把当代社会里的人们引领到遥远的、幸福的虚拟世界,从而暂时躲避现实生活中的诸种不合理与不满意。遁入历史(野史)诚然可以产生一种替代性满足,但这种替代性满足毕竟不能代替对于现实问题的真正解决。

那么,究竟如何看待这种荧屏热播的戏说类帝王戏呢?从公众的热情收看中不难看出,"电视帝王戏毕竟属于与大众媒介、商业、日常娱乐需要等紧密相连的大众文化,它可以满足公众在日常劳作之余的休闲或娱乐需要,并且也确实在宣泄公众集体无意识方面有一定疏通作用,从而其存在具有某种合理性"。因此,将其全盘否定甚至"封杀"是不必要的和不可能的。然而,"这决不能构成对之加以廉价吹捧或任意认同的理由"。① 文化批评界不能放弃自己的冷峻批判责任,应引导公众警惕其可能携带的文化消极因素,作明智的辩证分析。

2012 年以来,除历史题材电视剧持续发力外,我国现实题材电视剧创作取得突出进展,在思想性、艺术性和传播效果的统一上实现新跨越,涌现了一批与新时代脉搏同频共振的精品力作。其中,《觉醒年代》探索出主叙事影像与木刻画面相互匹配和交融的新颖艺术样式,塑造出陈独秀、李大钊、毛泽东、鲁迅、蔡元培、胡适、辜鸿铭等一批生动鲜活的艺术形象,丰富了中国电视艺术史的人物画廊,同时有助于观众更真切生动地回眸和回味中国人民曾经以自己的集体实践去共同创造的自立镜像。改编自长篇小说《大江东去》的电视剧姊妹篇《大江大河》《大江大河 2》和《大江大河 3》,重点讲述国有企业管理者宋运辉、乡镇企业老板雷东宝和个体户杨巡等三名男性主人公在改革开放时代遭遇的不同命运。这三个具有较强艺术感染力的荧屏形象可以视为中国人民为了谋求物质富裕和精神自足而不懈开拓、创新、奋斗、拼争的典型代表。在体现中国人民自强镜像方面,成功的作品更是数量众多,亮点纷呈,引人注目的当推这三部作品:《装台》中刁顺子形象及其愣顺品格在当代中国电视剧人物画廊中独树一帜;《山海情》写出了六盘山麓人民在各方支援下从苦难中奔向小康的曲折心灵历程;《人世间》传达出周志刚家庭在人生苦难中顽强追寻人生价值和形成苦乐转化心性智慧的坚强毅力。

对于中国传统文化资源的开掘可以也应该有多个向度。电视纪录片《舌尖上的中国》的成功就较好地体现了在激烈的收视竞争环境下,主要依靠文化品

---

① 王一川:《皇风帝雨吹野史——我看当前中国电视的后历史剧现象》,《电影艺术》2002 年第 3 期。

位和节目品质赢得市场、制造流行的电视文化新趋向。该片从2012年5月14日起在央视综合频道开播以来,收视份额比原22:30黄金时段播出的电视剧超出30%。《舌尖上的中国》没有对观众的"娱乐心理"做简单片面的理解,而是一头扎进中国博大精深的饮食文化里,寻觅中华大地上有关饮食的文化神韵和精神脉络。片子从美食背后的制作工艺和生产过程入手,把视角对准了普通百姓,视觉效果异彩纷呈。[1]

《舌尖上的中国》50秒的片头除了集中展现节目内容所涉及的人物、食材和景观之外,镜头切换和入画方式都非常有特点,采用了典型的具有中国气派的表现手法——泼墨,加上重叠和变色,墨水在屏幕上依次展开,将零碎的画面紧密结合起来。同时,片头中诸如竹子、筷子、碗等代表中国元素的物件,也呼应了节目整体的文化风格。除了片头精心制作,主体内容的呈现也有匠心独运的视觉设计。节目常将多个空间镜头并置,使相对独立的画面对照映衬,或在大景框镜头中套加、变换小的画面镜头,造成景中有景、画中有画之感,增大了信息量。加之景别变换较快,迅速推拉之中,特写、近、中、全景频频变化,还常借助摇拍、俯拍等手段给人以鲜活的历史复原感和真切感。在构图方面,节目中几乎每一个镜头都经过精细处理,如《时间的味道》展现湘西苗寨龙毅制作腌鱼的过程,一系列画面中既有静止的竹桶,也有慢速行走的猫;竹桶前有幽深内景,后有静谧山谷;猫从右侧入画,左侧出画,成功营造出腌鱼制作过程的时间流逝。片中大量浅景深、大特写、长镜头的使用,帮助编导从细微处展现了美食的内外景观,纹理颜色一览无遗,给观众带来极大的视觉享受。如展现毛豆腐制作过程时,大量镜头贴近毛豆腐表面生长出来的微生物;介绍金华火腿的烹饪方法时,同样有大量的特写镜头,肉丝的纹理和脂肪的色泽展现无遗。如此种种,不仅有助于放大食物的细微特征,更使观众产生了强烈的身临其境之感。

饮食文化是中国文化的活的珍贵遗存。片中每一集对每一种食材和每一道美食的展示都采用了双线叙事的手法,既不单独讲人物讲故事,也不乏味地仅展示食物。如《自然的馈赠》一集一边介绍松茸的来源、特点和烹饪方法,一边讲述卓玛一家上山采集松茸、下山售卖松茸的过程,相互配合相互缠绕,故事讲得简短却充满感情。正如有学者指出的,这部纪录片的制胜之道不妨概括为"就地取材、就材化味、就味品人、就人成文"[2]。中国人依靠自己的地缘环境来寻找食物,就食材化成种种迷人的味道,然后我们从这些味道中品出了中国人的人生百味,最后通过讲述日常生活百态成就了中国文化的深沉呈现,可谓"由俗见雅"。

---

[1] 参见闫珊:《深邃的内容 独特的形式——〈舌尖上的中国〉节目特色探析》,《电视研究》2012年第8期。

[2] 王一川:《小中见大 味中品人》,《让世界感知中国味道——纪录片〈舌尖上的中国〉研讨会发言摘登》,《光明日报》2012年6月1日第9版。

大型电视文化节目《诗画中国》运用全新的技术手段,激发创意灵感,通过XR(扩展现实)、AR(增强现实)、CG(计算机动画)、全息影像等先进技术"活化"《溪山行旅图》《韩熙载夜宴图》《五牛图》等经典美术作品,用高科技赋能舞台呈现,让虚拟场景和现实舞台相结合,打造身临其境的穿越空间。同时,节目将诗、画、音、舞、剧、曲等艺术形态巧妙融合,辅以电影级别的拍摄与制作,为每幅传世画作量身打造了可视、可听、可感的写意空间,通过极具冲击力的全新感官体验,契合当下人们的最新审美表达,延展出更深广的现实意义,努力以电视文艺形式推动中华优秀传统文化的创造性转化和创新性发展。

## 五、流行电视栏目个案分析

电视在大众文化时代具有广泛的媒介影响力,这与电视文化生产中某些被受众市场认可的名牌栏目的脱颖而出密切相关。中央广播电视总台科教频道的《百家讲坛》和浙江卫视的《中国好声音》在受众群体的定位、商业品牌的经营,特别是娱乐性尺度的把握等方面的得失,都值得结合电视"媒介素养"问题加以分析、探讨。

一个电视栏目要在激烈的市场竞争中站稳脚跟,必须首先解决节目制作出来给谁看的基本问题。曾经红遍大江南北的《百家讲坛》,却也有过"门前冷落车马稀"的窘境。《百家讲坛》于2001年7月正式开播,其创意最早来自栏目编导有感于大学里面的讲座颇受欢迎,于是想到通过电视手段传播高雅文化。根据早期的节目宗旨,《百家讲坛》走的是"文化品位,科学品质,教育品格"的路子,即一部电视版的"百科全书"。因此,《百家讲坛》将观众群定位在教育程度较高、欣赏品位不俗的知识阶层。与此相适应,主讲人的选择也瞄准了全国最好的学者、教授。第一个在《百家讲坛》亮相的是诺贝尔奖获得者。《百家讲坛》因此被视为一所汇集各路专家、学者的"开放式大学"。但随着央视推出"栏目警示及末位淘汰"的考核机制,摆在《百家讲坛》前那条"大学之路"突然中断了。根据央视规定,一年内连续两次或累计三次被警示的栏目及收视率最低的栏目会被淘汰。当时的《百家讲坛》和后来消失的《读书时间》《美术星空》一样,它的收视率屡居频道后列。面对严重的生存危机,《百家讲坛》于2003年被迫改版。最根本的转变就是《百家讲坛》放下"学术架子",明确将具有中学文化水平的群体作为主要收视人群。在这一受众定位指导下,《百家讲坛》在2004年陆续推出了《品读〈水浒传〉》《清十二帝疑案》等多个专题。《百家讲坛》的收视率逐渐走出低谷,一路攀升。《百家讲坛》这档隶属科教频道的栏目,也逐渐形成了选材、制作"趣味化"和主讲人陈述"故事化"的栏目特色。在"生存还是死亡"的压力面前,《百家讲坛》的栏目定位从人文、自然和社会"百科全书"转向到中国传统历史文化。《百家讲坛》还把讲台搬到了室内演播室,开始注重对于讲述内容的包装。比如主讲人说皇太极时,编导会及时插入皇太极的画像;主讲人讲《红楼梦》时,加入了资料展示、视频特技等辅助手段。更为关键的是,主讲人在电视编导的引导下有意放下身段,讲述往往从观众感兴趣的人物和悬疑开始,一环扣一环地起承转合、释疑解惑。为了让节目更精彩,每位"名家"在录制节目前,都必须进行试讲。通常情况下,只有初中文化水平的打字员是第一道评审。据编导介绍:"如果他听得很带劲,打字不觉得累,那就证明老师讲得效果良好。"在某种意义上说,《百家讲坛》把专业化学者变成讲故事的高手甚至演员。如主讲人讲汉代礼仪时,会离开讲台,弯腰甚至跪下模拟某个人物的表情、姿态或动作。毕竟,《百家讲坛》不再是原先所构想的学术论坛,而是"一座让专家通向百姓的桥梁"。

除了肩负起"学术大众化"的使命,《百家讲坛》在品牌确立上也有"高招":主要是通过电视强势媒体制造学术明星,反过来又借助学者的"明星效应"提高节目的关注度。这就是说,《百家讲坛》已经拥有相当数量的忠实的品牌"消费者"。电视栏目与明星学者的相互促进,是形成《百家讲坛》品牌影响力的关键。

不同于《百家讲坛》的"先冷后热",浙江卫视的《中国好声音》在2012年暑假首播即开始走红。首期10位名不见经传的学员登场,凭借好声音和全身心的投入,把电视机前的观众"听出了一身鸡皮疙瘩",通过微博"奔走相告",节目迅速占据了微博实时热词排行榜第一名。在节目定位上,《中国好声音》寻求与"民歌类""红歌类"和"女性类"等已有音乐选秀类节目的错位竞争,去繁就简,突出寻找中国最好声音的宗旨,挖掘凸显选手声音特质的潜在市场。

在传统的音乐选秀节目中,一般是按照"海选—分赛区比赛—全国总决赛"的流程进行。《中国好声音》则打破常规,通过栏目组的40多位导演直接到全国各地的音乐学院、演艺酒吧等地展开针对性遴选,"短平快"地确定了最终进入录制环节的各路"好声音",压缩了战线,以优质的选手瞬间聚集了人气。从节目开播到结束只有短短14期,但每期节目都各具特色。

作为真人秀节目,节目中的评委或嘉宾也是节目的重要看点。在评委的选配上,《中国好声音》另辟蹊径,力求差异。在2012年的选秀舞台上,一些职业评委活跃于同期多档节目的情形屡见不鲜。为了追求"名人效应",某些节目在不同阶段频繁更换评委或嘉宾的现象也同样存在。评委的"连轴转"与"不专一"无形中割裂了节目与评委之间的专属性联想。相比之下,《中国好声音》的导师阵容则显得固定而别具一格。《中国好声音》是他们在大陆选秀类节目中的首次登场。他们在很大程度上强化了观众对于《中国好声音》的品牌联想与收视热情。

一个与众不同的节目创意可以在瞬间吸引受众的眼球,而要让受众对此创意形成可持续的收视黏性,则有赖于有吸引力的高品质节目内容。

《中国好声音》引入了"盲听"竞赛模式,淡化了对选手外貌、着装等方面的要求,学员凭借声音征服导师"转椅子",这使得导师在初选阶段更注重声音的辨识度,让音乐选秀类节目重回声音本位。人的声音是最美妙的乐器,它能穿透人心、震撼生命。正如黑格尔所言:"最自由的而且响声最完美的乐器是人的声音,……人的声音可以听得出来就是灵魂本身的声音,它的本质上就是内心生活的表现,而且它直接地控制着这种表现。"① 在《中国好声音》的舞台上,观众可以从歌手的演唱中感悟到他们的心路历程和岁月情怀。歌手为女友献唱的《为爱痴狂》充满了浓情和激情;《寂寞先生》唱出了为之奋斗 10 年的舞台梦;《我是一只小小鸟》《自己》《爱要坦荡荡》都感人至深。特别值得一提的是,《中国好声音》"摄制组在演播室内外布置了近 40 个机位,全程记录节目摄制过程中的几乎所有精彩瞬间","每期 96 分钟的节目内容来自于长达 1 000 分钟的可调用素材,片比高达 130—140∶1,是国内同类节目的 40 倍以上,确保节目内容的'帧帧'精彩"②。

在当今这个大众消费文化时代,市场运作水平的高低成为决定一个电视栏目成败的关键因素。《中国好声音》善于在媒介融合的背景下,做好节目的整合营销,通过全媒体联动造势来扩大节目影响力。该节目开播伊始,就开设了官方网站,将节目的网络播放权同时出售给多家视频网站,方便受众在非电视播出时段收看。统计数据显示,《中国好声音》有 80% 的受众来自网络,每期的平均点击量超千万,在各大视频网站热播的综艺节目中位居前列。此外,节目组还在新浪微博开设官方微博"中国好声音"和微吧"中国好声音微吧",对节目播出过程进行现场直播。即使是在节目结束四个月之后,《中国好声音》余热仍在。据北京美兰德媒体传播策略咨询有限公司的调研数据,《中国好声音》在 2013 年 1 月份的微博提及量超过 194 万条。

该节目还充分利用微博等社交媒体,通过病毒式营销叠加事件营销提高节目到达率。简单地说,病毒式营销是指利用公众的积极性和人际网络,让营销信息像病毒一样传播和扩散,使其被快速复制传向数以万计、百万计的受众。而且,这种传播是用户之间自发进行的,因此除渠道推广外几乎是不需要费用的网络营销手段。《中国好声音》的官方微博拥有百万粉丝,导师之一的微博粉丝数达到上千万。在这些粉丝的带动下,节目相关消息就像病毒一样在受众间扩散。而促成这一局面的重要缘由在于,喜欢看这个节目的受众有很大一部分和微博受众重合,他们都是喜欢新鲜感的人群。进而,事件营销也就有了用武之地。《中国好声音》可谓"人人有故事,期期有话题"。一名歌手被质疑身份造假,导师怒

---

① [德]黑格尔:《美学》第 3 卷,朱光潜译,商务印书馆 2011 年版,第 268 页。
② 张雷、陈波:《产业链视域下的〈中国好声音〉栏目运营策略分析》,《浙江传媒学院学报》2013 年第 4 期。

斥剧透及对媒体代表发飙……这些事件通过微博等社交媒体,尤其是名演员等一大批拥有庞大粉丝基数的加"V"用户的转发,使得无论是有关"好声音"学员的事件争议,还是有关学员精彩表现的视频都被广泛传播,最终让"好声音"成为社交媒体用户逃避不开的话题。由于这些事件在微博及论坛上被网友热议,传统媒体又适时跟进,《中国好声音》在短时期内迅速被人们知晓,达到比较理想的品牌传播效果。

需要进一步看到的是,无论是以《百家讲坛》为代表的学术普及性栏目还是以《中国好声音》为代表的"电视真人秀"栏目,其品质都还有提升的空间。讨论电视媒介素养问题可以从传播者和接受者两方面着手。央视管理层力推节目精品化改革,对栏目实施严格的警示和末位淘汰制度,收到一定实效。不过,对于央视科教频道似可采取更为灵活和更具弹性的调控措施。学术大众化和庸俗化之间仅一线之隔,因此对于包括《百家讲坛》在内的学术普及类节目不宜只以收视率论英雄。《百家讲坛》自身要想常讲常新,真正做到"坛坛都是好酒",也需要进一步拓宽题材,在娱乐性和学术性上取得更佳的平衡。至少,重温一下社会学家布尔迪厄的提醒并非多余:"就历史的眼光来看,所有的文化产品在我——但愿不止我一个人——在一部分人眼中是最崇高的人类产物,如数学、诗歌、文学、哲学,所有这些东西的生产都是反对与收视(听)率划等号的,都是反经济逻辑的。知道这一点非常重要,'电视率心理'渗透到先锋派的编辑和投身市场营销的学者机构中,是很令人担忧的。"[①] 从受众的角度说,要对电视文化传播的优势及其限度保持清醒认识。一方面,电视覆盖面广、形象逼真、收视家庭化,影响巨大;另一面也存在声像信息易于流逝的弱点,从而更多与"浅思维"相关联。因此,名家对历史的讲解无论如何精彩,都无法取代公众对于历史原典的更为深入的了解与领会。受众不应以"娱乐精神"作为自己接受电视节目的唯一标准。波兹曼就曾警告说:"有两种方法可以让文化精神枯萎,一种是奥威尔式的——文化成为一个监狱,另一种是赫胥黎式的——文化成为一场滑稽戏。"[②] 这并非耸人听闻。

事实上,电视观众媒介素养的培育正是以受众认识、解读电视文化现象的批判性反思能力为前提的。它不能不是一个动态的过程。通过考察新浪微博中粉丝关于《中国好声音》的海量评论,不难发现随着节目的播出,粉丝们对它的态度从一致好评转变为多层次声音交织,进而从粉丝对该节目的评论中发现了中国电视真人秀节目存在"照搬"国外模式、不完全公开与透明、商业化过度等问题。[③] 该节目播出初期对其持肯定态度的观众占大多数,粉丝对节目的好评

---

① [法]皮埃尔·布尔迪厄:《关于电视》,许钧译,辽宁教育出版社2000年版,第27页。
② [美]尼尔·波兹曼:《娱乐至死》,章艳、吴燕莛译,广西师范大学出版社2009年版,第132页。
③ 参见包书琴:《从微博粉丝态度看中国电视娱乐节目》,《今传媒》2012年第11期。

主要集中在盲听盲选的公平、导师的真诚和幽默、选手让人感动的声音或故事。然而，随着节目的进展，出现了不少质疑的声音。有粉丝表示，看了国外同类节目后才发现《中国好声音》"连评委语气和现场氛围都是模仿的"；由于节目不分专业和业余，许多参加过以往音乐选秀的人、有音乐基础的人来到节目现场，有粉丝称《中国好声音》是"快女""快男"的集体"回锅"；虽然从市场营销角度来看，赞助商不断出现在节目中让节目取得了巨大的商业利益，但亦有不少网友笑称"主持人某某是卖凉茶的"，担心随着节目的进展，《中国好声音》过于被商业云雾笼罩。归根结底，理智的电视观众大可不必被电视节目生产者牵着鼻子走，因为辩证解析电视文化的主动权正掌握在广大观众手中。

有必要指出的是，近年来我国部分优秀名牌电视栏目开始在海外传播上取得佳绩。例如，《中国诗词大会》是国家语言文字工作委员会、中央广播电视总台制作推出的原创文化类综艺节目，它不仅让国人赏爱，而且也引起学习汉语的外国留学生的强烈关注。这固然与目前国内许多高校都为国际中文教育专业的外国留学生开设了"中国古代文学""唐诗宋词鉴赏"等与电视节目具有相关性的文学类课程有关。但更为重要的是，《中国诗词大会》的制作精准把握了电视大众文化的传播规律，不是强调死记硬背经典诗词作品，而是采用紧张激烈的选手真人秀竞技形式，注重诗词内容与其他文化元素的结合，如在第 2 季的图片线索题中推出了沙画形式，在第 5 季第 2 场中出现了五代时期的出土文物《白石彩绘散乐浮雕图》。从第 5 季节目起赛题又加入了身临其境题型，将电视传媒的视听优势发挥到了极致——由五位专业学者亲临庐山、黄鹤楼、剑门关、苏州园林、大明宫等地现场出题，通过短小精悍的视频短片形式将人文景观与诗词意境完美融合。《中国诗词大会》的传播实践证明，在我国观众中广受好评的优质电视栏目，同样能够吸引具有一定汉语基础、对中国文化有一定了解的外国观众。

## 本章小结

电视文化作为大众文化在中外发展的共同历程表明，产业化是中国当代电视文化发展的必然选择，一些颇具经济实力的民营电视公司的涌现总体来看是利大于弊。电视文化产品生产机构都应在市场经济的激烈竞争中赢得自身的生存和发展。同时，政府监管与政策引导也是必要的，这是"大众文化主导化"的内在要求。电视作为大众文化具有"聚众化"和"分众化"特征；电视产品为赢得稳定甚至固定的收视群体，其制作具有明显的类型化或模式化特征；电视不再寻求正襟危坐的观众，而是深深介入大众日常生活之中，成为名副其实的"家用媒体"；电视节目力图使观众的休闲冲动获得释放，满足他们的日常娱乐要求；电视产业的发展无疑要受到大众文化背后的商业机制的强有力的塑造和制约。总之，聚众化和分众化、类型化、日常化、娱乐化和商业化等构成电视文化的基本特征。流行电视产品为了达到吸引受众、获取商业利润的目的，总要不惜调动各手段来满足社会上大多数人的欲望、想象、追求和趣味，因此对其作出较为深入的批判性解析是必要的。文化批评界应当肩负起冷静批判的使命，既不全盘否定也不廉价吹捧，而是引导公众警惕流行电视产品可能携带的不良文化因子。对于电视文化生产中某些被受众市场认可的名牌栏目亦应作如是观。这是推动"大众文化高雅化"的有效途径，也是促进电视观众媒介素养提升的必然要求。近年来，我国优质电视文化产品的海外传播取得可喜进展。

## 思考与练习

1. 如何看待未来中国电视文化的发展趋势？
2. 如何理解电视作为大众文化的聚众化和分众化特征？
3. 如何理解电视作为大众文化的类型化特征？
4. 如何理解电视作为大众文化的日常化特征？
5. 如何理解电视作为大众文化的娱乐化特征？
6. 如何理解电视作为大众文化的商业化特征？
7. 如何辩证看待流行电视剧的积极因素与消极因素？
8. 试从电视观众媒介素养状况出发分析某个流行电视栏目的传播效果。

# 第四章

# 网络文化

　　以现代电子技术及其传输网络为基础进行的文化传播,已经成为当代大众文化的主要内容。尤其是以数字互联网为基础的网络文化,已经深入我们生活的方方面面。互联网的发展也呈现出迭代演变的趋势。从台式机、笔记本、手机到穿戴设备,互联网越来越成为一种"随身网络";从个人计算机(PC)联网、手表联网、智能家居联网到物联网,互联网的传播技术日渐突破其早期设备限定;从 4G、5G 到星链,互联网速率提升,空间拓展;电子游戏、虚拟现实(VR)和建立在深度神经网络技术基础上的人工智能,使互联网不仅仅给人们提供娱乐、购物和交往便利,也在辅助人们的工作与学习,如智慧城市、智能养老、智慧医疗等,逐渐深入现代社会日常生活伦理的重构。在这里,明亮的荧光屏、轻盈的鼠标和微型键盘,如同传说中神奇的魔球,似乎把整个世界都搬到了我们眼前;而 VR、ChatGPT 与元宇宙,更是把一个截然不同的想象的世界转换成可知、可感、可交往的"新现实"。

　　作为一种新的媒介方式,网络已经并正在催生和传播大众文化,带来各种崭新的文化体验。那么,网络文化究竟给我们的生活带来了什么样的深刻变化?这种大众文化的新形式具有什么样的特色和内涵呢?本章试图对这些问题作出解答。

## 一、网络的产生和发展

　　网络是现代科技的产物,它的产生和发展经历了不同的历史阶段。在这个过程中,计算机的形象不断变化,其网络功能被日益强化和强调。电脑、人、网络,构成了现代社会生活的一种新的点线关系。

### 1. 计算机的发明和网络的产生

　　1946 年,在美国宾夕法尼亚大学,一种叫作 ENIAC(Electronic Numerical Integrator and Computer)的特殊机器诞生了。它采用电子管为主要器件,体积异常庞大,占据了几层楼房的数十个房间。这就是世界上最早的计算机。那时,庞大的机器似乎总是暗含着神秘而奇特的力量,任何一种新设备的出现,都可能给人们带来新生活、新时代的想象。这台计算机占地170平方米,重30吨,有1.8万个电子管,用十进制计算。1969年,受美国国防部高级研究计划局的委托,美国BBN(Bolt Beranek and Newman)公司提出了可以应用的网络控制协议(NCP)。随后,分别位于加利福尼亚大学洛杉矶分校和圣巴巴拉分校以及斯坦福大学和犹他州立大学的四台大型计算机被连接在一起。世界上第一代计算机网络——ARPA网络产生。1972年,第一届国际计算机通信会议召开,ARPA网络首次亮相公众。

2. 个人计算机与网络

通常说的计算机,是指Personal Computer(简称PC),亦称个人电脑。20世纪70年代中期,出现了以Intel公司的8080系列、Zilog公司的Z80系列、Motorola公司的MC6800系列等为代表的第二代8位微机。70年代末80年代初,三大公司又相继推出了8086(8088)、80286、Z8000、MC68000系列的16位微处理器,微机的应用范围也大大扩展,微机操作系统的相应发展也使人机界面更加友好,微机的应用范围向信息处理方向发展。此后,微处理器的发展越来越快,32位微机大多采用Intel的80X86、Pentium、PII、PIII、PIV系列处理器,集成了MMX、SSE等支持多媒体的高新技术。

个人计算机的出现,促使网络应用向家庭化、日常化发展。1972年,第一届国际计算机通信会议达成不同计算机网络之间的通信协议;至1974年,Internet Protocol,Internet协议和Transport Control Protocol,也就是TCP/IP协议问世。在此基础上,1983年ARPA网络分裂为民用和军用两种类型,由此,国际互联网产生。从此,我们不仅在工厂、军队等国家场合里面看到计算机,更重要的是,我们就在自己的家中看到各种各样的计算机。从处理文档、日常办公、多媒体教学这些公共交往活动,到听音乐、看电影、玩游戏等私人行为,计算机已经无处不在。

计算机的发展和网络的应用,体现出了一种技术的世俗化进程。计算机由大变小,成本逐渐由昂贵到低廉,界面则由文本走向图像,操作由字母键盘转向多轮鼠标等,使得计算机越来越成为一种"自我"的代表;与此相应,网络由小变大,网络接入速度由慢到快,网络运营方式由国家走向个人,网络连接由有线转向无线等,又使得每一台计算机的意义都要经由网络的使用来赋予。

3. 中国网络的发展

1986年,中国启动了CANET(Chinese Academic Network)项目,到1987年,北京计算机应用技术研究所建立了中国第一个电子邮件节点。1987年9月20日,一封名为"穿越长城,走向世界"的电子邮件,由中国的一位学者通过互联网发向德国。中国开始进入互联网时代。

当前,中国互联网,包括手机网络(从 GSM 到今天的 5G)的发展已经颇具规模。十几年前,手机还很少见,是某种身份的象征。而截至 2022 年 6 月,我国网民规模为 10.51 亿,累计建成开通 5G 基站 185.4 万个,互联网普及率达 74.4%;短视频用户规模达 9.62 亿,占网民整体的 91.5%;即时通信用户规模达 10.27 亿,占网民整体的 97.7%;网络新闻用户规模达 7.88 亿,占网民整体的 75%;网络直播用户规模达 7.16 亿,占网民整体的 68.1%;在线医疗用户规模达 3 亿,较 2021 年 12 月增长 196 万,占网民整体的 28.5%。这些数字表明,网络已经成为人们日常生活中不可或缺的一个组成部分。随着新的数字传播媒介的不断出现,网络文化的私媒化、自娱化与群落化的趋势更加明显;而网络开启了经济、政治、文化的诸多新领域和新趋势,也将成为未来社会发展的基础性和引领性领域。

## 二、网络文化及其特色

网络作为大众文化的一种新的传播形态,必然带来大众文化的变革和发展。与传统的媒介相比,网络以数字化形式及其网络渠道传输信息,可以造就一种富于诱惑力的大众文化景观。

网络文化,在这里是指通过国际数字网络传播的各种人类符号表意系统。网络文化具有两种形态:第一种是在互联网传播中生成的文化。这是在互联网的媒介技术传输和人际双向交流中形成的符号表意系统及其成果。这种形态最能体现网络文化自身的、不同于其他类型大众文化的特点,属于网络文化的核心部分。当网民把自己的日常生存的最大兴奋点都投寄到网络上时,这种网上生存作为网络文化的一种显著标志,确实已经成为当代大众文化的一道奇异而又平常的风景。第二种则是指借助互联网的媒介技术去传输的现成文化制品,即在互联网上传输的现成文化。把制作好的现成新闻、教育、学术、商业、艺术等节目往网络上传送,也应该视为网络文化的一部分。例如,把凡·高的绘画作品、《鲁迅全集》扫描下来输入网络,当然极大地方便网民阅读、下载,也便于文化产业机构和教育部门转引、使用。这可以视为网络文化的边缘部分。

当然,随着数字技术的发展,网络文化现象日渐丰富,也出现了依托网络产生并在其他领域传播的文化。如数据库电影(database cinema),通过大数据技术、云计算技术、人工智能技术等手段,集合消费者趣味和影像场景,一方面为观众"量身定制"电影作品,另一方面也改变了看电影的方式,让电影旅程呈现网络游戏一样的开放性和延展性。未来会有越来越多的文化形式被网络技术"裹挟",体现出云时代的文化特色。

网络文化的新兴优势显而易见。从来没有一种人类文化形式能像网络文化那样生动、形象、多面和丰富。更重要的是,网络文化尤其鼓励信息的双向传播与多维扩散,形成一种信息交流的全新模式。那么,怎样把握这种大众文化的特色呢？美国学者哈罗德·拉斯维尔认为大众传播涉及五个层面：谁？说什么？通过什么渠道？向谁？有什么效果？① 其中，"渠道"被看作媒介的问题。但是，因为网络是一种双向互动的传播方式，那么，不妨说，网络这种媒介的特殊性就在于，它把这五个层面都牵连到其文化形态当中去了。在这个基础上，可以对拉斯维尔的五个层面进行改造，以便透视网络文化的存在形态和独特特征。在这里，"谁"和"向谁"的问题，在双向互动的网络文化中就集中呈现为一个网络文化的言说角色的问题，即传播者与接受者是在身份和地位的互换中确立的。而"说什么"（传播内容）又与"渠道"（传播媒介）合而为一，在这里，一方面是"说什么"构成网络文化的内容，另一方面是网络的媒介形式规定和主导着"说什么"，这就形成了网络文化的文本形态问题。"有什么效果"则体现出网络文化的社会和现实的意义，即网络文化在什么样的条件下言说，这种言说是为了达到什么样的感染效果。这就有了网络文化的传播语境问题。总之，网络言说角色、网络文本形态和网络传播语境，构成考察网络文化特征的三个主要方面。

1. 虚拟化、交互性的符号自我

网络总是呈现为一个信息发布的平台。无论是大型网站还是电子邮件终端，从BBS的"灌水"②到聊天室里面的"神侃"等，言说行为的开放和言说角色的自由造就网络文化的乐趣。简言之，网络文化的特色首先体现在其言说角色上。一位叫做"野猫"的网友，写过名为《我为什么上网？》的诗：

> 我为什么上网？/因为我虽然长得像只豺狼/却不折不扣是只羔羊/……于是/我们拥有了思想/在漫天阴暗里"轻舞飞扬"/我为什么上网？/因为我能摇身一变就是绅士的模样/所以我出了公司、进了银行/我笑容成熟并且灿烂/在每一个社区里/瞄准不计其数的花房姑娘/——她们既丑陋又漂亮/甜言蜜语她们魅力难挡/……我为什么上网？/因为我能随时随地变作迷人的流氓/所以我蹲过苦窑、摆过地摊/我态度轻浮并且嚣张/在每一个黑夜里/追随一束擦身而过的馨香/——她们既矜持又放浪/波涛汹涌她们消极抵抗/我可以用九万里的沧海/汇聚成诱惑的船桨/也可以顺手抄袭何勇的叫嚷/我没有汽车/也没有洋房/我只有一张吱吱嘎嘎响的床/我们上网/我们随心所欲地涂画淡抹浓妆/我们挖空心思地拼凑奇形怪状/悲惨地高尚/快乐地肮脏/可我们为什么还迷惘？/仍然没有进化的方向/我们找寻天堂/却只找到幻象/朦胧中听到一声巨响/那是尼采在说：上帝死了/……

---

① 参见[美]哈罗德·拉斯维尔：《大众传播学》，转引自张国良主编：《20世纪传播学经典文本》，复旦大学出版社2003年版，第199页。

② 所谓"灌水"，就是在随便一个话题里面任意地回复帖子，内容不受限制。

诗中流露出网民们的一些有趣的心理,表现了网络文化中言说角色的以下三个基本特点。

第一,虚拟化。从角色的自我设计角度讲,网络言说角色具有虚拟化特征。虚拟化,是指真实的言说者常常以虚拟身份在网上"冲浪"从而获得角色扮演的乐趣。这里讲"虚拟化"而不讲"虚拟性",是因为上网的人是真实的,而在网上言说的时刻则又成为一个"虚拟人",成为网络上面的一个节点。当一个在网上进行信息发布的人取好"网名"来设定自己身份的时候,"虚拟化"进程就开始了。在这里,主客体界限分明,而面向网络的言说则要通过将自己的身份和自己的机器标志为一个"网客"来完成。"匿名"可以看作人和电脑的"共名",是所谓的"人机共名",而网络言说角色也就成为"人机共名体"。[1] 这种自我角色的设定和扮演,就体现了虚拟化过程。

上面这首诗就体现了这种写作言说的虚拟化。首先,不知道(或不能直接知道)作者是谁,而只能从诗歌语言上面感受作者的年龄、性别等状况。关键是我们对此并不感兴趣,没有必要去追究"野猫"这一称呼的实际意义。其次,这首诗也讲述了一个言说角色在网上进行虚拟的身份游戏的乐趣:"我"本来是一个"羔羊",却可以在网上像"豺狼"一样;"我"时而是一个绅士,在虚拟的社区里面自由来去,时而又是一个诗人,复制几句富有冲击力的诗句。在这里,虚拟的自我与真实的自我之间获得了一种相互察看、相互认同的奇妙游戏。萨特在《存在与虚无》中提出了"自我"和"对自我的意识"问题:一个人的信仰实际上是一个人对"信仰的意识"[2],因此,"自我"也就变成了一个"被反思者"[3]。从这里引申,不妨说,自我的存在是通过对自我的察看和意识实现的。对于一个上网的人来说,一方面是真实存在的"自我主体",另一方面则是被设计和想象出来的"虚拟主体",这两个主体之间事实上在互相印证、互相取乐。

总而言之,网络言说角色生成于真实的自我主体与虚拟的网络主体之间的交往过程。真实自我的虚拟化,也就相应成为网络言说角色的一种基本特征。事实上,任何言说的过程都是一个"角色扮演"的过程:巴尔扎克是通过对小说中各类人物的角色扮演来写小说的;一个教师是通过对社会设定的"教师"角色的扮演来讲课的。那么,网络言说角色的角色扮演和传统的角色扮演之间有什么不同呢?这就牵连到网络言说角色以什么社会身份来交往的问题。

第二,交互性。从主体交往的方式方面看,网络言说角色总是处在双向的交往过程之中,从而生成一种交互性的主体存在形态。交互性,是指网络言说角色所进行的言说行为具有作者与读者的双向属性,而且两者的身份可以随时交换。

---

[1] 参见周志强:《汉语的无纸写作时代——网络与大众文化的转型》,《艺术广角》2001年第4期。
[2] [法]萨特:《存在与虚无》,陈宣良等译,生活·读书·新知三联书店1997年版,第113页。
[3] [法]萨特:《存在与虚无》,陈宣良等译,生活·读书·新知三联书店1997年版,第115页。

在这里,传统作者的权威地位受到了挑战,每一个人都可以成为网络上面的发言人和受话人,言说的神圣性与接受的被动性状况被改变了。

网络文化是在言说角色双向交流的基础上建立起来的。无论是聊天室还是社区论坛,数字网络允许不同的人同时登录在线,进行一种即时交流;而一些大型综合网站如新浪、搜狐,利用电子邮件终端程序接收、撰写和发送书信等,似乎非常接近于传统的信息使用方式,但是,对各类信息的有效跟踪和随意评论,对各种电子邮件的广泛转发和随机点评等,同样蕴含了互相交往的特性。

交互性意味着传统作者权威地位的颠覆,并在这种颠覆中建构新的主体形式。在谈到传统的传播媒介与网络传播媒介的差异时,波斯特指出,建立在印刷媒介基础上的书写活动,促成一种"作者权威化"的趋势。"无论在读者还是作者的情形中,印刷文化都将个体建构为一个主体,一个对客体透明的主体,一个有稳定和固定身份的主体。简言之,将个体建构成一个有所依据的本质实体(essence)"①。在这种形式中,由于作者和读者的分离,作者的声音借助于神圣性的话语建构起来,从而保证作者言说的有效性和合理性。固定身份的作者成为不固定身份的读者的理想主体,出版物则用物质化的媒介形式——纸张——强化着作者语言的权威和力量:在排列整齐的印刷物上面,"语言也就被理解成表征性的,被理解成符号的专制系统,思想家为了指向客体才乞灵于语言"②。而网络传播则使得"巨大的距离和时间的瞬即性彼此结合,既使说话人与听话人相互分离又使他们彼此靠拢"③。在这个过程中,原本具有"象征意义"的作者,如今被还原为一个正在和"我"谈话的具体的个体人,"他"的身份不能确定,"他"不再漂浮在人们对"神圣作者"的集体想象中,"他"和"我"一样,我对"他"的阅读正如"他"对"我"阅读一样,不再要求大家使用"领悟""拜读""启蒙""倾听"等的理解方式。

在这首诗里,"野猫""我"或"我们"都不过是一种在与他人的交往中不断进行角色变换和扮演的"多重主体",而固定的言说者身份则被颠覆掉了。"因为我能随时随地变作迷人的流氓/所以我蹲过苦窑、摆过地摊/我态度轻浮并且嚣张",这一时刻,"我"只不过是在不同人的交往中具有不同文化色彩的"说话人","我"的话语不可信,"我"的身份不可寻,"我"的意义也就不可能产生一种普遍性的价值。所以,在网络主体的相互交往中,"我们找寻天堂/却只找到幻象/朦胧中听到一声巨响/那是尼采在说:上帝死了"。

由此可以知道,网络言说角色是一种在交互性的言说活动中建构起来的、与传统的权威性作者不同的现代主体。

---

① [美]马克·波斯特:《第二媒介时代》,范静哗译,南京大学出版社2001年版,第84页。
② [美]马克·波斯特:《第二媒介时代》,范静哗译,南京大学出版社2001年版,第85页。
③ [美]马克·波斯特:《第二媒介时代》,范静哗译,南京大学出版社2001年版,第87页。

第三,符号性。如果说虚拟化体现了网络言说角色的自我扮演方式,交互性展现了网络言说角色的自我生成机制,那么,符号性则表明网络言说角色的一种自我存在形态。在这里,符号性指的是网络言说角色由于总是一个虚拟的人机共同体,从而使得言说与言说者分裂开来,并最终成为一个由一系列符号标志或者通过一系列符号来辨认的主体。简言之,网络言说角色既借助于符号来交往,又在符号交往中成为一种符号性主体。

事实上,人们已经习惯了制造一个新身份符号来完成网络交往活动。尽管新浪微博和腾讯微信都要求使用实名注册,但是,这种将自我代入符号想象中去的特点依旧鲜明,即美国学者沃尔顿所说的"假扮游戏"。在微博、微信中,具体发言人的身份的确认,令其话语天然具有言说角色性,从而天然具有"话语负责者";但是,就微话语的传播方式来说,点击式转发又让微话语很快变成无主体的言论,从而也就很容易变成仿佛来自抽象空间的思想,也就是"天启"的声音。于是,微话语看似具有负责任者,却又总是"假扮游戏",其场景、规则和道具都令发言者具有强烈的"表演意识"。在微信"朋友圈"里,这种扮演游戏的后果就是传播者作为行为主体的意识的消失。不断地说他人话语,表现为总是按照微话语的话语规则说话,各种表情符号和类似"洗洗睡了""喜大普奔"特殊用语的使用,令微话语的行为主体和话语本身分离开来。显然,网络交往的符号性,令其话语形式呈现出"千篇一律的个性"色彩。

综上所述,网络传播主体具有虚拟化、交互性和符号性的特征,相应地,网络文化活动也就成为一种由虚拟化、交互性的符号自我来完成的文化活动。

2. 超文本性界面

从网络文化的文本形态方面看,网络文化是一种界面文化,这种界面的重要特征则在于它的超文本性,其最终的意义在于打造一个虚拟现实。

第一,界面文本。所谓"界面"即 interface,本意是指两个系统之间通信的场所,也就是多种信息源面对面的交汇场所。手机的屏幕、电视的画面、手表、广告等,都是现代性文化的界面形态。

对于网络而言,界面一词意味深长。或者可以说,只有网络文本所呈现出的这种丰富多彩的界面,才能体现真正意义上的界面文化。换言之,界面是网络媒介的基本文本形态,界面的特性规定着网络文化的媒介特性。

界面的特点可以归结为互相矛盾的两个方面:一方面,界面是信息的真实呈现,是不同的信息得以传播的出口;另一方面,界面又始终包含着幻觉,是不同信息按照特殊方式编码之后的组合形态。不妨以汽车的挡风减速玻璃为例。作为界面,汽车的挡风减速玻璃让外界的信息真实地再现,让车内的人可以看清路况,了解世界;与此同时,当车速极快的时候,减速玻璃却给车内的人传达一种错误信息,让人感受不到车速过快,从而减少因为速度带来的不适,亦即玻璃界面使得汽车的速度不被感受为真实的速度。也许正因如此,迈克尔·海姆才会说:"界面所带来的最大危险,在于我们有可能与内心世界失去联系。"[①]

相对于普通的界面而言,网络文本界面更加丰富多彩,从而也就更加具有幻觉性色彩。数字化的处理方式,本来就可以有效制造"仿真"影像,而一个网络界面,虽然不以这种"仿真"为追求,却可以调用各种手段,强化信息接受的真实感、趣味性和合理性。简言之,网络文本是一种界面文本,它汇聚各类信息,共同组成一个超文本的世界。

第二,超文本性。网络文本界面和传统界面的最大不同在于,它是一个超文本性的界面。"超文本"(hypertext)是由美国学者纳尔逊造出的一个词。"hyper"来自希腊语,意思是"超""外""上""旁"等;"text"意思是"正文""原文""课文""课本",对于电脑而言,则指呈现在屏幕上面的文字材料,也指一种特殊格式的文件(*.txt)。对于纳尔逊而言,"超文本"指的是一种分叉的、允许读者做出选择、最好在交互屏幕上阅读的文本。[②] 大量的书写材料、图像材料,以复杂的方式相互联系在一起,超出了纸张阅读的范围。它包括了普通正文之外的其他文本材料,如夹注、引用、文献目录、经传以及相互阐释的系统文本等。[③]

界面作为一种超文本,是一种电子的或者说数字的超文本。为方便起见,我们在下面所讲的超文本,指的就是电子超文本。在这里,"超文本"这个词包含这样几个意思:就其容量而言,它是多个文本共同组合在一起的大型文本;就其呈现方式而言,它是一种多维的文本结构,并以界面的形式在前台排列;就其媒介基础而言,它是对纸张的一种超越,甚至可以说是一种无纸化的文本现实;就其传播途径而言,超文本是一种开放性的、多版本的和无限延续的文本。

首先,超文本是一种大型化的"超级"文本。海姆这样描述他理解的"超文本":

> 在一个文本中,或一整组文本中,栈[④]可以关联起所有的东西。这样,文本就变成了超文本,在超文本中,文本的每样东西都和文本中的其他每样东西相互关联。超文本就是电子的文本间性(intertextuality)——所有文本的文本——超级文本(supertext)。[⑤]

---

① [美]迈克尔·海姆:《从界面到网络空间——虚拟实在的形而上学》,金吾伦、刘钢译,上海科技教育出版社2000年版,第82页。
② 转引自黄鸣奋:《超文本诗学》,厦门大学出版社2002年版,第11页。
③ Theodor Nelson, *Literary Machines*, see Landow, Geoge. *Hypertext 2.0: the Convergence of Contemporary critical Theory and Technology*, Baltimore: Johns Hopkins University Press. 1997, p.3.
④ 指 stack。
⑤ [美]迈克尔·海姆:《从界面到网络空间——虚拟实在的形而上学》,金吾伦、刘钢译,上海科技教育出版社2000年版,第28页。

因此,"超文本"意味着一个相互关联在一起的多个文本的组合,就电子文本而言,它往往由一个简单的链接开始,点击之后,就在打开一个文本的同时,打开了一系列不同样式的文本。有时候,只要我们随意登录一家娱乐网站的界面就会发现,各种不同的信息汇聚在一起:这是一个关于影星生活、娱乐新闻的网页,其中又掺杂了丰富的广告信息、手机专辑、网民评语、信息下载等内容;有意思的是,这虽然只是各家网站中关于娱乐新闻的一家报道,但是,只要你不停地点击下去,就会不停地发现新的链接,也就不断地出现新的文本,最后,通过这一个网页,你打开了许许多多的网页,并几乎可以随便地找到当前娱乐界的各类新闻。在这里,超文本变成了界面的根本内涵,也就是说,一个界面链接另一个界面,最终,我们"陷入"文本的汪洋大海之中;孤立的界面既是不可能的,也是没有意义的。

其次,超文本是一种多维文本。所谓多维文本,表明超文本的排列结构方式不是一种"线性的、一页页、一行行、一本本的方式"①,而是多维度、多页面的。一方面,文本内部的词语、标题、关键词等地方可以随时与其他文本链接起来,使得文本成为组合型的文本;另一方面,一个界面作为一种超文本,其平面又呈现为一种非线性的排列方式,语言与图片镶嵌在一起,构成精美而无序的阅读空间。

因此,超文本和传统的线性文本有了很大的区别。正如论者所言:"线性文本假定一种主要是线性的、顺序的阅读。它最常是印刷的、永久的,产生于作为离散的物理单位而存在的文件。读者遇到的是由作者所构思的顺序、风格和组织所结构化的信息。可以在叙事内部参考其他文本,但是这些存在于文件本体(首要文本)之外。相比之下,超文本是'节点'的结合,这些节点是些文本片断,小可小到一个词语或碎片,大可大到一本书或另一部完全的作品,由允许读者直接从既定的文本始点访问其他信息资源(通常在计算机环境中)的链接所联接。一个超文本可能包括人们可以按顺序阅读的中心叙事或讨论,但也常有从首要文本分叉到其他文本材料的特别机会。"②

在这里,作为界面的超文本蕴含着特殊的媒介意义。线性文本的排列,事实上是一种具有理性色彩的逻辑形式,它包含着一个理性主体的眼光;而超文本的界面,则倾向于娱乐化、趣味化,蕴含着一个娱乐主体的眼光。前者如同传统的连环画,文字和画面按照时间的顺序组合在一起,要求读者冷静有序地阅读下去;而后者如同现代流行的卡通漫画,大小不一的画面利用所有的空间,文字与画面的结合并不紧密,要求读者不断移动自己的眼球,并按照自己的兴趣分布自

---

① [美]迈克尔·海姆:《从界面到网络空间——虚拟实在的形而上学》,金吾伦、刘钢译,上海科技教育出版社2000年版,第29页。
② 黄鸣奋:《超文本诗学》,厦门大学出版社2002年版,第258—259页。

己的注意力。在这一时刻,沿着既定的逻辑思路处理信息的方式被打破了,一种随机的、自由的观看方式带来轻松、舒适而又没有思想历险的阅读过程。

换言之,传统的线性文本与一个理性主体的"阅读""思考"紧密相关,而超文本则与一个娱乐主体的"浏览""感受"紧密相关。正是从这个意义上说,"阅读"与"浏览"成为具有不同文化意义的接受方式。正是从这个意义上看,超文本本身包含了对精英主义言说的消解性、颠覆性。随意的眼光、消闲的心态构成了"浏览"这种现代人的眼光;与之相应,"阅读"作为一种理性化的查看意义的方式,在超文本面前逐渐消退。理性的、启蒙的与感受的、娱乐的,成为线性文本和超文本所具有的不同的文化功能。

再次,超文本是一种无纸化的文本。网络界面是一种超越了纸张的超文本。书纸墨香令我们安静而平和地阅读和思考;如今,超文本不再遵循纸张赋予文本的整齐划一的形式,而是跳跃着、游动着,像一个幽灵一样穿梭于人的心灵。表面看来,纸张和电子屏幕没有太大的区别,但是,灵动多彩的界面,却不让你的浏览平静沉默,而是不断激发你的行动和参与,使得你不停地点击下去,并很快陷入各类信息的包围之中。

由此来看,无纸化的超文本也就成为一种动态的文本,一个总是在你的点击下发生位移、替换,甚至走向其意义的反面的文本。纸张文本总是以它厚厚的页码隐藏着各种信息,而无纸化的超文本则使之解放了出来,即使这解放有时反而令我们陷入众多信息的迷惑中。

与之相应,无纸化的超文本又是一种去整体化的文本。一方面超文本由各种文本镶嵌在一起,另一方面,我们也就可以随时撷取其中的文本或者文本片段,这样,超文本成为一种允许我们随时重新组合嫁接的文本。从这个意义上说,"超文本"是一种没有整体性的文本,对它的拷贝、粘贴是这种文本的一种结构方式。在这里,一篇文章的段落可以随意搬来搬去,仿佛是机械化地拼装一座房子。那个看起来总像是一个"整体"的文章,成了一种拆件零装的"兼容机"。这种块操作中的"复制""剪切"和"粘贴"功能还实现了文章之间相似意义段落的交换。此前,作者写不同的文章时,遭遇相似的意义段,他往往会试着重写段落,使之符合新的语境。但现在,没有必要仅仅为了表述而牺牲我们宝贵的时间了,无纸化文本允许我们通过粘贴功能来复制。于是,不同的文章内部往往存在着完全一样的语段。一篇文章所包含的各语段都是其不可分割的组成部分,这种文本有机结构论在超文本面前站不住脚了。显然,失去了纸张才有了今天的界面超文本,而这又必然导向超文本的开放性。

最后,超文本是动态开放的文本。超文本有着超乎寻常的动态性和开放性,从而成为具有多种可能性的文本。传统的文本是一种静态的、固化的文本,一本书出版了,再对它进行修改和整理几乎变得不可能。界面超文本却是一种天然的可写的文本。就其动态性而言,超文本不仅仅鼓励着读者的参与重写,而且,它本身就是建立在不断的文本改写和重建的过程中的。就其开放性而言,超文本是面对读者敞开的文本,常常在一个文本内部蕴含着其他文本,甚至是颠覆性文本。一个网民在网上发一个帖子或视频,"跟帖""评论"就成为这个文本成立的必要环节。你一言我一语,话题扯开,千山万水。而一个网站也总是在界面上以各种形式鼓励网民参与到这个界面中,诸如注册电子邮件、参与游戏、点击广告等,还可以通过手机上网,和其他登录的人交流。这样,网络界面就和手机界面相互勾连在一起,成为一种多维的超文本。

总而言之,带有超文本性的界面,以其多彩仿真的气息以及多维多元的文本,成为网络文化文本的根本形态。

3. 虚拟现实

网络空间既是虚拟的,又是现实的:一方面,它是现实的虚拟,是实际生活中各种欲望的真实性表达;另一方面,它是虚拟的现实,一切欲望的满足和意义的交换,都是虚幻的、虚拟的,因而又是对现实的超越和夸张,成为对生活的想象性表达。

"虚拟现实"乃是一种"技术现实",即通过视觉和听觉技术的运用,创造出可以充分调动一个人的体验的世界。近年来,人体感知技术和数字互联网的结合,形成了虚拟现实技术的长足发展。这是让人们以身心融入的方式,沉浸在虚拟现实情境中的一种数字化空间。AR、VR和MR设备的日渐低廉和简便,让越来越多的人可以使用这种技术聚在一起游戏、社交和交易,于是,就形成了相对稳定的虚拟现实生活空间。互联网创生的体验与此前的文化体验也因之有了巨大不同:人们可以在互联网的世界里陷入鲜活的想象之中,也就是说,此前的文化体验基本上是单一性的,而互联网提供的体验则是全身心的。一款夺岛题材的网络游戏,玩家这样评价:"绿色的森林小岛,逼真的海洋世界,3D俯瞰式的游戏画面……随风而动的树木光影交错、不断流动的瀑布、天空飞翔的海鸥、由浅变深的海水不停地冲打着沙滩,这些画面细节的处理已经让这款游戏大胜一筹了。卡通风格的海岛画面和人物造型带给玩家几分的小清新……"显然,网络游戏的魅力正在于它提供给玩家一种完全意义上的现场感,尤其是声音定位技术和高保真画面的运用,更令其凸显出数字技术仿真奇境的趣味。

事实上,虚拟现实,一方面塑造现实感,另一方面又极大地"超越"现实,成为比现实意味更丰富、意义更复杂而趣味更生动的形式。在这个游戏中,正是这种"仿真"又"超真"的体验,令人迷恋,玩家曾写道:"玩家在海岛上建造自己的民房、兵营、炮塔、采石场、木材场等建筑设施,并为这些设施装备机枪、大炮、火箭发射器等武器装备。这些足以让玩家真正地创造属于自己的海岛世界。训练士兵、建造舰艇、发动战争,让玩家时刻体验惊险刺激的战争世界。玩家在游戏中需要由浅入深,由简单到复杂,逐步建立起自己的强大部队,还要精心策划排兵布阵,才能取得一场接一场海岛争夺战的胜利。"游戏者在这个过程中,可以通过不断的胜利,让自己变成征服者、战略家、战争英雄等,创造出军事家的成就感;而游戏的全球排名、本地排名、好友排名,更是强化了这个游戏所谓的"为荣誉而战"的暗示。

上面从网络传播主体、网络文本形态和网络文化语境三个角度,依次论述了网络文化的符号自我、超文本性界面和虚拟现实三种特色。其中,超文本性界面是汇聚网络自我的符号表达平台,起着重要的中介作用;而正是借助于这种表达,网络主体成为一种奇妙的符号性存在;与之相应,网络文化也就运行在一种真实和虚拟的情境之中,成为一种虚拟现实。换一个简洁的说法,符号性、界面性、虚拟性,成为网络文化的基本特征。

### 三、网络时代的艺术与审美

网络时代艺术与审美的新景观主要体现在两个方面:一是传统艺术审美形式受到网络媒介影响而发生了新的变化;二是网络时代造就了新的艺术审美形式。

网络对传统艺术与审美的影响,体现为审美趣味的日常化。网络文化的兴起,数字技术的发展,把艺术和审美带进了"全面复制时代",本雅明所讲的传统艺术的"灵韵"再一次褪色了。在这里,进入博物馆观看一幅名画的紧张和肃穆,与在网上随意地翻看和下载各种世界名画的体验,是如此不同:大众化的阅读和理解方式借助于网络被鼓励和解放。与之相关,"纯艺术"的启蒙色彩和启迪价值有可能被渐渐忽略,而大众化的占有和玩味有可能成为人们接触"纯艺术"的理由。正是在这样的前提下,传统的艺术形式往往"触网而变"。比较明显的例子就是网络文学。在网上发表自己的文学作品,由于消除了杂志发表的审稿关,一夜之间繁荣丰富起来。而较为成功的网络文学作品,如《第一次的亲密接触》《男人,请走开》等,则以日常趣味性取胜,语言平易简洁,依托人们在日常生活中的感性经验进行叙事,成为网络文学的主流。

网络对传统艺术与审美的影响,还体现为一种"艺术媒介的泛化"。网络是一个数字化平台,它可以调动各种多媒体手段承载艺术作品;同时,网络文化影响日益扩大,也吸引着传统艺术调整其媒介传播方式,来适应网络传播的需要。在这一进程中,出现了艺术与审美的跨媒体化。广播在网络上播放,文学杂志、报纸纷纷发行电子版,艺术家建立网站推广自己的作品,电视节目借助于网络与观众互动……在这个进程中,一个作家的小说同时在杂志和网上推出,也就意味着它同时具有传统文本和超文本两种版本,文学的承载媒介再次发生了泛化。

不过,网络时代艺术与审美的最大变革,不仅仅在于上述对传统的改换,而在于网络孕育了自己的艺术与审美形式,还生成了一些介于艺术与非艺术之间的文体形式,从而逐渐动摇我们的传统审美观念。网络游戏在一片争议声中不断兴旺发达,成为可以带来巨大利润的网络文化。精细仿真的画面、紧张刺激的情节、神秘的虚拟场景、互动的娱乐方式……还从来没有一种艺术形式像网络游戏那样让如此众多的人在同一个时刻沉浸在同一个场景之中,乐此不疲并废寝忘食。网络短信也是一种新兴的语言文体,这种被称为"拇指文化"的东西曾经使得许多网站转亏为盈,一时之间成为它们重要的收入来源,各家大型网站也开始聘用专门的短信写手进行"创作"。时至今日,短信文学已经不再局限于短信的形式,而发展出微博、朋友圈等多种形式,人们通过这种"泛文学"的形式,图文并茂地表达生活感受,分享各类体验。

虚拟现实技术的发展、人工智能的出现,让艺术领域面临一场静悄悄的革命。

第一,"平行现实"元宇宙型艺术出现。元宇宙这个概念出现在1992年美国作家尼尔·斯蒂芬森的科幻小说《雪崩》中。作者想象了这样一种情形:电脑通过激光识别人的大脑,从而构建或呈现出与现实世界平行的虚拟真实世界,也就是元宇宙。小说描绘主人公阿弘进入自己建立起来的街区:"那是超元域的百老汇,超元域的香榭丽舍大道。它是一条灯火辉煌的主干道,反射在阿弘的目镜中,能够被眼睛看到,能够被缩小、被倒转。它并不真正存在,但此时,那里正有数百万人在街上往来穿行……和现实世界中的任何地方一样,大街也需要开发建设。在这里,开发者可以构建自己的小街巷,依附于主干道。他们还可以修造楼宇、公园、标志牌,以及现实中并不存在的东西,比如高悬在半空的巨型灯光展示、无视三维时空法则的特殊街区,还有一片片自由格斗地带,人们可以在那里互相猎杀。"斯蒂芬森这一开创性的想象,形成了有趣的平行世界故事的起点。

之前,诸如《盗梦空间》(2010)或者《头号玩家》(2018)都展示了平行宇宙故事的魅力,但是,这些平行世界的故事都是作家臆造的;未来,元宇宙的开发和使用可能会创造出各种意想不到的真正的平行世界的故事:元宇宙婚姻、死亡、重生、穿越、权力争夺与阴谋背叛……元宇宙的虚拟现实允许人们把单一的人生变成多次使用的故事,这不再是通过个人臆想实现的故事,而是真实的人类在虚拟现实空间里通过"遭遇"实现的故事——它只有情节,没有结构,只有故事,没有线索。

第二,"元宇宙化创作"逐步发展。目前,元宇宙尚处在理念阶段,但是,通过自己的作品人物和社会生活的"创生",创造一个元宇宙化的世界,开始成为艺术家的自觉。在2021年的世界互联网大会上,一位网络作家就直言,未来网络作家的一个可能性贡献就是具有元宇宙意识的创作,通过这种创作,在不同的作品中创造出相对完整的、体系化的时空世界。值得一提的是,网络小说《将夜》《择天记》就已经隐含了这种元宇宙化创作的影子:不同的作品,同一类人生哲学和世界知识,同一种行为范式和环境生态。也许在可见的未来,一个伟大的作家不再仅仅因为其文字而被世界关注,还可能因其人物和生活被开发为"虚拟现实世界"——元宇宙——而长存于人们的日常生活经验之中。

第三,虚拟现实技术的发展,已经开拓了一种"沉浸艺术"。2019年,央视以VR的形式直播了大阅兵,众多观众虽然没有到达天安门广场,却通过3D眼镜技术感同身受,且能自由转换视角,沉浸在国家繁盛的元宇宙情景之中。这两年,上海、北京、成都、天津等地相继开始"沉浸剧场"的实验,著名演员的虚拟形象与当地演员同台演出,已经去世的歌星竟然现身舞台,携手今天的青春歌手一起演唱。未来,越来越多的虚拟设备可以把不同地域的观众带入沉浸剧场空间,也可以把不同地域、国别和时代的演员汇集一起,同台盛会。

显然,通过数字技术建立对现实的高保真呈现、模仿或拼接、叠加,人们转而走向未来虚拟现实的"创生现实形态":虚拟不再是一种简单的技术幻觉,还化入人类的生命经验和感知记忆,成为人类的"另一种现实"。从虚拟现实到虚拟成为现实,元宇宙颠倒艺术与现实的关系,并重塑艺术的美学范式。无论是传统的作品,还是崭新的文体,都必然在网络的发展中不断变化,并最终给人类带来前所未有的文化体验。

## 四、网络文学

这里所说的"网络文学"主要指网民在网络上发表的原创文学。它有两个含义:第一,网络文学的"原创者"是"网民",即网络的使用者。第二,网络文学的原创地和主要传播媒介是网络。

最早的中文网络文学的作者是当时在北美的中国留学生。1991年,全球第一家中文电子周刊在海外学子中应运而生。其后,网络文学刊物《新语丝》、网络诗刊《橄榄树》、网络女性文学刊物《花招》先后创办。1998年,作者痞子蔡(蔡智恒)的网络爱情小说《第一次的亲密接触》在BBS上连载,成为中文网络文学的开山之作。大陆的文学网站目前正在蓬勃发展。阅文、中文在线、掌阅、番茄小说等网站崛起,成为今天网络文学创作的重要渠道。经过了近三十年的发展,网络文学经历了写人生、写故事到写体系、写设定的转型,逐渐成为今天诸多文艺作品的上游产品,网文出海、网文改编,成为今天网络文学新的发展方向之一。

与传统的文学活动相比,网络文学领域的最大特点在于其所依托的平台的公开、平等和自由。这使得作家、作者、写手等传统身份的界限变得模糊了,也使网络文学的文体、内涵和语言都有别于传统的文学形式:文体上力求简短自由,内涵方面注重颠覆正统,而语言表达则趋向新奇、戏谑和口语化。

戏拟和拼贴是网络文学最常呈现的两种修辞手法。戏拟就是戏谑性、讽刺性地仿拟他者语言,往往有开玩笑、戏谑、逗哏、调侃的性质。网络文学常常将大众耳熟能详的言语纳入新的语境,制造一种喜剧性的反讽效果。如《文嚎版鹿鼎记》有这样一段:

> 索额图听了,皱起了眉头,说:"竟然有这样的事!政府三令五申,要树立为民办事的观念,禁止乱收费,怎么下面还这么搞。不用担心,我回去再下个文,一个月内全面改观。"
>
> 商人们听了,都不禁喜上眉梢,连声道谢。索额图摆摆手,说:"还有一件事,差点忘了。我们那里的那顶轿子,也已经太旧了,所以开了会决定重新买一顶,不过最近经费不是很足,看来又得麻烦大家了。"

这个片段在戏拟金庸的同时也戏拟了官场流行的公文语言和官僚套话,对当下的腐败进行了嘲讽和颠覆,起到了类似于《官场现形记》的反讽效果。

网络语言还经常使用拼贴的手法。拼贴是"一种即兴或改编的文化过程,客体、符号或行为由此被移植到不同的意义系统与文化背景之中,从而获得新的意味"[①]。简单地说,就是把物体、符号等重新进行排序和语境重组来产生新的意义。拼贴手法被众多的网络文学文本所借用。2004年流行于"榕树下"网站的《Q版语文》就是一例。《Q版语文》里,不同时代的人物穿越时空隧道,呈现出角色大反串的特点:卖火柴的小女孩变成了促销女郎,鲁迅笔下的少年闰土变成了古惑仔,孔乙己则因偷窃光盘被打断了腿,王二小也变成了某集团首位被聘用的放羊娃……人物的语言与经典人物大相径庭:东郭先生和狼都会说英语;鲁达在KTV唱摇滚;范进昏厥醒来后,连嚷带唱的居然是动画片台词加上《双截棍》……拼贴彻底消解了经典文本的神圣性。

值得注意的是,中国网络文学与正统文学之间往往有一种对立性关联。首先,网络给了文学一个相对自由宽容的生存空间。网络文学目前已经获得了人们的接纳,传统纸质文学和网络文学不断"亲密接触",很多畅销书都来自人气较旺的网络文学文本,与正统文学比肩的网络文学已经诞生。有学者认为:网络文学开辟出了在线空间的"活性诗学"[②],为新的网络美学的崛起奠定了基础。其次,网络文学并不以回归正统文学为指归,从玄幻文学到耽美小说,网络文学生产出完全不同于正统文学出版物的作品。

由于网络环境的相对自由与宽松,写作者们有机会完全无视审美体制的存在,往往以颠覆正统伦理情怀为旨趣,在表面上获得一种无管制、非限定性

---

[①] [美]约翰·费斯克等编撰:《关键概念:传播与文化研究辞典》第二版,李彬译注,新华出版社2004年版,第31页。

[②] 欧阳友权等:《网络文学论纲》,人民文学出版社2003年版,第90页。

的"书写狂欢"。但是,这种狂欢的形态却往往受到网络文化集体趋同意识的影响,并没有带来新的意义和价值的建立,反而抽空了意义,成为一种单纯的语言戏谑。英国学者彼特·鲁塞尔在1983年出版了一本叫作《全球脑》(*The Global Brain*)的著作,里面描绘了这样一种情景:全球的人们因为网络的使用而最终变成了共同拥有一个大脑——全球脑。这就是说,电脑和网络存储的信息和知识将影响人类的智力,也最终影响人们的体验。花样百出的文体形式之下却是千篇一律的内涵个性,这是网络文学的致命伤。

## 五、微文化

在今天,互联网的发展面临新的转型。微博、微信、短视频的出现和繁荣,令互联网文化进入"微文化"时代。"微文化"所描绘的是以微博、微信、微电影、微小说、短视频等形态为代表的、以数字新媒体技术为基础、趋向个体和微小的新型文化形态。这种文化形态具有跟个体日常生活经验紧密关联的趋势。微时代的信息传播在效果上会造成一种新的社会关系,破坏或重组原有的人际交往方式和社会心理。我们在微信圈子里更多地跟"轻熟人"交往,抵抗"陌生人社会"的焦虑,并对亲密关系进行重组,甚至建构了一种新的生活伦理。总之,微时代将我们带入一个关注个体、关注个性、关注自由的时代,为解决当下的种种困境提供了新的可能。但是,微时代与微文化并非完美无缺。实际上,世界并没有因为鼠标的点击、手指在移动终端的运动而发生根本性的变化。

手机短信、微信等基于通信技术的信息沟通方式,主要通过手机移动网络进行发送、储存和转发。自1992年世界上第一条短信息在英国发送成功后,短信在世界各国呈现出爆炸性的增长趋势。近年来,微信更是成为中国人最时尚的沟通方式之一。公车上、地铁里、大街上、校园里,随时都可以看见人们低着头揿上摁下,左删右改,忙着发微信。

人们如此青睐短信和微信,首先是因为相比其他媒介,短信、微信更经济,费用低廉。其次是因为短信、微信更方便,它操作便利,即发即收,互动性强,把人类从室内和机器旁解放出来。再次是因为短信、微信更自由,保密性更强,便于沟通情感。滚烫的情话、浓浓的祝福、温馨的关怀、诙谐的谈吐,都能通过短信或微信迅速送达。如学者莱文森所说:"文本无声、精确和耐久的优势——始终对声音的优势——终于再一次显示出自己的勇气。"[①] 短信、微信使文字的优势重新凸显出来。

---

① [美]保罗·莱文森:《手机——挡不住的呼唤》,何道宽译,中国人民大学出版社2004年版,第110页。

微文学的特点主要有①:

第一,短语性。简短微文学创作类似于"微雕"艺术,也像"大象在针尖上跳舞",文学开始"瘦身"。这就使得段子、民谣、打油诗、成语、歇后语、对联、顺口溜等文字简洁的文体构成了最为常见的短信体、微信体、公号体、微博体等,影响了微文学的表意。伴随短视频文化的崛起,影视解说、短剧文学等兴起,小中见大,以小博大,已经为大家喜闻乐见。

第二,同感性。从主体间条件看,微文学源于社群沟通、同感、同情、关爱或传情、批判、宣泄等需要。如"感情已欠费,爱情已停机,诺言是空号,信任已关机,关怀无法接通,美好不在服务区,一切已与服务器断开连接,生活彻底死机",用一系列电信术语来传达对感情的失望和调侃,文字亦庄亦谐,只能与曾深爱的恋人或好友共享。与传统和经典的艺术种类悉心追求意义深度、历史关怀相比,短信、微信更多地关注人们日常生活中的同感的传递,功能类似民谣。如"医院四花:排队挂号,头昏眼花;医生诊断,天女散花;药品收费,雾里看花;久治不愈,药费白花",抒发出对医疗腐败现象的不满。再如"给长城贴瓷砖,给赤道镶金边,给飞机装倒档,给黄河安栏杆",本是指不合实际的幻想,但也嘲讽一些旅游景点过度的商业化经营给自然文化遗产带来的损害。

第三,速笑性。这个特点在"段子"中表现得尤为突出。即它必须在半分钟左右这个超短时间内迅速引人发笑。如下面这个流传甚广的短信"不许动!全部举起手,不许动!抢劫!全部举起手来!男的站左边,女的站右边,变态的站中间,哎!说的就是你,还装着看手机",这里的笑不是一般的大笑,而是好友之间的会心的微笑,有助于释放压力,发泄郁闷。

以上三个特点可以概括为"博笑修辞",是说微文学总是一种精心设计的旨在传达日常生活同感和引发笑声的短语组织及行为。传达同感和博得笑声是它的两大社会功能。而短信体、微信体这一语言形式已经对目前的现成主流文学语言形式构成了强力挑战,一种专门适合于手机用户传播的语言短而新奇又兴味深长的文学样式——手机网络文学——正风生水起。

从文体上看,手机文学中诗歌、散文占绝大多数,如《扛梯子的人》,"一个扛着梯子的人,在大街上走来走去,他在寻找从哪里可以登上青天"②,寓言、格言式的深刻,朴素无华中含有深意。也有几十个字的微型小说,如《贩与乞》仅62个字:"一残疾少年当街乞讨,无人问津。偶见一卖枣妇女经过,妇女卸担,捧

---

① 参见王一川:《短信笑话与文学语言的新景观》,《江汉论坛》2006年第3期。
② 李少君主编:《扛梯子的人:中国首届全球通短信文学大赛作品选粹》,云南人民出版社2005年版,第57页。

出大枣塞给少年,笑说:'阿姨没钱。'见此,笔者三日不知肉味"①,作者运用白描手法,使善良、乐观的"卖枣妇女"的形象跃然纸上。寥寥数语,管窥世道人心。连载小说和微信文学的字数较多,以中国第一部手机短信小说《城外》为例,这部小说共 4 200 字,分割成 60 条短信"出版发行",每条 70 字左右(包括标点),手机用户用每条 3 角钱的价格每天接收两条,一个月读完。除了短信版之外,《城外》还有网络版和语音版,这两种版本约 25 000 字。《城外》讲述的是两个来自"围城"(家庭)的人在"城外"相恋,后因为伦理道德的压力而分开的故事。它以语言精致奇特、叙事节奏明快的片段体形式开手机小说之先河。

由上可知,网络文化和微文学的出现和兴盛,体现出私人媒介与传统大众传播媒介之间的分裂和对立的关系。在汤普森看来,大众传播造就了现代人日常生活中的带有共享记忆性质的媒介事件:演员、主播、歌星等为人们所熟知,他们的生活则成为人们经常挂在嘴边的生活。② 媒介的相互影响为人们提供着具有感染力的认同形象。但是,值得注意的是,这种感染力和空间的距离有密切的关系,一旦距离消失,它也就不存在了。大众传播的传播主体只能依赖对信息效果的猜测来实现传播行为,其最终的效果就是大众传播始终如一的保守主义立场。事实上,大众传媒对现实的反映,很多时候是在进行修改和重塑。在这种修改和重塑中,现实的景象也就不自觉地被魅力化了。与传统大众传媒不同,私人媒介是用私人用品——手机、网络、数字摄像机(DV)、MP4 等——营造一种私人独享的景观。这种私密性极大地开拓了使用者对内容的选择权利。一部 MP4 中的小电影,既可以是自己压缩的,也可能是自己拍摄的;手机里面的短信和图片,也成为私人生活的隐秘表达;而一个人静静地坐在网络前面,独揽文化风景时,传统的象征禁忌与界限被悄悄打破了。于是,私人媒介暗中把传统大众媒介和社会的依存关系撕裂了。③

## 本章小结

网络文化是大众文化的新形式,给大众文化平添了许多新的内涵。网络是现代科技的产物,它的产生和发展经历了不同的历史阶段。在这个过程中,计算机的形象不断变化,其网络功能被日益强化和强调。电脑、人、网络,构成了现代社会生活的一种新的点线关系。网络的发展,修改了电脑的形象和意义,也就同时修改了电脑和自我之间的关系。网络文化是指通过国际数字网络传播的各

---

① 李少君主编:《扛梯子的人:中国首届全球通短信文学大赛作品选粹》,云南人民出版社 2005 年版,第 140 页。
② John B. Thompson, *Media and Modernity*, Cambridge: Polity Press. 1995, p.220.
③ 参见周志强:《"私人媒介"与大众文化的裂变与转型》,《文艺研究》2007 年第 5 期。

种人类符号表意系统,具有两种形态。第一种是在互联网的媒介技术传输和人际双向交流中形成的符号表意系统及其成果,它最能体现网络文化自身不同于其他类型大众文化的特点,属于网络文化的核心部分。第二种是指借助互联网的媒介技术去传输的文化,即在互联网上传输的现成文化。从网络传播主体、网络文本形态和网络文化语境三个角度看,网络文化具有虚拟化、交互性的符号自我,超文本性界面和虚拟现实三种特色。其中,超文本性界面是汇聚网络自我的符号表达平台,起着重要的中介作用,而正是借助于这种表达,网络传播主体成为一种奇妙的符号性存在;与之相应,网络文化也就运行在一种真实和虚拟的情境之中,成为一种虚拟现实。简单地说,符号性、界面性、虚拟性,成为网络文化的基本特征。网络文化时代的艺术和审美出现了新的历史性景观。这种景观主要体现在两个方面:一是传统艺术审美形式受到网络文化影响而发生了新的变化;一是网络时代造就了新的艺术审美形式。网络时代的艺术和审美正在进行一场静悄悄的革命。无论是传统的作品,还是崭新的文体,都必然在网络的发展中不断变化。网络文化和短信文学的出现和兴盛,体现出私人媒介与传统大众传播媒介之间的分裂和对立的关系。与传统大众传媒不同,私人媒介撕裂了传统大众媒介和社会的依存关系,极大地开拓了使用者对内容的选择权利。

## 思考与练习

1. 网络发展基本状况是怎样的?
2. 怎样理解网络文化?它有哪两种不同形态?
3. 怎样理解网络文化的三个特征?
4. 何为交互性?
5. 什么是界面?什么是超文本?两者的关系是怎样的?
6. 虚拟现实的文化特点是什么?
7. 网络时代的艺术和审美有什么新特点?

# 第五章

# 流 行 音 乐

　　无论你生活在都市还是乡村,想必都听过流行音乐。乐音从餐厅、歌舞厅、饭店、商场、家庭等场所飘出来,构成日常娱乐生活的一部分。流行音乐是大众文化的一种常见形式。这里将主要介绍中外流行音乐的历史,流行音乐的含义,流行音乐的实质、品质与特征,媒介对流行音乐的影响,以及内地(大陆)及港澳台地区流行音乐的比较。

## 一、中外流行音乐的历史

　　在西方,流行音乐(popular music)有广义和狭义之分。广义的流行音乐包括古典音乐中的通俗音乐、各种社交和民间舞曲、民间歌曲以及现代流行音乐,狭义的流行音乐则专指现代流行音乐,它包括爵士乐、摇滚乐、乡村音乐、一般的流行歌曲等。本文将论述的流行音乐指狭义的流行音乐,尤其指一般的流行歌曲。

　　西方的现代流行音乐是随着19世纪西方工业的发展,为迎合城市中产阶级的需求,在轻歌剧、地方歌曲、各种舞曲的基础上形成的。原来仅供剧场或公共场所演出的音乐逐渐转向以酒吧、舞厅的营业演出为主。19世纪80年代至20世纪20年代之间,美国的流行歌曲蓬勃发展,并与爵士乐合流而成20世纪上半叶西方流行音乐的主流。随着录音技术的发明和唱片业的兴起,流行音乐越来越成为家庭欣赏的娱乐品和更加商品化、工业化的艺术品。[1] 其间,爵士乐扮演了一个很重要的角色。爵士乐来自美国。17世纪上半叶,非洲黑奴被贩卖到美洲大陆,西部非洲的音乐随之流传开来。尤其在新奥尔良的黑奴,在日落之后经常聚集在广场上演唱他们故乡的音乐,反映他们底层的和苦难的生活。这些音乐包括劳动歌曲、舞蹈音乐和宗教音乐(即灵歌),演唱时多即兴,没有固定的旋

---

[1] 参见李荣忠编著:《吉他弹唱中级教程1:吉他与流行音乐潮》,北京体育大学出版社1996年版,第4页。

律,信口唱来,带有鲜明的个性和强烈的感情色彩。这就是爵士乐的来源。后来,爵士乐渐渐为美国的劳动者(包括白人)所熟悉和喜爱,但由于它"出身"卑微,影响也就限于街头巷尾,还不能进入正规的音乐场所。直到1924年,年仅26岁的作曲家格什温创作了一部具有爵士风格的雅俗共赏的钢琴协奏曲《蓝色狂想曲》,该曲得到了高度赞誉并引起轰动,从此,爵士乐在音乐厅里占据了一席之地,爵士乐在美国也广泛流行开来。

20世纪50年代中期,西方流行音乐以摇滚乐为中坚和先锋。摇滚乐实际上起源于黑人音乐"节奏与蓝调"(rhythm & blues)、白人"乡村与西部音乐"(country & western music)和美国大多数人所听的流行音乐"波普"(pop)。在黑人爵士乐中,布鲁斯(blues)是其主要成分,布鲁斯即蓝调,在英文中是苦闷和忧郁的意思。"节奏与蓝调"是对先前黑人蓝调的进一步发展,它更强调音乐的节奏,主要流行在芝加哥等地,后来,随着唱片工业渐渐成型,黑人和白人乐手互相竞争,黑人节奏也开始为白人青少年所接受。1951年,一名叫亚兰·佛里德的电台音乐节目主持人创造出摇滚乐(rock'n'roll)一词,完全将"节奏与蓝调"的种族色彩掩盖。50年代中期,随着比尔·哈利的歌曲《昼夜摇滚》的巨大成功,摇滚乐正式诞生。

真正使摇滚乐成为青少年文化的一部分及当时社会上最流行的音乐的关键人物,是歌手埃尔维斯·普雷斯利(人称"猫王")。在50年代,普雷斯利第一个以白人身份唱出如黑人歌曲般具有挑逗性、快节奏、性感的歌。他把唱一般流行歌曲的方式与乡村蓝调音乐的特色结合起来,把摇滚乐推广到整个社会。他的新奇另类的打扮及对社会嘲弄的神情,也成了摇滚乐反叛当时主流文化的象征,青少年也终于找到了属于自己的声音——摇滚乐。此后,摇滚乐迅速发展,60年代走红的有披头士乐队和滚石乐队;70年代仍然是滚石乐队的全盛期,另外较著名的有卡彭特兄妹(属"温和摇滚")、阿巴乐队和老鹰乐队;80年代有摇滚巨星迈克尔·杰克逊。摇滚乐成了西方50年代以来流行音乐里面最有影响力度和流行广度的一种音乐。70年代起,西方流行音乐中朋克(punk)音乐和说唱(rap)音乐脱颖而出。进入80年代,电视音乐和电子音乐也开始兴盛,而从80年代中期一直走红的流行歌曲巨星麦当娜,其成名就跟音乐电视(MTV)分不开。近年来,韩国的流行音乐异军突起,产生了具有世界性广泛影响的一些演唱组合。

在中国,严格意义上的内地流行音乐热潮,是从20世纪70年代末、80年代初开始的。起初流行的是台湾校园歌曲和港台歌曲,如台湾歌手邓丽君的歌,很少有内地音乐人自己创作的流行歌曲。这种局面直到1990年前后才开始有所改变,先前由港台流向内地的单向流行音乐输出开始改变成内地与港台相互流动。

1984年,内地流行音乐的发展步伐开始加速。这年中央电视台春节晚会上,香港歌手张明敏带来《我的中国心》,旋即风靡大江南北。同年央视开播《九州方圆》,流行歌曲也有了过渡期的官方称呼:通俗歌曲。1986年,"让世界充满爱"等由百名歌星组成的演唱会在北京工人体育馆推出,标志着内地流行音乐创作群的崛起和流行音乐成为社会音乐生活的重要组成部分的时期已经到来,《一无所有》开内地演唱摇滚乐之先河。同年,央视第二届全国青年歌手大奖赛上开始设立通俗唱法部分。1988年,《跟着感觉走》和《狼Ⅰ》引进内地,标志着整整一代人开始用流行歌曲回首青春,审视和观望生活。同年上半年,内地歌坛刮起了"西北风"。

1989年左右,卡拉OK开始引进中国。卡拉OK的出现及流行使流行歌曲在公众生活中的影响越来越大。差不多同时期,广州的陈珞、陈小奇,北京的苏越、王晓京,作为音乐的制作人、经理人出现了,歌手从此真正商业化,创作第一次真正服从于市场。90年代初,摇滚乐唱片允许出版。黑豹乐队的《无地自容》,唐朝乐队的《梦回唐朝》,"魔岩三杰"的新音乐相继出版。这标志着中国摇滚乐开始初具规模,歌迷开始逐渐认可摇滚乐。1992—1993年,内地的流行音乐终于形成了以北京摇滚乐和广州流行乐为一南一北的基地的局面,属于内地本土的音乐开始有规模地形成。

1993年5月,北京音乐台开播了《中国歌曲排行榜》,而南方首家创办歌曲排行榜的是广东电台。于是在南北呼应下,内地有了自己歌曲的排行榜,此后就有了大大小小上百个歌曲排行榜。1992年至1994年,内地歌坛升起一股城市民谣和校园民谣热。从1993年的《小芳》《涛声依旧》,再到1994年的《同桌的你》,人们得以通过流行歌曲表达在经济转型时期的迷惘、感伤和失落。1997年开始,以崔健为代表的另类音乐摇滚乐成了主流音乐,而其他的另类音乐如布鲁斯音乐(如《鲍家街43号》)、朋克音乐(如《麦田守望者》)、电子音乐(如《春天来了》)等相继崛起,这意味着内地流行音乐真正走向多元化。随着网络歌曲蹿红和各种形式的选秀节目层出不穷,歌星的成名已超出常规渠道,如一些歌手分别靠网络和"超女"选秀成名。而近年来人气很旺的一些歌手则以充满活力和演唱风格的多变活跃于乐坛。2000年后,演唱组合也越来越受年轻人的欢迎。

由于内地流行音乐的发展只有40多年的历史,因此相比起西方100多年的流行音乐历史,内地的流行音乐在生产流行音乐的巨星以及流行音乐自身的文化积淀方面都相较逊色,至今内地也只有少数人成功地打入西方音乐市场。

## 二、流行音乐的含义

流行音乐是相对于古典(严肃)音乐而言的。古典(严肃)音乐一般比较复杂,流行音乐则相对简单、通俗,正如美国学者罗伯特·布鲁斯等指出的:"一支流行歌曲与一支标准的或严肃的歌曲的主要差异在于一首流行歌曲的旋律和歌词是在某一特定的机制或结构形态中构筑起来的,而一首标准歌曲的诗或歌词没有结构上的限制,它不必追随某一固定机制或形态,可以自由解释歌词的意义与感情,换句话说,流行歌曲是'约定俗成'的,而标准歌曲允许作曲家更自由地展示想象与阐释。"[1] 确实,流行歌曲采用人们喜闻乐见、容易传唱的方式作曲作词,但流行歌曲的约定俗成化并不等于流行歌曲内部创作采用同一模式。在西方,20世纪的流行音乐就可分为爵士乐、摇滚乐、朋克乐、乡村歌曲、一般流行音乐等。在中国,20世纪80年代以来内地乐坛主流音乐中就有摇滚模式、新民歌模式、校园民谣模式,另类音乐中则有布鲁斯音乐、朋克音乐、电子音乐、新世纪音乐等。

在现代社会,对流行音乐的理解除从其内容角度入手外,还可以从文化产业和生活方式去作进一步定义。现代流行音乐的实质在于娱乐性与商业性,它是一种寻求世俗娱乐和曲目翻新速度的"消费文化"形式,是依赖于商业化运作的文化产业系统。目前,全球著名的唱片公司,如法国的环球唱片公司,日本的索尼音乐娱乐公司,美国的华纳音乐集团等几大唱片公司,推动着全球流行音乐的制作、生产与发行。与现代其他大众文化产业一样,流行音乐产业的特质也在于生产工业化、传播广泛化、形式商品化、受众大众化、品味通俗化。由此,现代流行音乐突出了音乐流行的广度和影响的力度,也突出了流行音乐工业化的生产规模,体现了音乐的消费性和娱乐性。流行音乐满足了人们对消费文化和娱乐文化的要求,成了人们尤其青少年生活中不可或缺的一部分。正是以上诸种因素的综合作用,形成了今天我们所看到的流行音乐的通俗易解、短暂易逝、批量生产、即刻消费、诉诸快感等特质。

怎样判断一首歌是不是流行歌曲呢?大体上可从这首歌的外部特征,如乐曲、旋律、歌词以及它的受众、所对应的时代来分析。流行歌曲在乐曲上是简单的,它需要一段容易记忆的基本旋律,这也就意味着简洁的曲调以及基于4/4拍的一系列曲调变化。流行歌曲的歌词总是简单明了,旋律优美动人,节奏鲜明,一般用大众喜闻乐见的方式传唱。流行歌曲往往并不要求受众有很高的文化素养,他们欣赏流行歌曲的目的主要是娱乐和消遣,而不是在其中汲取艺术性和思

---

[1] 转引自[德]西奥多·W.阿多诺:《论流行音乐》,周欢译,《当代电影》1993年第5期,在原文基础上略有删改。

想性。而流行音乐的受众主要生活在现代都市里,以青少年为主,流行歌曲所反映的内容也以紧贴现代日常生活为主,反映大众在现代社会里的喜怒哀乐,以及他们因时代、生活变化而带来的种种感情诉求。有的人甚至称流行歌曲是时代变化的"晴雨表"。

这里不妨通过柴可夫斯基《第六交响曲》(《悲怆》)与《美酒加咖啡》之比较,来认识古典音乐与流行音乐的不同特质。

古典音乐是指从巴洛克时期(1600—1750年)开始直到20世纪早期,在欧洲文化传统背景下创作的音乐,它有别于通俗音乐和民族音乐。大约从1600年开始,也就是所谓的巴洛克时期,欧洲作曲家往往为宗教仪式和庆典而创作音乐,这也就是古典音乐的开端。古典音乐之所以不普及,是因为古典音乐的乐思、旋律、和声等比流行音乐和民间音乐来得复杂,一首大型交响曲涉及的乐器可能就有十来种,演奏的人数达四五十人,所以欣赏古典音乐的听众要具备较高的文化修养和音乐修养。柴可夫斯基的《第六交响曲》(《悲怆》)作于1893年,在首演九天后作曲家就去世了。这部交响曲动用了小号、大号、小提琴、大提琴、中提琴、笛子、单簧管、双簧管、定音鼓等十来种乐器。演奏人数有六七十人,演奏时间需50分钟左右。整个演奏分四个乐章:第一乐章是柔板和不太快的快板,在缓慢的引子中,独奏大管阴沉地吹出后面第一乐章主题的音型;第二乐章是优美的快板,这是一首神秘而又典雅的圆舞曲乐章;第三乐章是极活泼的快板,不过在演奏的力量背后隐藏着恐惧;第四乐章是悲怆的柔板、行板,这个末乐章几乎是安魂曲,其中看不到永恒的安息,除了坟墓,什么也没有。最后的高潮,似乎是品味深深的失望,高潮消退时响起丧锣。最后以极暗的音色告终。整首交响曲是晚年的柴可夫斯基对命运和死亡的思考,让我们感觉到光明与黑暗、胜利与失败、残酷现实与幸福憧憬相互交织在一起,让我们品味到生活中波澜壮阔和命运曲折坎坷的一面。

可见,古典(严肃)音乐一般比较深刻,具有一定的哲理性,写作大都运用了较为复杂的专业的创作技巧,如和声、对位、乐队配器、旋律发展、结构运用等,所追求的是宏大、理性和结构,表达的是对生活、生命、信仰的一种思考。

流行音乐《美酒加咖啡》,由林煌坤作词,古月作曲,邓丽君演唱。歌词如下:"美酒加咖啡,我只要喝一杯,想起了过去,又喝了第二杯,明知道爱情像流水,管他去爱谁,我要美酒加咖啡,一杯再一杯;我并没有醉,我只是心儿碎,开放的花蕊,你怎么也流泪,如果你也是心儿碎,陪你喝一杯,我要美酒加咖啡,一杯再一杯。"这首歌在20世纪70年代初经邓丽君演唱风靡全国。其旋律优美,内容浅俗,节奏鲜明,创作技巧简单,用"我要美酒加咖啡"奠定整首歌曲的情绪基调,并通过不断重复这句话来结构全文和加强这一情绪基调。歌曲所描绘的是一个失恋之人在爱情遭到挫折之后在酒吧里喝酒消愁的情景,整首歌虽流露出消沉的情绪,但由于"美酒加咖啡"这一美好场景冲淡了这一消沉的情绪,再加上邓丽君甜美温婉的演唱,整首歌显得哀婉而又明亮。由于这首歌紧贴时代脉搏,尤其反映那一时期年轻人情感上的某种状态,所以这首歌一面世,立即受到广大歌迷尤其年轻人的欢迎。

### 三、流行音乐的基本特征

明确了流行音乐的历史和含义,可以进而从美学角度了解流行音乐的基本特征。流行音乐的实质在于流行,并具有世界性、娱乐性、接受对象的大众性、内容的通俗性及时尚性等特征。

#### (一) 流行音乐的特征

1. 流行性

流行音乐的实质是流行。那么什么是流行呢? 英国文化研究的创始者威廉斯在《关键词》中对"流行"的内涵作了较深入的探讨:①"流行"意味着为多数人所喜闻乐见;②"流行"处在高级文化与通俗文化的比较之中;③"流行"用于描述一种"人们为自身而制造"的文化;④"流行"意味着大众媒介通过商业利益对人们影响的强加。

综合这四种含义,"流行"意味着这种文化产品是通俗的,是为大众所喜闻乐见的,是经过大众媒介和市场推广的,是讲述人们自身生活经验的。威廉斯对流行的含义的探讨更侧重在媒介时代,其时流行音乐的"流行"(popularity)更侧重在市场的流行上,即这种流行是指一种具体化的文化文本在市场中作为被出售的客体,通过该文化文本的票房价值、音乐排行榜上的位置、观众投票反馈以及巡回演出频率等来确定其所受欢迎的程度。这种对"流行"的确定,跟商业、娱乐的文化形式联系在一起,并把市场作为流行文化一个不可或缺的因素来考虑。诞生于19世纪末20世纪初的"流行文化"本指植根于下层人民和在下层人民之中的一种文化,如带有浓郁地方风情的民歌、在街头现场演出的带有地区性特征的乡村歌曲。民歌和现场演出是该流行文化的表现形式。如今,在媒介时代,地方性让位给了全球性,歌唱者的现场演出,也让位给了录制和数字技术,原初强调地区性和现场演出的"流行"的文化含义,自然蜕变成了我们今天所理解的强调市场、票房价值的这样一种"流行"的文化含义。

那么,对流行音乐的否定和批判是否出在"流行"本身上? 确实,流行正是流行音乐的实质。流行音乐流行得快也消失得快,正在流行的音乐很快就过时,同时又促使新的流行的、时尚的音乐出现。法国现代派诗人波德莱尔认为,现代性"是短暂,是稍纵即逝,是偶然,是艺术的一半,而另一半是永恒与不变"。可见,流行和稍纵即逝构成了现代人生存品性之一。现在一首歌曲或者说一种音乐风格的流行时间几乎不可能超过三个月或半年,而以前,一首歌流行一年都是很平常的事。这说明,随着生活节奏的加快,一首歌流行的周期寿命越来越短。

2. 世界性

流行音乐的世界性,是指当代流行歌曲已在全球范围内形成特定的流行趣味。它由特定地方、民族而走向全球和各民族,形成喜欢某歌星或歌曲的跨地方、跨民族的文化群体。具体地说,随着大众媒介的推广及跨国的国际生产线的形成,流行音乐也由地方走向了世界。这主要表现在三个方面:第一,在地理空间上,世界同曲。这典型地表现为世界各地人们可以传唱同一首歌,如披头士主唱列侬的一首家喻户晓的歌《想象》。这反映了在媒介时代,"全球化"(globalization)和"全球村"(global village)或全球都市(global city)等已在流行音乐的世界大流行中演变成一种文化与生活的事实。第二,在文化空间上,跨地方性音乐出现。原有的带有地方性特征的民歌、乡村歌曲,不得不让位给全球化时代的跨越地方性或无空间性的音乐。随着在世界各地流行的音乐的主流地位的确立和稳固,本地、本民族音乐的份额越来越少。第三,在文化价值上,全球性音乐认同形成。某种流行歌曲或某个歌星能把世界各地的听众吸引在一起,在这个层面上共同形成一个熟悉的文化圈,甚至一个理想的价值链,从而这个歌迷群体在文化价值上就体现了一种全球性认同的特点。

流行音乐,尤其是现代流行音乐的世界性品质,给流行音乐带来积极作用的同时,也带来了一个比较严峻的问题,即音乐如何做到地方性与世界性的结合。在20世纪80年代曾崛起过的"世界音乐",强调对不同地域的音乐文化传统的表达,以建立一种全球化的音乐文化的沟通。然而,在今天,全球化却使许多地方性的音乐文化面临着两难的困境:虽保持了地方性特点,但在无声无息中枯萎灭亡;尽管进入了全球化市场并成为一种"世界音乐",但已改变甚至丧失了原有的自我品格。因此,在全球化的语境中,如何在地方化和全球化的张力之间寻求一种调和与平衡,这对于世界各国流行音乐的发展都将是一个长期的战略性问题。

3. 娱乐性

流行音乐的娱乐性是指流行音乐在内容上为公众所喜闻乐见、在效果上实现情感满足。在现代商品社会中存在着两种经济体制,一种是金融经济体制,另一种是文化经济体制。前者流通的是金钱,后者流通的是意义和快乐。而流行音乐作为文化商品,无疑属于后者。流行音乐强调娱乐性是毋庸置疑的。在当今消费文化时代,人们去消费"文化",无非就是获取一种快乐。尤其随着新媒介时代的到来,一种新型的文化消费——快感消费成了人们的生活时尚。所有那些在酒吧、迪厅、歌厅播放的流行音乐也都毫无疑问地用力巩固和拓展快感消费的疆域,此时的流行音乐突出地承担起张扬身体性文化和消费文化的功能。

#### 4. 大众性

流行音乐的特征首先表现为接受对象是数量巨大的普通公众,简称大众。什么是大众?法兰克福学派中的阿道尔诺认为,所谓大众(mass)[①],就是被剥夺了个体性的人。这种评价有一定的道理,但也有失偏颇。其实,不能把接受流行音乐的大众仅仅理解为一个完全被动的接受对象,也不能把大众理解为固定静止的经验性的实体和某种本质。法兰克福学派在定义大众时忽略了三点:第一,文化产品对大众的影响并不仅仅是受媒介传播影响,也同时受人际传播影响。因而,大众对音乐选择和解读具有一定主动性。第二,大众也是由小众构成的,是分层次的,所以大众的趣味并不完全都是低俗的,而流行音乐也不是靠它的媚俗就能吸引大众。流行音乐的价值首先在于它独具的个性,如果这一个性正好适合某一由小众组成的阶层,那么这首歌就有可能流行。一首没有个性的音乐是很难表达深刻感情的,也难以吸引有自己这一阶层文化倾向和情感诉求的小众。第三,大众也在引导着市场走向,市场走向形成后反过来又规范和塑造大众的审美趣味。

在考虑大众这个词时,需要注意的是:第一,可以不考虑其职业或社会阶层;第二,大众有一定的主动性和反抗性,是由个体所组成的人群;第三,大众是变化的主体,同一个人今天喜欢这个歌星,也许明天就不喜欢,同样,今天不喜欢的歌星也许明天就喜欢。从这个角度来看,大众文化不能被简单地等同于文化工业的产品。具体到流行音乐领域,不应用经典作品的标准来定位流行音乐作品,而应从流行音乐在流通过程中所产生的意义去衡量其价值。对于大众来说,他们不是一味消极被动地接受文化工业的产品及其所包含的意识形态内容,而往往是在欣赏时能形成和传播各种不同的意义。这种由大量公众在特定语境中参与的社会意义的生产和传播,才构成大众文化。

#### 5. 通俗性

流行音乐的另一特征是通俗性,包括乐曲的通俗和内容的通俗。从名称来看,流行音乐也叫通俗歌曲。1984年,流行歌曲在官方那里就是被这样称呼的。后来,在国内音乐比赛唱法类中,流行音乐属于通俗唱法,以别于美声唱法和民族唱法。这种习惯沿袭至今。

流行音乐除乐曲通俗简单外,内容也趋于通俗。从具体实践来说,制作流行音乐的人把歌曲与普通人的日常生活中物质性的生存需求联系起来。普通人跟音乐的联系,不只是主体对艺术渴求的一种抽象间接关系,而是直接体现为实际生活利益诉求在音乐内容中的种种投射。也就是说,在文化工业化时代,普通人实实在在的兴趣、利益和各类情绪诉求都能在流行音乐中前所未有地显现出来。

---

[①] 又译群众、乌合之众,意指由没有个性的单子组成的团块式的人群。

作为文化工业一部分的流行音乐,可以使普通人的日常生活得到前所未有的注意,个人的欣赏趣味得到及时的和多方面的满足。因而,表达普通人的普通情感的流行音乐,就仿佛自然而然是通俗的。也正因为它的通俗和喜闻乐见,流行歌曲也才会流行。《常回家看看》在1999年前后流行,正是由于投合了当时中国越来越庞大的流动人群的日常家族亲情需要。

流行音乐关注普通情感,可以抚慰一个人在外漂泊的心灵,缓解一个人在生活压力下产生的身心疲惫——在电台的点播栏目中,很多点播者是打工族。流行歌曲也能为人们进行感情疗伤。《让我欢喜让我忧》《相爱容易相处难》《爱有谁能说得清》《你知道我在等你吗》《明天你是否依然爱我》《心太软》《我的眼里只有你》《我是不是你最疼爱的人》《有多少爱可以重来》等歌曲的流行,说明在这个时代,人们常常陷入感情的危机,这种感情的危机在等候、错过、分手、倾诉、疏离等时刻凸显出来。通过这些音乐,人们各自的心理需求得到某种程度的满足,而它随意的、浅俗的旋律也使得大众容易接受,容易引起共鸣。

如何看待流行歌曲的通俗性?这种通俗性不能被简单地等同于媚俗。就如图书市场上存在的童话和小人书一样,它们很通俗,但这并不能否定它们的存在价值。流行音乐与童话、小人书一样,都是人在成长的某个阶段中的一个组成部分,只不过前者是在青少年和青年时期,后者是在童年时期。我们也承认流行歌曲不可避免地带有媚俗的倾向,但是,最终一首歌曲能长期流行并在歌曲排行榜上立住脚,必须还有另外的价值作支撑。而且写一首好的流行歌曲并不容易。你要是老想着听众喜欢什么,老要讨好他们,就永远写不出真正的流行歌曲。

可见,作为大众文化的流行音乐必定是群体性的文化。它之所以是群体性的文化,原因在于大众文化是由技术、媒介和消费三方合力而成的,大众媒介必然从根本上使流行音乐在人与音乐、人与人沟通交流方面社会化。由此可见,流行音乐的审美趣味不是个人化的而是群体性的和通俗的,它需要用通俗易懂的旋律和和声来表现大众的喜怒哀乐。

6. 时尚性

"时尚性"可以说是流行音乐具有的一个独特的美学特色。流行音乐因其时尚性而流行,因其流行成为时尚。流行音乐的时尚性表现在以下几个方面:歌词意境营造方面,作词者擅长使用现代电影的蒙太奇手法,时空跳跃性强,并使用时新词汇,如音乐人方文山创作的歌词中出现"篮球""双截棍""漂亮的假动作""帅呆了我"等词汇;配乐方面,作曲和编曲者大量使用电声乐器(电吉他、电贝斯等)、合成器、效果器以及乐器数字接口(MIDI)制作设备等,时尚新潮;整体包装设计方面,每个成功的歌手后面都有一个强大的团队,帮助歌手进行服装、发型、妆容及舞台动作等方面的设计,将其打造成为青少年模仿的对象,成为行业内的翘楚。

## (二) 个案分析

1. 带有绕口令和嘻哈风格的《中国话》流行分析

> 扁担宽 板凳长/扁担想绑在板凳上/扁担宽 板凳长/扁担想绑在板凳上//伦敦玛莉莲买了件旗袍送妈妈/莫斯科的夫司基/爱上牛肉面疙瘩/各种颜色的皮肤/各种颜色的头发/嘴里念的说的开始流行中国话/(中国话~)/多少年我们苦练英文发音和文法/(哒~)/这几年换他们卷着舌头学平上去入的变化/平平仄仄平平仄/好聪明的中国人/好优美的中国话
> 
> 扁担宽 板凳长/扁担想绑在板凳上/板凳不让扁担绑在板凳上/扁担偏要绑在板凳上/板凳偏偏不让扁担绑在那板凳上/到底扁担宽还是板凳长//……全世界都在学中国话/孔夫子的话 越来越国际化/全世界都在讲中国话/我们说的话 让世界都认真听话
> 
> 纽约苏珊娜/开了间禅风 Lounge Bar/柏林来的沃夫冈/拿胡琴配着电吉他/各种颜色的皮肤/各种颜色的头发/嘴里念的说的开始流行中国话/(中国话~)/多少年我们苦练英文发音和文法/(哒~)/这几年换他们卷着舌头学平上去入的变化/仄仄平平仄仄平/好聪明的中国人/好优美的中国话
> 
> ……
> 
> 全世界都在学中国话/孔夫子的话 越来越国际化/全世界都在讲中国话/我们说的话 让世界都认真听话/全世界都在学中国话/孔夫子的话 越来越国际化/全世界都在讲中国话/我们说的话 让世界都认真听话

《中国话》这首歌从四方面加强了它的流行性。

首先，曲风上采用了中国人喜闻乐见的绕口令和国外比较流行的饶舌乐。这两者本来不属于同一领域，前者属于练习普通话的领域，后者属于继摇滚乐之后西方新兴的音乐，但由于两者都对发音和吐词有较高的要求，所以能巧妙地结合在一起。其次，整首歌结构上各个部分紧密相连，回环往复。该歌开头或结尾局部重复，这不仅增强了歌曲旋律，也加强了人们对歌词的熟悉度，方便人们诵唱和记忆。具体来说，这首歌可分成五大部分：第一部分与第三部分，第二部分与第四部分，结尾都相互对应，前者以"好聪明的中国人/好优美的中国话"作为共同的结束，后者以"全世界都在学中国话……让世界都认真听话"作为共同的结尾，最后部分即第五部分又重复了第二、四部分的共同的结尾。再次，该歌在内容上紧贴时代和现实。这首歌的"扁担与板凳""鹅与河""布与醋""鹰与兔"等绕口令，每个中国人都不陌生。这首歌中出现的当下流行的中国文化元素，如禅、旗袍、胡琴、面疙瘩、孔夫子、汉语热等，也为该歌的流行注入了强有力的时代和现实元素。

2. 杰克逊、麦当娜流行音乐的"世界性"和"娱乐性"

在现代流行音乐史上,20世纪80年代具有一种转折性意义:由于进一步与电视转播和影像带工业相结合,流行音乐实现电视化和影像化,从而在世界范围内获得大发展。流行音乐不光好听,而且还变得好看起来。借助现代文化工业和视像传媒,美国巨星迈克尔·杰克逊和麦当娜把流行音乐带到了前所未有的高度。音乐史上最具标志性的 MV 影带即是1982年年底迈克尔·杰克逊推出的《颤栗》(Thriller)。该唱片问世后连续37周占据美国畅销榜首位,在高峰期间以每周100万张的速度销往世界各地,在美国售出2 100万张,在国外售出至少2 700万张。2006年经吉尼斯世界纪录认证,截至2005年,该专辑在全球卖出了1.04亿张,是史上最畅销的流行音乐专辑之一。麦当娜的 MV《燃烧起来》和《宛若处女》也使她一举成为美国的 MTV 巨星之一。可以说,迈克尔·杰克逊、麦当娜就是借助流行音乐的 MTV 化而成长为世界级流行音乐巨星的代表者。

以迈克尔·杰克逊为例,他的音乐的世界性和娱乐性其实是通过独特的音乐歌唱方式及其与电子影像传媒艺术相结合的艺术工业生产方式而实现的。迈克尔·杰克逊的音乐往往集演唱、作词、作曲、制作、编曲、演奏和舞蹈于一身,充分发挥舞台上声、光、电、化的表现功能,再加上他本人的舞台即兴发挥和与观众之间的热烈互动,从而创造出一种登台即引发现场的激情欢腾、催发现场的狂歌劲舞的氛围感。就其音乐本身而言,他将黑人音乐和摇滚乐相结合,创造了一种可以唤起大多数人共鸣的音乐形式和一种不可思议的舞蹈艺术。这样,由于他的贡献,流行音乐不仅仅是音乐和舞蹈,而且也是一种与视觉形象、影像艺术结合起来的现场群体娱乐活动,深受当代美国广大青少年的喜爱,而他在舞台上的一举手一投足也总是能引发无数年轻人的模仿。

迈克尔·杰克逊的流行音乐进入中国后也曾受到热烈的追捧。对年青一代的中国人而言,他和他代表的流行音乐甚至也具有非同寻常的意义。特别是1985年那首由他和莱昂内尔·里奇谱写并由他、莱昂内尔·里奇还有美国其他43位歌手联合演唱的《天下一家》(We Are the World):

我们听到了一声召唤/全世界必须团结在一起/不断有人死去/是时候向这些生命伸出援助之手/生命是世界上最珍贵的

我们不能日复一日地幻想/总有别人会一瞬间让世界改变/我们都是上帝大家庭的一员/我们都知道/我们需要的就是爱

天下一家,我们都是上帝的孩子/我们要创造光辉灿烂的明天,所以现在我们就要付出/这是我们的选择,我们在自我拯救/要创造一个更美好的世界,要靠你和我

用心帮助他们,他们会知道还有人关心/他们的生命会更坚强,更自

由/上帝把石头变成面包来给我们启示/所以我们必须伸出援助之手

天下一家,我们都是上帝的孩子/我们要创造光辉灿烂的明天,所以现在我们就要付出/这是我们的选择,我们在自我拯救/要创造一个更美好的世界,要靠你和我

当你沮丧绝望,就看不到任何希望/但是如果你坚定信念,我们就不会失败/要知道只要团结在一起/世界才能改变

天下一家,我们都是上帝的孩子/我们要创造光辉灿烂的明天,所以现在我们就要付出/这是我们的选择,我们在自我拯救/要创造一个更美好的世界,要靠你和我

这首歌主要是迈克尔·杰克逊和麦当娜为援助非洲难民,连同其他45名美国歌星在费城举行的面向全球观众转播的音乐会上演唱的,这次活动唱片销售金额达8位数,并筹集到大量的额外捐助,其中90%援助非洲,10%用于帮助美国无家可归和挨饿的人们。这支流行歌曲进入中国,也为我们打开了一扇世界之窗,对于中国民众接受流行音乐有着相当重要的意义。

就20世纪80年代至今的流行音乐来说,流行音乐的世界性和娱乐性主要是通过MTV来实现的。MTV的普及化和流行化使流行音乐获得更大的传播力、接受空间和影响力。据统计,在2002年,全球即有86个国家和地区、总计有3.5亿户家庭收看MTV,全世界有70%的人可以看到MTV。无所不在的MTV不仅改变了人们听流行音乐的方式,而且渗透到电影、时尚领域。据此,人们甚至将14~24岁年轻人称为"MTV一代"。20世纪和21世纪之交的流行音乐歌星们比迈克尔·杰克逊和麦当娜他们能更进一步借助这些音乐媒介。为了增加其音乐的影响力和音乐自身的娱乐性,他们往往不惜在MTV录影带制作上耗资更多的金钱,追求各种情调、气势,甚至调用各种唯美和先锋艺术的风格。MTV化的流行音乐追求的是要让短短几分钟的MTV看起来更像一部史诗性、唯美化或先锋派电影片段,它们要让听众在欣赏音乐的同时得到视觉冲击或享受,即既好听又好看。

3.《七里香》的大众性与通俗性

窗外的麻雀 在电线杆上多嘴/你说这一句 很有夏天的感觉/手中的铅笔 在纸上来来回回/我用几行字形容你是我的谁//秋刀鱼的滋味 猫跟你都想了解/初恋的香味 就这样被我们寻回/那温暖的阳光 像刚摘的鲜艳草莓/你说你舍不得吃掉 这一种感觉

雨下整夜 我的爱溢出就像雨水/院子落叶 跟我的思念厚厚一叠/几句是非 也无法将我的热情冷却/你出现在我诗的每一页//雨下整夜 我的

爱溢出就像雨水/窗台蝴蝶　像诗里纷飞的美丽章节/我接着写　把永远爱你写进诗的结尾/你是我唯一想要的了解

那饱满的稻穗　幸福了这个季节/而你的脸颊像田里熟透的番茄/你突然对我说　七里香的名字很美/我此刻却只想亲吻你倔强的嘴

《七里香》专辑2004年一经推出就非常畅销,在亚洲销售量达350万张。这首歌的通俗性和大众性表现在,它迎合了普通公众人人都可能拥有初恋并对其产生共鸣的现实。谁都曾有过初恋,也许你的初恋已经变成一段让你回味不尽的往事,它虽远离你而去,但它的"香味"却让你反复回味,它在记忆中留存的温度和视觉依然如阳光般明媚,"像刚摘的鲜艳草莓";也许你正在经历一段刻骨铭心的初恋故事,以至于对方出现在你"诗的每一页",把永远爱他(她)"写进诗的结尾",甚至你的思念如院中的落叶"厚厚一叠"。

这首歌也写得特别诗情画意,符合当下年轻人的心态和在初恋中人的感觉,就如歌词所说的,在初恋中,万物显得生机勃勃:整夜的雨成了思念者爱的流溢,窗台的蝴蝶成了双方共同爱的美丽章节,饱满的稻穗则"幸福了这个季节";初恋中的人,更是视对方为幸福的化身,对方的嘴唇是要亲吻的,对方的脸颊则如"熟透的番茄",而对方不经意说出的一个词"七里香"则带着幸福的魔力……

### 四、流行音乐媒介

流行音乐媒介经历了历史的演变,特别是新媒介如卡拉OK、MP3、Flash等给流行音乐带来了一些新变化,导致流行音乐在生产、表现方式等方面发生了新变化。

1. 流行音乐与流行音乐媒介的关系

流行音乐与其媒介的关系,可以从传播方式和传播角色两方面考察。

第一,从文化传播方式来说,两者属于文化与文化工业的关系。作为大众文化和工业文化一部分的流行音乐,是通过工业化的生产、媒介的推广和技术的支撑才成为现代文化产业一部分的。从广义角度看,文化工业的形成离不开技术的支撑、市场的开发,而市场的开发又离不开媒介如电视、互联网等的推广。在现代社会,MTV、卡拉OK、电子音乐、MP3的出现使流行音乐的生产和销售更加便捷,并使流行音乐的文化产业制度发生了一些变化。这些变化既表现为20世纪80年代以来,美、英等主要西方国家以外的世界各国都逐步向工业化生产的方向发展,建立起了自己的流行音乐产业,并不断扩大规模;也表现为90年代以来,在各大跨国唱片公司(如时代华纳、索尼、飞利浦等音像集团)的积极整合下,各个国家、地区的唱片业都被纳入世界市场,流行音乐进入了跨国工业、全球化的发展阶段。

第二，从具体传播角色来说，两者属于载体与被载者、播放与被播放的关系。流行音乐需要具体的媒介才能播放。播放流行音乐的媒介很多，如磁带、唱片、留声机、CD、MP3、MIDI、电视、收音机、数字音乐播放平台等。如今播放流行音乐的媒介有些还直接参与流行音乐制作，如电子音乐、Flash 音乐。电子音乐所指的是一般所说的 MIDI，也就是以计算机为工具，配合上 MIDI 的编译码程序，将所有乐器组合的效果在一台计算机上做出来的音乐。Flash 音乐指乐迷或网友根据自己的喜好利用 Flash 软件对一首音乐配以 Flash 动画。由于他们在制作音乐 Flash 的过程中也可以把自己的一些理念灌输进去，所以一首歌可以有很多的 Flash 版本，这也正是 Flash 音乐最有魅力的地方，它让每个人都有了参与音乐的画面制作的可能。

2. 流行音乐媒介的发展

流行音乐经历了旧媒介与新媒介的交替发展过程。

第一，旧媒介时代。19 世纪末 20 世纪初，人类开始进入了技术时代，跟听觉文化有关的媒介开始出现：1877 年，爱迪生发明了留声机；1913 年，法国人吕西安·莱维利用超外差电路制作了收音机；1906 年出现了调幅广播，19 世纪末 20 世纪初胶木唱片出现并流行；1954 年，首批晶体管收音机在美国问世；60 年代磁质盒带产生。这些媒介的出现极大地提升了听觉文化在文化中的重要性。以往听觉文化之所以不独立、没有像书写文化那么普及和重要，就是因为听觉文化没有自己可以长久保存的独立媒介，随着这些媒介的出现，歌曲可以保存，人声和乐声可以存留。

第二，新媒介时代。真正使"听"成为与"看""思""触"同样重要的是当代新媒介的兴起。当代音乐新媒介的兴起成了这个时代一个重要的文化现象。这些新媒介包括数字媒介，如 CD、DVD 等；电视媒介，如 MTV、卡拉 OK 等；网络媒介，如电子音乐、Flash、MP3 等。

先说数字媒介。数字媒介在音乐中主要体现在 CD、DVD 上。光盘的诞生，可溯自 1982 年索尼和飞利浦两家公司共同推出的 CD-DA（Compact Disc-Digital Audio）。1982 年，飞利浦公司才研制成功世界上第一张实用的 CD，并用它灌制了瑞典乐团 ABBA 的专辑《访客》。到了 1985 年，用于资讯产业的 CD-ROM 光盘开始出现，人们因而找到了进入多媒体声光影音世界的快捷媒介。

DVD 的全称为 Digital Versatile Disc（数字通用光盘），是由飞利浦和索尼公司与松下和时代华纳两大 DVD 阵营制定的新一代数据存储标准。同 CD 相比，DVD 具有更高的存储数据量。1996 年，全世界第一批 DVD 播放机正式面世。到了 2002 年，为了满足人们对更大容量光盘的要求，DVD 又在不断扩充自己的容量。

电视媒介中的音乐则追溯到 1980 年底。当时，一段段三四分钟的"可视歌曲"节目开始出现在电视中。表演者虽然打扮奇幻,表演与歌曲的内容也大相径庭,但还是博得了以喜爱新奇著称的美国人的喜欢。1981年8月,一家专事播发可视歌曲的电视网——音乐电视网(MTV)应运而生。1983年,迈克尔·杰克逊在可视歌曲中大展身手,其娴熟奇异的舞姿使他赢得了"可视歌曲中的弗雷德·阿斯泰尔"(阿斯泰尔是好莱坞歌舞片中最负盛名的舞蹈演员)的美名。现在,几乎没有一个有影响的歌星没有自己的可视歌曲专辑。可视歌曲深入电视网,深入每个家庭,深入人们的日常生活。1988年中国从日本引入卡拉OK。一夜之间,中国出现了很多的卡拉OK厅,人们跟着电视里屏幕的画面一起演唱。

网络媒介中的音乐主要表现在MP3、Flash、ACC音乐中。MP3全名是MPEG Audio Layer 3,是一种声音文件的压缩格式。在1987年,德国的研究机构IIS(Institut Integrierte Schaltungen)开始研究一种声音编码与数字声音广播的计划,名称叫做EUREKA EU147,这就是MP3的前身。之后,此计划由IIS与Erlangen大学共同研制,终于开发出了一套非常强大的运算法则,经过ISO国际标准组织认证后,成为现在的MP3。

大概是在1999年,MP3这一新生事物开始在中国大陆被人们广泛传播,它的出现推进了音乐在互联网上的传播,推动了音乐的大众化。年轻人开始用电脑制作MP3,开始通过互联网传播MP3,开始带着MP3播放机散步、旅行。一时间,听MP3音乐成为一种时尚,而不会使用MP3的人则成了时代的落伍者。

2017年,发明MP3的德国机构正式宣布,将终止某些MP3相关专利的申请。这意味着MP3将慢慢退出历史舞台。MP3曾在20世纪90年代和21世纪初特别流行,原因是MP3格式文件仅占原文件10%的存储空间,适应了当时互联网网速较慢,移动储存容量有限的技术环境。但近十年来,随着芯片存储技术的成熟,网络下载速度的飞跃发展,以及人们对音乐音质的更高要求,MP3慢慢被更高级的音频编码格式如ACC取代,MP3的播放器设备也被智能手机和平板电脑等取代。

电子媒介中的音乐主要表现为以MIDI为主的音乐。在中国,电子音乐的发展与张大为分不开。张大为有"中国电子音乐之父"之称。他是中国第一位利用MIDI科技整合录音的音乐工作者。现在有越来越多的音乐人开始在编曲中使用合成器、采样器等电子设备,比如崔健的《无能的力量》,窦唯的《山河水》,王磊的《春天来了》等。

如今,随着世界级的流媒体音乐服务软件/网站的相继推出,如Spotify,Apple Music,Google Play Music,成千上万的歌曲都可以通过下载该软件或访问该网站获得点击播放,方便了世界各地乐迷对歌曲的查找和播放。

3. 新媒介时代流行音乐表现方式的变化

在新媒介时代，流行音乐在表现方式上不断寻求新的变化。这主要有如下的三方面。

(1) 视与听的结合。音乐中"看"的成分越来越突出，如 MTV、Flash 音乐，歌星演唱会都离不开视觉形象。音乐文化出现了视听结合的新趋向。"看"的成分的突出跟整个当代文化越来越视觉化有关。生活中到处充满了视觉符号——广告、影像、摄影、多媒体、MTV、卡拉 OK、电影、建筑、美容、形体训练，也到处充满了视觉符号的制造者——电影人、电视人、媒体制作者、形象设计师、广告人、平面制作者、摄影师。看与听也融合在一起，如本来电话属声音媒介，目前亦与影像结合，走向视像电话，又配合遥距传讯科技，推出遥距视像会议 (Teleconference)；至于电台节目，也走向跨媒体作业，音乐事业亦十分依靠 MTV、广告、演唱会，使得歌手、乐手的外表包装跟其音乐造诣同等重要。就连过去用精神进行的思维活动如今也以"看"的方式进行，即过去用"心"看的现今也转换成了用"眼睛"看，如小说中的主人公形象转化为电视和电影中的明星，歌词 MTV 化，用多媒体诠释意义和思想，等等。可见，一个看"像"的时代正在到来，对视觉符号(形象)的消费几乎成了现代人日常生活不可或缺的一个组成部分。这些促使当代文化逐渐展现为视觉文化占主导地位，即语言不断让位给图像，视觉美学取代传统美学。难怪美国社会学家丹尼尔·贝尔得出如下结论："我相信，当代文化正在变成一种视觉文化，而不是一种印刷文化，这是千真万确的事实。"①

由此，"看"成了现代人接触世界的首选方式。在这样的文化背景中，音乐会中"看"的成分的突出也成了必然，而最能激起音乐场所中人们"看"的无非是身体所展示的系列形象，所以如今歌手在着装、舞蹈、身体造型方面煞费苦心。

(2) "制作"与欣赏的结合。在网络时代，人们可以用各种软件合成几乎各种声音，制作 MIDI 音乐，你可以利用多种软件来进行演奏，甚至可以通过采样和计算机结合的技术来合成电子音乐。当然，还可以自己动手参与 Flash 音乐创作，并把自己的一些理念灌输进去。因此，在新媒介时代，人们开始向传统的音乐观念轻松地发起挑战，从和声、旋律和节奏的束缚中摆脱出来，越出传统创作与消费分离的模式，同时成为音乐的制作者兼消费者。如此，音乐成了电子游戏之外又一个集创造、娱乐、消费为一体的文化领域。

(3) "身"与"心"的结合。当今音乐会或电视场合中歌手对自己的着装、发型和身材越来越重视，而歌迷也越来越重视音乐会中自己的身体性参与，他们通过身体摆动、蹦迪或卡拉 OK 中的引吭高歌来表达自己对音乐的一种动态理解。

---

① [美]丹尼尔·贝尔：《资本主义文化矛盾》，赵一凡、蒲隆、任晓晋译，生活·读书·新知三联书店 1989 年版，第 156 页。

无论是歌手还是歌迷,在音乐会中对自己身体的重视,折射出了这样一种文化心理现象,即当代人对身体的重视已超过以往任何一个时期,即使在强调听觉的场合也没忘记自己的身体。他们希望通过在音乐会中的身体表演和对身体表演的观看来获得某种身体解放,以释放平时被压抑的"身体"。

如今,音乐作为一种文化符号,成为区分代际的文化标签,如果说,摇滚乐属于反战一代,饶舌乐则属于 X 一代,那么当今的音乐越来越属于体感一代,用身体而不是耳朵来享受音乐。在这个强调体感的时代,那些乐迷所希望的就是让身体在节奏中快乐地飘荡。

4. 个案分析

(1) MTV 和 MV:新媒介时代流行音乐欣赏方式的改变。MTV 和 MV 最早产生于美国。在 20 世纪 70 年代末、80 年代初出现了 MTV。MTV 和 MV 是美国流行音乐工业和电视业双重发达的产物,它结合了音乐、文学和电视艺术三位一体。10 年后,MV 传到了中国。当《青苹果乐园》的表演者通过新颖的画面剪接在电视中又唱又跳时,人们感受到了一种与以往不同的视听感觉,一种新颖而刺激的传播流行歌曲的方式,这就是 MV。有了 MV,青春、美貌、异国情调、奇异情节以及时尚等娱乐要素,直接借助电视画面而不是借助歌词就可以被形象地传达。

有了 MTV 之后,音乐的形象性和可视性大大增强了,在 MTV 的图像中,歌词的诠释也变得更具象、更立体化,也更易理解。尤其在摇滚乐的 MTV 中,那些歌手的发型、服饰、舞蹈甚至恶作剧的现场表演都增加了人们对摇滚颓废和反叛的文化理解。MTV 为歌手在偶像化方面以及发挥自身综艺才能方面提供了难得的舞台表演空间。从流行文化角度观察 MTV,我们发现 MTV 完全是一个混合体,它包括了娱乐的一切要素,如通俗、好看、形象偶像化等。MTV 作为可视歌曲在瞬间处理上高于其他艺术,它最大限度地发挥了人的想象力,提供即时的满足感。音乐也因 MTV 普及化和流行化。这就是为什么有了 MTV,迈克尔·杰克逊和麦当娜把流行音乐带到了前所未有的高度;这也就是为什么迈克尔·杰克逊和麦当娜在制作 MTV 录影带时竟耗资上百万美元。

(2)《东北人都是活雷锋》:"制作"与欣赏的结合。《东北人都是活雷锋》这首歌是通过网络媒介传开的,具体地说是通过 Flash 传开的,而不是传统地通过电视电台或市场的音像制品。1995 年,作者已创作了《东北人》等一干"音乐评书",2001 年为了"推销"作品,决定做新浪聊天室嘉宾,然后顺带将"翠花"上传,有个网友把《东北人》做成了 Flash。由于歌词、画面都比较滑稽,逗得大家哈哈大笑,《东北人都是活雷锋》由此引发了网络上的 Flash 动画风潮,这股风潮迅速在全国范围内蔓延。这首歌的 Flash 版有左撇子工作室版、行走乾坤版、babylon 版、北极天狼刃版等数十种版本。这些版本对这首歌演绎不一,有制作成摇滚乐风格的,有创作成革命故事的,也有演绎成后现代风格的。在制作《东北人都是活雷锋》Flash 音乐过程中,网民把自身对生活的态度也带到对音乐的欣赏和制作中来,如他们对个性和自主性的强调,对生活的一种游戏反讽态度,等等。这些在传统媒介中是很难体现的,因为在传统媒介中,乐迷形式上往往是被动接受这些媒介所提供的音乐,而传统的媒介及以其为载体的音乐也很难反映他们这些心态。这就是在新媒介时代,自己制作音乐的好处。

(3) 劲歌、劲舞:音乐不仅是听的也是身体动态参与的。现今,世界 POP 舞曲的流行更使歌手趋于舞蹈,演唱反而成了其次。美国的"小甜甜"布兰妮在蹦,东洋的滨崎步在跳。她们在世界流行音乐歌坛成了走红的歌星。香港乐坛天后最引人注目的也不是唱歌,而是在演唱会上披一身美丽的羽毛,带动整个红磡体育场的歌迷随着她们蹦蹦跳跳。还有的明星们也在一首首 Hip-Hop[①]的舞曲中冉冉升起。歌迷的注意力不再集中在歌手的歌唱得好不好,他们更关注的是歌手的即兴表演和临场调动大家情绪的能力。歌手通过自己的肢体语言带动大家一起动起来。在歌手的狂热鼓动下,很多观众会给歌手打拍子,甚至自身的肢体随着歌手肢体的摆动而摆动。

酒吧、迪厅中的音乐是所有音乐场所中最能带动听众身体性参与的音乐。在昏暗狭小的酒吧空间里,到处弥漫着暧昧、混浊、带有很强的视听刺激的音乐和情调。四面墙上的电视里播放着迈克尔·杰克逊的 MV,而迪厅的前方由几个 DJ 控制着音乐的节奏,并煽动着舞池里蹦迪的人们一起高呼"one,two,three,four…",舞厅的两侧则站着相貌姣好的领舞者,领舞者往往是那些年轻的、身段较好的、懂舞蹈语言的女孩,这些领舞者随着音乐的节奏跳各种舞蹈,她们的身体活力四射。舞池里的舞者就在这种散发着激情而又混乱无序的气氛中扭摆自己的身体,有的跳恰恰舞,有的跳太空舞,有的则围成圈,随意摇摆着,有的则亦步亦趋模仿着领舞者的姿势。在这里,众多摇摆的身体成了一片欢乐亢奋的海洋。大家谁也不关心对方是否跳得好,大家只是沉浸在自己身体的摇摆节奏里,这时什么都可以不想,感觉到的仅仅是自身身体的节奏。

这种参与感在蹦迪时特别明显:蹦迪者既是听歌者、观看者(观看他人舞蹈,观看领舞者性感表演),也是表演者。这种表演性既表现在他可以和着音乐的节拍一起唱,也表现在他的舞蹈行为上。同时,他也在聆听歌曲并同步应和中获得了一种对象性的诉求,在身体的扭摆中获得了情绪释放。

可以看到,流行音乐的媒介从旧媒介收音机、留声机、磁带走向了 CD、DVD、MV、卡拉 OK、Flash、MP3、MP4、ACC 等,并逐渐发展到智能手机和平板电脑设备

---

① Hip-Hop 起源于 20 世纪 80 年代,中文译为嘻哈。从字面上来看 Hip 是臀部,Hop 是单脚跳,Hip-Hop 则是轻扭摆臀。这类音乐强调节奏而不是旋律,它强调了音乐中身体的舞蹈。

等。随着流行音乐新媒介的出现,流行音乐的表现方式也发生了一些改变,如视与听、制作与欣赏都出现了互相结合的情况,音乐中身体的参与加强了,在音乐创作过程中,借鉴吸收相关艺术门类进行创作变得普遍,如此等等。尤其当今音乐中视听的结合在某些方面正在改变着人们对世界的感知方式,因为听、看对世界的感知是不一样的。

可以这样认为,在新媒介时代,高科技和传媒正在承担着认识论的功能,这个世界正被技术和媒介所占据。因为有技术媒介作支撑,如今的流行音乐无论在"听"和"看"上都比以往来得精细和清晰。在新媒介时代,电子音乐和网络音乐的出现也丰富和延伸了人们的听觉,并拓展了以往对空间的理解,"E"文化、"E"时代、"赛博空间"就是对这个时代一个比较贴切的概括。

## 五、内地(大陆)与港澳台地区流行音乐比较

1985年前,可以说内地(大陆)流行歌曲的潮流主要是由港台流行歌曲引导的,内地(大陆)歌手的创作和演唱也受其影响。当邓丽君的甜美歌声乘着中国改革开放之风飘进大陆,新一代年轻人以为流行歌曲来自港台。1980年台湾校园歌曲开始风行大陆,在那个物资匮乏、情感封闭的年代,以邓丽君为首的婉转的浅轻之唱悄然慰藉了无数渴望滋润的心。当时,内地(大陆)流行的歌曲还是离不开带政治色彩的歌词,如《边疆的泉水清又纯》《妹妹找哥泪花流》《太阳岛上》,尽管它们同"文革"时期的歌曲相比,已经有了明显的不同,但还是与个体生活体验相隔较远。而此时的香港地区,在海派流行歌曲的基础上,开始有歌手自创自唱粤语流行歌曲,而且使用当时流行于欧美乐坛的电声乐器伴奏。

如果说,台湾流行音乐的真正发展是20世纪70年代末到80年代中期校园民歌运动,那么大陆流行音乐的真正发展要到1985年后。1986—1994年,大陆流行音乐进入本土化、规模化时期。1986年,多名歌星举办献给当年"国际和平年"的"明天会更好"音乐会,香港歌手们在中央电视台的春节联欢晚会上频频亮相,港台歌手对内地(大陆)流行音乐的影响越来越广泛,但内地(大陆)的流行音乐却也开始有了自己的原创和规模:《一无所有》(1986)是内地(大陆)摇滚乐的代表作。以此为标志,内地(大陆)原创歌曲经历了1987年的西北风、1992年的摇滚乐、1992—1993年的校园民谣风、1994年的新生代等浪潮。内地(大陆)按照市场化运作"造星"工程也进一步深入,广东歌坛20世纪90年代初成功包装了一对"金童玉女"。这一时期香港的粤语歌曲也处于鼎盛时期,巨星创造了辉煌,他们不仅给粤语歌带来前所未有的丰富性和超强影响力,而且让粤语歌曲成为全华语地区时尚的代表、流行趋势的引领。在90年代接替他们的巨星在华语音乐市场也战绩彪炳,享受着全球华人对粤语歌曲的习惯性赞誉。

1995年后,国际唱片公司进军我国,网络歌曲蹿红(《东北人都是活雷锋》,

2001年;《老鼠爱大米》,2004年;《两只蝴蝶》,2004年),各种形式的选秀节目(《超级女声》,2004年)风靡全国,无线技术和数码下载已成超大规模,内地(大陆)与港澳台地区的华语流行音乐工业处在一个空前的整合期。一名出生在台湾的歌手于2002年、2004年、2007年三次举办世界巡回演唱会,奔走在东亚、东南亚之间。2003年7月16日,全亚洲50家电台同步首播新专辑《叶惠美》第一主打歌《以父之名》,据统计,全球有8亿人同时收听。出生在北京的歌手1987年去香港发展,1994年首次于香港红磡体育馆举行个人演唱会,1997年于台北举办上万人的歌友会,成为一代歌后。20世纪来,由于依靠粤语歌曲影响力争得华语音乐的掌控权力已越来越困难,香港歌手越来越多地使用普通话,再随着内地造星工业的日渐成熟,整个华语流行音乐的重心转移到了内地。

综观内地(大陆)与港澳台地区流行音乐,香港发展了粤语歌曲,以情爱和抒情歌曲为主,也产生了优秀组合或乐队。台湾的民歌运动对大陆80年代中期以前流行音乐发展的贡献甚大,至今人们仍耳熟能详的歌曲有《乡间的小路》《外婆的澎湖湾》《龙的传人》《橄榄树》等。无论是民歌运动,还是更适合台湾都市时代性的市民化创作,台湾的流行音乐都包含着对社会和生活的个人体验,以及个人的叛逆和对现实的批判与反思。同时,台湾流行音乐的成就也应归功于中文教育的普及,很多音乐人的中文底子相当深厚,这尤其表现在民歌运动中,有名家参与创作。内地(大陆)因幅员辽阔,流行音乐存在着多元性和差异性,摇滚乐《一无所有》,西北风《黄土高坡》,带有宗教元素的《青藏高原》,具有东北小调色彩的《东北人都是活雷锋》,在不同时期各领风骚,中国人的观念逐步发生开放性转变。如今,随着国际唱片公司进军中国,随着市场运作和媒介传播的跨地区发展,内地(大陆)与港澳台地区的华语流行音乐完全整合,歌手的出生地对其成名已不构成影响,歌手创作和演唱风格的多变及突破,则成了衡量及保持其歌坛地位的重要因素。尤其是有的歌手从2002年到2008年人气一直居高不下,就跟他的全能型创作和演唱有关:不论什么风格的音乐他都敢做,且演唱时能自由驾驭,包括摇滚中国风与抒情中国风,还有抒情歌、英式复古风、华丽古典风与嘻哈摇滚等。

## 本章小结

"流行音乐"是指现代流行音乐,包括爵士乐、摇滚乐、乡村音乐、一般的流行歌曲等。流行歌曲是采用为人们所喜闻乐见、容易传唱的方式作曲作词并在社会上尤其青少年中广泛流行的歌曲。流行音乐的实质在于其流行性,并具有世界性、娱乐性、内容的通俗性、接受对象的大众性及时尚性等特征。流行音乐新媒介的出现给流行音乐带来了生机和变化。在新媒介时代,流行音乐注重音乐的视觉化和歌手、歌迷身体的动态化。内地(大陆)与港澳台地区都为华语流行歌曲作出了贡献。香港发展了粤语歌曲,并在一段时期内成为全华语地区时尚的代表、流行趋势的引领。台湾的民歌运动对大陆80年代中期以前流行音乐发展的贡献甚大。台湾的流行音乐包含着对社会和生活的体验,它的成就也归功于中文教育的普及。内地(大陆)的多种流行音乐尤其摇滚乐的出现是中国当代流行音乐史上一个革命性事件,是中国人观念发生开放性转变的一个具体体现。幅员辽阔使流行音乐存在着多元性和差异性。

## 思考与练习

1. 什么是流行音乐?在西方,流行音乐的发展经历了哪些变化?
2. 中国的流行音乐是如何一步步发展起来的?
3. 如何根据歌曲的外部特征来判断该歌曲是不是流行歌曲?
4. 怎样理解流行音乐尤其现代流行音乐的品质是"世界性"的?
5. 用当今流行的一首歌为例来说明流行音乐所具有的大众性和通俗性的特点。
6. 怎样理解流行音乐与流行音乐媒介的关系?
7. 在新媒介时代,新媒介给流行音乐带来了哪些变化?
8. 为什么在现代社会,流行音乐成了人们尤其青少年生活的一部分?
9. 你观看过演唱会吗?试分析当今演唱会中歌星是如何重视自身身体展示的。
10. 港、台、内地(大陆)流行音乐各自有什么特点?

# 第六章

# 通俗文学

通俗文学作为与高雅文学不同的文学形态，是大众文化的一个重要组成部分，在当前文化生活中的影响力不容低估。本章介绍通俗文学的含义、特征、类型、文化意义、媒介形态等。

## 一、通俗文学的含义与特征

中国的通俗文学传统源远流长，尤其从 20 世纪 80 年代中期开始，随着中国改革开放的深入与经济的快速增长，消费文化的观念开始渗透到人们的生产意识与文化创造之中，通俗文学迎来了蓬勃发展的黄金时代。金庸、梁羽生、古龙等人的武侠小说，琼瑶、三毛等人的言情作品，池莉等人的畅销小说以及国外的《飘》、"哈利·波特系列"等，成为人们日常阅读的主流。随着媒介信息技术的迅猛发展，以玄幻小说、悬疑小说和都市言情小说为主的网络文学作为新的通俗文学类型闪亮登场。刘慈欣的《三体》、王晋康的《逃出母宇宙》、韩松的《2066 年之西行漫记》等科幻小说是新兴的代表作。影视与小说双向互动助推票房和纸质文本的勃兴，例如《小时代》作为当代青春小说风靡一时。这些通俗文学作品的主题、结构与情节固然上承古代通俗文学的余韵，但更重要的是，同工业化时代大众文化的生产方式有着更为内在而深刻的关联。这种新兴的大众文化同占据主导地位的主流意识形态文化，以及带有启蒙主义标记的高雅文化，彼此相克又相生，已经成为当今中国文化市场的基本景观。

什么叫通俗文学？文学可分为俗文学与雅文学两大分支。俗文学作为与纯文学、雅文学或严肃文学相对而言的一个文学部类，其具体内涵历来众说纷纭，莫衷一是。根据《简明不列颠百科全书》的划分，国外的通俗文学包括谣曲、诗歌、写实的和形象生动的故事、浪漫故事或忏悔录、诙谐小说或沿街兜售的诗文小册、西部小说、恐怖小说、科学小说或幻想故事、寓言和讽刺小品、劝善画册、连环漫画和画页，甚至图画明信片。也可用以指小册子和某种新闻文字，还包括戏剧文学的整个领域,从独角戏、小型喜剧到未经删节的戏剧等类型。①这一界定涉及通俗文学的多种体裁以及消遣性、娱乐性的特点。而就中国语境来说,历史演义、英雄传奇、侠义小说、公案故事、志怪传奇等俗文学题材在古代与现代均占有重要的地位。

可见,通俗文学会因国别、文化等因素的差异而呈现不同的内涵。郑振铎认为:"'俗文学'就是通俗的文学,就是民间的文学,也就是大众的文学。换一句话,所谓俗文学就是不登大雅之堂,不为学士大夫所重视,而流行于民间,成为大众所嗜好,所喜悦的东西。"②这个定义概括了通俗文学的一些基本特征:通俗性、大众性、民间性、流行性以及愉悦性。当代学者范伯群把中国俗文学分成四类:通俗文学、民间文学、曲艺文学及以电子传媒为载体的大众通俗文艺。他在《中国近现代通俗文学史》中运用六分法划分近现代通俗文学:社会言情、武侠、侦探推理、历史演义、滑稽幽默、通俗戏剧。事实上,将雅、俗文学做出泾渭分明的严格划分是很难做到执中公允的。如果说可以将古代部分勉强作出雅、俗之分的话,那么也可以将现、当代部分分为知识精英文学与大众通俗文学。然而这两者之间也相互缠杂,甚至有合流的趋向。

结合如上理论梳理,不妨对通俗文学作如下界定:通俗文学是指由文人创作的、以大众传播媒介为载体、按市场机制运作的、旨在满足读者的愉悦性消费需要的商品性文学。这种通俗文学最常见的文类是小说,从不同角度看,具有不同的性质与特征。如果强调其愉悦性质的一面,它就和"严肃小说"的理性沉思相对;如果强调其大众化的一面,就和"高雅小说"的精神高蹈相对;如果强调其模式化的一面,就和"先锋小说"的实验性探索相对;如果再强调其利润追求的一面,那就和"纯文学"的非商业性相对。这些不同侧面都是通俗文学特有的面貌。

这样来界定通俗文学,是把通俗文学限定在现代性的大众文化框架内。古代的通俗文学由于不一定由文人创作,也没有成熟的市场机制的介入,更没有运用现代化的大众传播媒介,因此不宜被视为工业文明意义上的大众文化。值得注意的是,当前世界范围内的网络文学集聚了巨大的读者群与作者群,也是通俗文学创作与阅读市场的绝对主角。与传统的报刊、书籍等媒介相比,网络文学使创作与阅读方式发生了革命性变迁,尤其体现在读者从传统的被动接受者到主动的施与者的变化,从而使信息从单向转变为多向交流与融通,一种现代社会大众参与的狂欢化艺术抒发了民众的底层欲望与世俗化追求。

---

① 参见中国大百科全书出版社《简明不列颠百科全书》编辑部译编:《简明不列颠百科全书》第2卷,中国大百科全书出版社1986年版,第414页。
② 郑振铎:《中国俗文学史》,作家出版社1954年版,第1页。

通俗文学的特征主要表现在如下四个方面。

第一,流行性。通俗文学之所以能够成为大众文化消费的宠儿,除了语言朗朗上口、内容喜闻乐见以外,还必然包含一些流行的因素。就基本母题而言,它通常有两类。一是见义勇为、除暴安良、替天行道的"侠义"。大众熟悉的《诛仙》在网络玄幻小说中人气很高,这部小说宣扬了一种众生平等的朴素观念,作品人物没有绝对对立的善恶、真假之分,探索了求真向善的人性可能性,体现了与中国文化传统相通的情怀与理念。二是缠绵悱恻、柔肠寸断的"恋情"。前一类属于以感官震撼见长的动作性、战争性作品,有飞天入地、刀光剑影、战火纷飞的情节,能表达民众仗义行侠的英雄情结。受国外畅销小说《哈利·波特》《达·芬奇密码》《挪威的森林》等作品的深刻影响,中国的通俗文学将异域文化中感觉的第六空间、巫术、悬疑等要素剥离出来,结合中国文化传统的小说精神,创造出悬疑、惊悚、玄幻小说的东方形态。后一类属于青春时期成长型或饮食男女梦幻型言情作品,构建了浪漫、传奇、带有玄幻色彩的情节,能满足读者在爱情方面的审美需求和涉奇猎趣的无意识欲望。还有些作品以脑洞大开、异想天开的怪异主题为噱头,往往能满足读者天马行空、放荡不羁的想象。就结构而言,通俗文学作品具有故事模式化、人物性格类型化、情节离奇化的特点。读者循着惯常的叙事线索在"情节"与"趣味"的牵引下,可以毫不费力地进入阅读活动。就读者心理而言,通俗文学的流行必定刺激了大众某一时期的精神兴奋点,触及了社会的热点问题,契合了读者显在的心理需要与潜在的无意识欲望。就流行的外在因素而言,职业化的创作队伍,批量化的生产方式,便捷的传播渠道,稳定的读者群体,再加上现代性的文化工业生产模式和灵活的市场机制等,这些都构成了当代通俗文学广为流行的基本条件。正是由于以上原因,一旦把准市场脉搏、吊足读者胃口,某些作品几乎一夜之间就形成"洛阳纸贵"、万人捧读的热销场面。例如,金庸的武侠小说自从20世纪50—70年代在报刊连载,便不断地被改编为影视作品、漫画、卡通、电子游戏以及网络版文本;还被翻译为数种外语文字,超越政治意识形态的鸿沟,为不同阶层、年龄、职业的读者所喜爱。在当红作品流行的阶段,连谈论这些作品也成为时尚的热门话题。当然,创造流行的神话,不是创作者一厢情愿的推销所能奏效,还要投合读者心理。

第二,商品性。通俗文学是文化生产与商品生产的综合体。杰姆逊认为:"到了后现代主义阶段,文化已经完全大众化了,高雅文化与通俗文化,纯文学与通俗文学的距离正在消失。商品进入文化意味着艺术作品正成为商品,甚至理论也成了商品。"[①] 通俗文学作为大众文化的一个重要组成部分,它的繁荣与发

---

[①] [美]弗·杰姆逊:《后现代主义与文化理论——弗·杰姆逊教授讲演录》,唐小兵译,陕西师范大学出版社1986年版,第147—148页。

达的商品市场、大众日常文化消费即时性的需求,有着极其密切的联系。例如梁羽生、金庸的武侠小说,首先连载于报纸,带来了报纸发行量的大幅度提升;反过来,报纸的发行面又要求通俗小说能满足形形色色不同读者的阅读期待。这样,作家、媒体、读者之间形成了连锁互动,共同构造了通俗文学兴旺发达的局面,从而也展示了它追逐利润的本性。

通俗文学作为一种审美意识形态,遵循着市场的价值规律和运作规则,因此首先具有商品的属性,同时,它又是一种精神产品,受到意识形态和审美规律的制约。这种"文化的二重性"在高雅文学与通俗文学中的分量并不一样,在商品经济条件下通俗文学的商品属性显得更为突出。迅捷、便利的科技复制技术,使产品源源不断地投入市场,以便作者和商家最大限度地获取利润。

与大众文化的其他成员一样,通俗文学本身确实存在一些负面价值,它与纯文学主题的严肃性与形式的探索性不同。就创作目的而言,作家首先关注的是作品的畅销程度而非深刻程度,交换价值优先于艺术价值。从创作过程来看,通俗文学特有的程式化语言、情节、风格、情感模式等,使其创作过程成为标准化生产过程,在一定程度上影响了作品的个性和内在独创性。在社会主义市场经济条件下,既要自觉地运用市场规律组织艺术生产,培育文化市场,丰富人民群众的文化生活与精神需要,又需兼顾作品的文化品位和精神追求。如果忽视文化产品的特殊属性,把它完全等同于商品,甚至以赚取高额利润作为唯一目的,那就会违背社会效益与经济效益相统一的基本原则。

第三,娱乐性。通俗文学侧重于追求趣味性,注意消遣性和感性愉悦,商业运作也十分明显,常被文艺界称为"一次性消费"的文学。如商业广告型的报告文学、影视脚本、言情、色情、武打小说、名人隐私及宫闱秘闻等,都可列入通俗文学的范畴。鲁迅指出:"俗文之兴,当由二端,一为娱心,一为劝善。"[①]这里的"娱心"需要促进了通俗文学的产生与发展,逐渐成为人们的消费习惯。满足读者"娱心"需要成了通俗文学作者的创作目标之一。比起一般的作者来,通俗文学作者更清楚地知道,现实生活中的人们由于受着现实的种种制约,总有许多正当的愿望、理想和梦想不能在现实中得到满足和实现,从而对更美好、更完满的生活充满憧憬。这时,将生活"单纯化""诗意化"的通俗文学,可以使人从烦恼琐碎的生活中暂时超脱出来,在自由无拘的梦幻想象中获得替代性的满足,在单调乏味的冗长时光中获得休憩与调剂。惊、奇、险、变、趣的故事最能赋予通俗文学娱乐性。在题材的选择上作家尤其注重世俗性,在人物形象塑造上更加注重奇特性,在故事情节的安排上特别注重跌宕曲折复杂多变,在艺术想象和艺术手法上非常讲究神奇、误会、巧合等。所有这些都能满足人们的娱乐需要,使劳动者

---

① 鲁迅:《中国小说史略》,《鲁迅全集》第9卷,人民文学出版社1981年版,第110页。

消除疲劳、得到快乐、获取慰藉。

　　强调通俗文学的娱乐性,并不意味着可以忽略通俗文学的思想性、教育性。通俗文学的兴起除了"娱心"外,另一个重要的原因则在于"劝善"。这"劝善"就是指通俗文学具有思想教育作用。在优秀的通俗文学作品里,娱乐性、思想性和教育性是统一的,可以达到寓教于乐的目的。优秀的通俗文学是完全能够担当这样的使命的,如金庸的武侠小说不仅有奇特的想象、引人入胜的故事,富于娱乐性,而且以生动感人的艺术笔触塑造并赞美为民众利益献身的中国的脊梁式的人物,歌颂中华民族的凛然正气,表现了现代民主思想和反对民族压迫的平等观念。再如《津门大侠霍元甲》描写霍元甲斩玉蟒、斗恶霸、除淫贼、救华工、护卫孙中山离津门、前门楼上盗回大刀王五的首级……情节惊险多变,跌宕起伏,富于娱乐性;同时,又表现了霍元甲强烈的民族自豪感,振兴中华的紧迫感,不满现实、痛心疾首的悲愤感,读后令人振奋昂扬。《三体》对外星人应该拯救还是征服地球进行了诘问,《逃出母宇宙》对有特异能力的人应该造福人类还是破坏人类生存秩序进行了反思,《2066年之西行漫记》则对高科技语境中人类的非人化表达了担忧。

　　通俗文学提供现实的当下快乐,为某种程度的文学民主提供了可能。文学民主意味着文学作品的解释权、评判权和鉴赏权不再为少数作家、评论家所垄断。至少在通俗文学范围内,人们可以随心所欲,自由选择,彰显个性,而不必完全听命于文学权威。民众的心理、欲望、动机更直接也更全面地支配了通俗文学的创作。通俗文学为民众大规模地积极参与文学活动提供了可能。

　　第四,文学性。文学性(literariness)这一术语是俄国形式主义批评家、结构主义语言学家罗曼·雅各布森在20世纪20年代首次提出来的,它是指那种使特定作品成为文学作品的东西,具体而言,文学性主要指文学形式。此处借用文学性一词,是指通俗文学具有与本书其他章节的媒介艺术相区别的特点,主要表现在语言与叙事模式方面。通俗文学的通俗性并不绝对地排斥文学性。在优秀的通俗文学中,通俗性和文学性是融合的。有的通俗文学作品只注重故事的编织、情节的安排,而不注重人物性格的刻画、典型的塑造,人物形象僵化、刻板,思想苍白、乏味,语言粗糙、拖沓,结构松散、缺乏严密的逻辑性。就其作品数量而言,这种类型不在少数,但是不能代表通俗文学的应有品性。

　　在语言方面,通俗文学作为商业写作,在创作过程中必须顾及读者大众的喜好,这样才能在市场运作中找到销路。这要求思想与语言通俗易懂,没有阅读障碍,而且能给人带来阅读快感。例如《神雕侠侣》第13回,杨过与人过招时,金庸描写道:

　　　　杨过剑走轻灵,招断意连,绵绵不绝,当真是闲雅潇洒,翰逸神飞,大有晋人乌衣子弟裙展风流之态。这套美女剑法本以韵姿佳妙取胜,衬着对方的大呼狂走,更加显得他雍容徘徊,隽朗都丽。杨过虽然一身破衣,但这路剑法使到精妙处,人人眼前陡然一亮,但觉他清华绝俗,活脱是个翩翩佳公子。

这段文字语言雅驯却不古奥,文采斐然却不夸张;句式骈散兼行,流畅自然。博学鸿儒与布衣白丁人人皆宜。

在叙事模式方面,通俗文学在语言、情节、人物、风格上蹈袭陈规,其所惯用的某种固定的叙事模式对文学消费者有着自然而然的吸引力。然而,阅读经验的简单重复持续太久又容易引起感觉的迟钝和麻木,从而产生阅读的心理疲劳。优秀的通俗文学作家必须在程式化叙事模式和创新之间保持某种适当的平衡。一方面,他们必须突破固定的叙事模式,并在此基础上开创新的叙事模式;另一方面,这种创新又不能与读者大众的期待视野产生太大的偏离。当代新武侠小说的发展证明了这一点。通俗并不等于庸俗,通俗文学应当反对庸俗媚俗,反对迎合人性中的低级趣味和欲念,因此,有必要清理大量宣扬色情、暴力的"地摊文学",反思段誉(金庸《天龙八部》)、韦小宝(金庸《鹿鼎记》)式的妻妾成群的美梦。

上述这些特点只是大体描述,应该在具体个案的分析中加以确认,不能生硬套用。因为雅、俗毕竟是变化发展的历史性概念,从二元对立的角度对文学进行的分类,往往会忽略通俗文学与非通俗文学之间的交接地带,以及非通俗文学所具有的通俗性因素。

### 二、通俗文学的类型

通俗文学作为文学的一个特殊文类,具有文学内容表现方面的一些共性:寄情、寓意、明理。从读者对作品的接受来看,表现为镜(现实型)、灯(浪漫型)、梦(梦幻型)三种类型。从读者对作品的阐释角度来看,有浅尝辄止与由浅至深两种情况。

1. 文本内容角度:寄情、寓意、明理

通俗文学往往在故事中寄托老百姓的日常情感。在其诸多主题中,情爱是核心内容之一,占了绝大部分比重。虽然主题陈旧,但世世代代的作家在此领域都留下了心灵的印记。

以琼瑶、亦舒的言情小说和梁凤仪的财经小说为例。三位女作家小说的基本主题是世情、亲情、友情和爱情,特别是男女爱情。琼瑶和亦舒"单打一"的情爱篇什相当多,梁凤仪穿插于"财经系列"中的情爱内容分量也不轻。三位作家注重以都市中青年知识分子的情爱生活为描写对象,但都大幅度超越了花间派和鸳鸯蝴蝶派的思想局限,反映出较多的个性主义追求和人格启蒙意识。其中,琼瑶的作品具有比较浓厚的爱情至上主义和世俗妇道观念,而在亦舒和梁凤仪的作品中,情爱智性主义和女性自卫抗争精神尤为鲜明。她们的小说都有浓厚的情感色彩,这是赢得畅销的一个重要原因。《梦的衣裳》(琼瑶)本是一个犹如建构在沙滩上的虚假梦幻的故事,但作者将真情的爱、忠贞的爱、有道德有教养的爱,化为稳固的情感意志,注入荒诞的故事之中,不断强化"规定情境中的感情的逼真"(普希金语)。对幽会、失恋、情场角逐等情境,作家都能以青年人透明、纯净的感情加以体察,并融入深情。读者正是在这一点上认同她的作品。《朝花夕拾》(亦舒)同样也是虚妄怪诞的故事。但在超现实主义的关注之中,却含有深切的亲情、友情和爱情,让人性的真实冲淡情节的荒谬成分,洋溢着青春的活力和爱心,呈现梦境般的甜蜜、幻觉般的奇妙和飘忽。《花帜》(梁凤仪)中的第三代"花魁娘子",混迹于商界高层和政府官员之间。她逢场作戏的色相生涯,与爱国主义情怀风马牛不相及,然而由于作家主体情致的诚挚投入,她的慷慨陈词仍然显得真切可信。三位作家凭着情感优势,巧妙地遮掩作品内容牵强附会所造成的纰漏,以及普遍存在的单调和浅薄,一度赢得一大批读者的钟爱。

通俗文学的世俗化叙事中往往也蕴藏深意。通俗文学作品作为一种话语蕴藉,往往蕴含着丰富的意义生成可能性,在特定话语系统的创作和接受过程中衍生出多重意义来。读者对《水浒传》中潘金莲形象的评价差异很大,从某种意义上可看出人物形象本身的丰富与复杂以及读者接受的差异性。20世纪80年代末以来,一些人成为文化市场意义上的畅销作家与时尚人物,这与作品题材的世俗化、人物语言的个性化、人物行为的叛逆性以及爱情故事的浪漫性大有联系。让读者感到更有咀嚼余味的是,作者对某些事物进行肆无忌惮的调侃与戏拟,对传统价值进行随意的颠覆与解构,从而揭露出事物本质的荒诞与滑稽。这种"顽主"式的写作姿态正好迎合了特定社会情境下某些读者的阅读需求。

正像严肃文学一样,通俗文学也要借助故事阐明一定的生活事理或哲理。如武侠小说以传统的小说样式、传统的道德观为中国读者所接受。一些武侠小说作者具有相当深厚的传统文化素养和文学修养,对儒、道、释有着深入研究,从而在思想上提高了武侠小说的文化品位,摆脱了以情节为主的单一模式。例如,金庸小说代表作《射雕英雄传》,在宋、金冲突,元统一中国的历史背景下,主人公郭靖为了维护民族利益与为虎作伥的败类斗争,表现了大义凛然的历史道义与民族尊严。《天龙八部》中,萧峰成长于中原并受汉族文化熏陶,在民族大义的旋涡中,一方是养育他的土地,一方是给他骨肉的民族。在义与利、情与爱、民族大义与文化冲突中,他毅然舍弃生命、换取两国的安宁。以上小说都体现了爱国主义、民族主义之"理"。中国普通老百姓相信真理战胜谬误、正义战胜邪恶、善有善报、恶有恶报,而通俗文学作品中对儒家传统价值(仁、义、礼、智、信)的肯定和发扬,正是这种大众心理积淀的反映。

寄情、寓意、明理在通俗文学中不是完全对等的呈现。一般来说,寄情方面大多比较突出,而寓意相对来看不是那么深刻,明理有时也显得较为浅薄,不过它们都是通俗文学具有的特性。寄情关系到作品的可读性,寓意可以使得作品增添意蕴,而明理则使作品有着文化上的深刻性。三者中任何一方面的匮乏都会直接影响作品的价值。

2. 文本类型角度:镜、灯、梦

从读者接受角度看,通俗文学具有镜、灯、梦三种类型。镜和灯的隐喻取自美国文论家 M.H. 艾布拉姆斯的著作《镜与灯》,该书分别以镜和灯来比拟侧重逼真地写实的现实主义和侧重自我表现的浪漫主义这两种不同的创作倾向。

首先,与镜子的反射外界功能相应,金庸、梁羽生、高阳的通俗作品具有坚实的历史根基与史实依托,体现出现实主义文学那种突出的再现性与逼真性。

其次,与灯的放射自我的功能相应,通俗文学往往寄托作者的生活理想,体现为主观理想的演绎。其题材总是贴近日常生活,强调与大众的亲和与平等,情感越是朴实、真挚,就越能得到大众的认可。创作者比较偏爱选择富有浪漫、传奇色彩的素材,擅长表现爱情相思、悲欢离合,巧设悬念,讲究包装,让人物的曲折命运按"情"的轴心转动,借以唤醒读者、观众的人生体验。故事模式化、主题日常化、情节传奇化、人物性格类型化,但是吸引力强。例如三毛在《哭泣的骆驼》《撒哈拉的故事》等作品中描述了她与荷西在仙境般的人间相依为命、忠贞不渝的爱情神话,常博得少男少女的共鸣。

最后,通俗文学在一定意义上还是梦,即个人潜意识欲望的表达。这样的梦境往往比较切合大众的被压抑的欲望。由于接近大众生活,这样的心理欲望就不是那么高远,仿佛触手可及。这种肉体与情感欲望的书写,没有一种体系化的意识形态作为基本支撑,显得只是片段化的,在不同作品中甚至可能出现矛盾,这也与大众本身的复杂性和多层次性有关。

3. 阐释角度:浅尝辄止与由浅至深

读者如何去阐释通俗文学?从理论上说,文学艺术活动应包括三层次:一是艺术家的创作活动,它是艺术产生的原始起点;二是广大受众的接受活动,它是艺术得以确证和实现其价值的逻辑终结;三是联系创作与接受的活动,这一活动可能涉及的范围很广,广义上甚至可以包括艺术品的出版、发行等活动。这些活动本身无"艺术性",它是一定作品完成艺术活动的途径。从上述第二个层次来看,读者对通俗文学作品的阐释和接受具有其特殊的规律。

通俗文学的阐释,应不同于经典文学的阅读中那种已经形成的规范化模式,仿佛一般读者总是需要由专家加以点拨才能正确、深刻地领会作品内涵。正如美国学者苏珊·桑塔格在《反对阐释》中所说的,我们不需要那帮教授、批评家来告诉我们文学的意义究竟是什么，也不需要他们无休无止地来解释一部作品。她认为，我们不需要解释文学，而需要去体验文学；我们需要的是新的经验，文学应该给我们带来新的经验。她这番表白主要是为后现代艺术进行张目、辩解，不过对于流行艺术来看也完全适用。通俗文学制造的娱乐，其着眼点不在于改变人生，而在于追求精神的轻松与快感。如同高雅文学的震惊与启迪效应，通俗文学通过制造悬念来引发情绪的刺激，对于刺激的追求消解了作品的所谓"深度模式"。

这样，通俗文学的阐释往往有两种情形：一种是浅尝辄止，另一种是由浅至深。浅尝辄止是指对于通俗文学的意义的浅表阅读与阐释，例如，读者对于汪国真诗歌的接受，则属于浅尝辄止的情形。他的诗歌语言直白通俗，或表达一种情绪、一种感受、一种浅显的体验。由浅至深是指对于通俗文学的意义的由浅表到深层的反复品评过程。为读者大众所喜闻乐见、百读不厌的通俗文学作品中，有一些作品需要一个由浅至深的阅读过程。例如，《三国演义》《西游记》《水浒传》等中国古代名著脍炙人口，至今畅销不衰。它们从口头流传到文人的整理创作，经过了较长的历史过程，至今仍不失其顽强的文学生命力。一些流行的畅销作品也具有长久的魅力，例如《魂断蓝桥》《廊桥遗梦》等作品，经历了时间的淘洗与人们感情的过滤，依然常读常新，意趣盎然。《魂断蓝桥》前半部分，展示热烈奔放而又优雅脱俗的爱情，后半部分爱情几经曲折，终至情毁人亡。前后对照，哀婉凄绝，催人泪下，更添伤感。这属于接受上由浅至深的情况。

浅尝辄止与由浅至深，哪种情形为主呢？通俗文学要求满足大众的阅读口味，而大众作为一种多数人的群体，常常喜爱那种可以不费多少思索就可把握的读物。这样，通俗文学在其主调上就预设了浅尝辄止这一读者类型。不过，通俗文学中的一部分还是可能表达或者被读者或批评家灌注比较复杂、隐晦、深刻的意义的。不愿意深究的读者完全可以只在字面上阅读，这也可以带来阅读乐趣；而愿意深入探求的读者则又可以从中看出另外的东西，达成由浅至深的效果。因此，虽然浅尝辄止是通俗文学接受的主要类型，但由浅至深的阅读在通俗文学也是可能的。

### 三、通俗文学的文化意义

通俗文学不仅具有愉心悦神的功能，而且日益成为市民阶层的公共文化空间，具有不容置疑的文化意义。它以其独特的美学特征、题材内容、表现功能等，同高雅文学形成互动关系，成为建构"大文学史"必不可少的组成部分。

1. 通俗文学与高雅文学的互动

通俗文学往往与高雅文学形成互动关系。一方面，民间俗文学为文人雅文学提供新的活力；另一方面，文人雅文学通过不断地接纳俗文学，既丰富自身又起到化俗为雅的作用。

从根源看,俗文学是一切文学,包括雅文学的母体。最初的文学不管艺术价值高下,还没有被纳入文学的专门的评价体制中,从而处于"俗"的范围。所谓雅俗分野,其实是后来现代学术体制加以等级划分的结果。我国文学史上很早就产生了民歌。这些地道的俗文学在《诗经》中有大量的记载和生动的体现。当时的文人模仿民歌创作,于是有了"雅""颂"之类的作品。两汉及南北朝的乐府诗、六朝的志怪小说、宋代话本,以及数量众多的明清历史演义、英雄传奇类小说,大多来自民间,经文人的修改、加工和重新创作,得以跻身"雅文学"的宝库中。还有一些作品,在最初问世时被看成通俗作品,后来由于批评家的阐释和整体文学氛围的变化,就成为雅文学甚至其中的经典。如明代作家冯梦龙"三言"中的许多篇目,其实是以通俗文学的面貌呈现的。

可见,在中国文学发展的历史长河中,通俗文学与高雅文学之间是互相影响的。从彼此疏离走向互补与合流,也是文学发展的重要途径之一。同时,高雅文学如何应对通俗文学迅猛发展造成的冲击,通俗文学如何将高雅文学对审美境界、终极价值的追求化为己有,也是雅、俗文学走向借鉴与融合的必然选择。其具体表现是多方面的,主要体现为俗文学与雅文学之间的相互借鉴与吸收。一些通俗文学吸收了高雅文学的某些技法,例如琼瑶言情小说对古典诗词的借鉴,古龙武侠小说对海明威语言风格的借鉴,《罗兰小语》对泰戈尔、纪伯伦文体的借鉴等。而雅文学作家的创作,也多采用"寓雅于俗"的方法。表象的俗与内蕴的雅可以达到一定的和谐。不同层次的读者都可以从作品中得到自己所理解的鉴赏的满足。有论者指出,先锋派作家余华的《鲜血梅花》是这方面颇有影响的作品。它采用了传统的武侠小说的人物塑造与情节模式,叙述了一个扑朔迷离的"为父报仇"的故事,表达了人在命运面前难以实现既定的愿望,有时往往还会阴差阳错、适得其反的富有哲理意味的主题。

在这种相互借鉴与吸收中,雅与俗的界限模糊了,拓展出一种新的雅俗互渗的小说美学境界。这种雅俗互渗主要有两种表现方式。第一,化俗为雅,即把俗文学因子纳入雅文学中。出于广告效果的考虑,纯文学作者往往故意对俗文学常有的性、暴力等进行渲染。不少先锋派作家也追求通俗小说常见的奇险怪异、荒诞不经的故事情节,如苏童的《妻妾成群》。俗文学对雅文学的渗透使得雅文学更接近大众狂欢与民间体验,具有回到大地的泥土味。第二,化雅为俗,即把雅文学因子纳入俗文学中。中国古代通俗小说本来偏重于设计曲折起伏、引人入胜的故事情节,有的作品大量运用雅文学特有的心理描写、情景描写,挖掘并探索人物内心世界的灵魂深度。从20世纪20年代到40年代,可以看到中国的通俗小说从传统的"章回体"演变为现代小说,这一变迁体现了雅文学对通俗文学的渗透。五四时期的雅俗之辨首先反映在语言的文言文与白话文的分歧,前者似乎天生就代表着古雅、渊博与教养,后者似乎意味着浅白、通俗与鄙陋。但是,启蒙精神的注入使白话小说拉开现代中国新文化的序幕,开启民智成为精英知识分子的时代使命。金庸的小说作为通俗小说中的武侠小说的类型代表,其作品蕴含的深刻意蕴成为学院专家反复探讨的学术命题,很难简单指认金庸作品就一定是快餐意义上的通俗文学,实际上随着时间流逝它已经成了公认的文学经典。

在世界文学的演进中,也同样存在过雅文学与俗文学从疏离走向合流的现象。一方面,雅文学的前沿探索成果往往迅速为俗文学所借鉴,以提高其艺术品位。另一方面,俗文学的某些表现方法和艺术手段也能迅速被雅文学吸取,以增强其可读性和读者影响力。另外,在不同社会的背景下,在不同的历史发展阶段,雅与俗常常出现合流以至转换的情况。如19世纪美国最畅销的小说《汤姆叔叔的小屋》(作者斯托夫人),一开始以通俗小说面貌出现,后来逐步登上雅文学殿堂。又如约瑟夫·海勒的《第二十二条军规》,在美国一直被视为俗文学创作,而在其他许多国家的世界文学史教程中,却往往被纳入雅文学范畴。而小说《教父》《飘》《麦田里的守望者》《哈利·波特》中,雅俗的对立逐渐消融,二者在主题、技巧、风格上的互渗、对话使小说本身成为无法简单区分的美学形态。

文学中雅、俗的区分和甄别不是只在文学自身范围内就可以完成的,还应该联系到文化的范围尤其是文化交往过程来认识。日本学者桑原武夫就日本文学与西方文学、西方文化的关系有一番考察:"无论是《包法利夫人》还是《恶之花》,在本国都曾被作为伤风败俗的东西加以讨伐,这个事实竟有很多人不知道。于是,人们毫无抵触地把这种作品作为先进国家最新流行的先进文学来接受了。"[①] 在作为作品原产地的法国,《包法利夫人》曾被作为"外遇"题材的通俗文学来看待,后来才认识到作品包含了市民个人生活与命运之间关系的严肃议题,这种认识的变化导致对作品有不同定位。可是在另外的国家和文化中,当这部作品被翻译后,至少在最初的印象上,"外遇"毕竟还是给读者以强烈印象的,而法国的文化优势地位又使得读者不能轻易怀疑作品的高度价值,于是本来意义上不能登大雅之堂的"外遇"就有了文化方面的正当性。这里,《包法利夫人》在法国文学进程中由俗向雅的雅化过程与作品释义的变迁紧密相连,而在被其他国家翻译时则没有经历这种变迁,于是也就可以对其他国家的社会伦理秩序产生某种触动作用。总之,雅俗的产生与阶级、趣味、世俗、启蒙等社会条件密切相关,在历史发展中随着制约因素的变化而变化,要寻找一个绝对而抽象的界定是很难的。不同历史时期的雅俗观,反映了人们审美趣味的历史变迁,交织着高雅与世俗、精英与草根、先锋与陈套、救赎与放逐、英雄与凡人、文言与白话等概

---

① [日]桑原武夫:《文学序说》,孙歌译,生活·读书·新知三联书店1991年版,第180页。

念的争论。

２. 建构完整的"大文学史"

通俗文学研究可以为文学史编撰提供有价值的启迪。由于历史偏见与误解，通俗文学研究曾经长期不被重视。随着近些年来近现代通俗文学研究的不断突破与大众文化的迅猛发展，通俗文学为文学史研究提出了新的课题，对旧式的文学史模式也提出严峻的挑战。这涉及文学这门学科的性质、研究对象及范围等一系列新问题。美国学者海登·怀特表达了这类见解："历史研究的每一种方法都预设某种模式来解释它的研究客体，其简单的原因是，既然历史包括'过去'发生的一切，它就需要某种可比的第三者，以此区分什么是'历史的'，什么不是'历史的'，此外还区分在这个'过去'的范围里什么是'有意义的'，什么是相对无意义的。"① 是否将通俗文学纳入文学史研究领域，这当然会对通俗文学的研究产生直接影响，虽然这并不会对作家创作的积极性和读者的阅读取向有多大作用。反过来看，漠视通俗文学的存在也是文学史研究自身的盲区和损失。

对通俗文学的重视将为文学史的研究提供有价值的话题。第一，从文化价值观念看，通俗文学的风格以俚俗、直白、泼辣、放浪的市井气息著称，表达普通百姓的日常欲望，而高雅文学或者严肃文学、精英文学则庄重节制、深刻含蓄。通俗文学看重文艺的欣赏价值和娱乐功能，以及功利化的市场回报。这意味着市民文化对传统文学中儒家"文以载道"的正统文艺观加以质疑或否定。这体现了不同社会阶层与民众在审美趣味、文化权力方面的角逐，底层大众自然而然进行自我文化表达，在经济诉求的前提下追求个性解放与精神自由。第二，从历史价值看，通俗文学作品并非只是茶余饭后的"消遣品"，也从不同角度和方面反映中国社会的文化、社会现实，深刻地揭示底层社会的真实状况与人性的本来面目，具有一定的认识作用和文献资料价值。第三，从历史的完整性看，通俗文学可以弥补中国现代文学史写作中的片面性，丰富现代文学史的内涵。第四，通俗文学研究还可以和国际文学研究相联系，具有促进中外文学研究对话的价值。通过开展针对中国通俗文学现状的研究，可以从中国角度对当代世界大众文化理论加以丰富。高雅文学与通俗文学在一个时代整体的文化生态中是互补与对话的关系，满足不同读者多元化、多层次的需求，不同趣味的作品的读者也并无绝对的高尚与低劣之分。总之，二者并非天然对立的，其目的是殊途同归的，在今天纸质媒体逐渐边缘化，以网络为主的电子媒体成为日常阅读的主导的时代背景下，一般的读者对文化产品的选择以愉悦精神为目的，而很少先入为主去甄

---

① ［美］海登·怀特：《新历史主义：一则评论》，王逢振、盛宁、李自修编：《最新西方文论选》，漓江出版社1991年版，第499页。

别文学的雅俗之别。

将通俗文学引入文学史研究的讨论在学术界由来已久,这种引入有可能最终将这一领域整合进我国文学史的范畴,建立一种大文学史观,以便使我们的文学史反映更丰富、更完整、更符合历史的文学实际。就以学界褒贬不一的新武侠小说家金庸来说。有学者在《二十世纪中国文学大师文库·小说卷》中指出:"20世纪中国小说史不能没有金庸。没有金庸的这种小说史是存在的,但必定是残缺不全的。通俗武侠一向不登大雅之堂。但把它写得如此充满'文化'意味,既俗且雅,使俗人在激荡中提升,又令雅者不仅不觉掉价而且也被深深熏染,并津津乐道,金庸不能不说是前无古人的第一家。既是中国现代武侠小说中开辟新纪元的第一家,也是迄今在这一领域尚无人超过的第一家。"① 尽管对具体的通俗文学作家作品如何评价难免有争议,但通俗文学的文学史意义本身是不应该被忽略的。

### 四、通俗文学的媒体形态

从当前大众文化的发展态势看通俗文学,可以更真切地发现通俗文学与大众媒介、商品社会的联系。通俗文学的媒体表现形态是多样的,可以是纸页文本方式,也可以是传统的说书方式,还可以是通过电台传播的广播剧、连播小说以及互联网上的网络文学、手机传播的短信文学等。这里主要探讨报刊、书籍以及网络这种印刷与电子文本的传达方式,它的特点是采取社会化、集约化、规模化、大量复制的生产方式。

1. 报纸和杂志

现代意义的报纸在其主要职能新闻报道与评论之外,还有一项不可缺少的娱乐或休闲职能。在晚报、早报、休闲类报纸上登载或连载的通俗文学,往往可以持续地吸引读者的注意力,令其欲罢不能,从而维持报纸的销量。这种经由报纸发表的文学,使得作者和读者之间的互动更为强烈。读者把自己阅读的意见反馈给作者,有可能促使作者改变自己原初的创作设想。

杂志或刊物出现的时间不长,仅近代以后才问世。但它的影响力和声望迅速增长。这里有两个重要原因:一是杂志的出版周期比书籍短,具有反应及时的能力,而这种及时性在面对学科问题和社会问题时都是重要的;二是与书籍往往是一个作者的产品、表达一个作者的意志不同,杂志要刊发多篇不同作者的文章,相当于一个印刷物的论坛,而论坛是讲究沟通和对话的,这为现代社会公共交往圈的建立提供了媒体条件。同时,对定期出版的刊物,长期订户或经常借阅者,就像是等待约会一样期盼着下期刊物的到来,这种期盼可以预期,比书籍更

---

① 王一川主编:《二十世纪中国文学大师文库·小说卷》上册,海南出版社1994年版,第304页。

有一种亲近感。

目前主要的通俗文学报刊有上海的《上海采风》、江苏的《乡土》、甘肃的《读者》等，还有一些党报、晚报、早报、都市报、专业性报纸以及周末版都纷纷辟有"连载"专栏，如《文汇报》《南国早报》《南方周末》《南国都市报》《三湘都市报》《法治日报》等。中国当代通俗文学期刊的发展与大众媒体的变迁密切相关，二十世纪八九十年代的阅读方式以纸媒为主，《今古传奇》《章回小说》《故事会》等杂志，年销量最高者达300万册。21世纪以来，读者趣味向小众化、个性化、差异性方向发展，网络成为通俗文学创作与接受的主要平台。单本通俗文学纸媒刊物年销量超过10万册者寥寥无几，而依托网络而生的电子刊物成几何级数迅猛增长。办出精品是当代通俗文学报刊的发展趋势与必然选择，通常的办法是抓好选题、加大投入、精雕细琢、集束推出。"读者意识"也是每一份通俗文学报刊不可忽视的问题。"读者意识"也随时代变化，有些曾经红极一时的题材，过几年也许就少有人问津。

2. 畅销书

畅销书是根据销量作出的命名，即销售通畅、销量巨大的书籍。它是商品经济发展的产物，是图书中根据市场定位而呈现的一个特殊的类别。畅销书由于能产生巨大的社会影响和可观的经济效益，因此在市场经济条件下成为出版部门的拳头产品。面对激烈的市场竞争，出版人往往会顺应文化市场潮流，主动加强图书的策划，出版迎合读者阅读趣味的畅销书，以期真正立足于图书市场。近一二十年来，畅销书作家主要有金庸、余秋雨、贾平凹、二月河、海岩、刘墉、蔡智恒、唐浩明、卫慧、韩寒等。在一定的社会历史时期，畅销书是人们精神需求的晴雨表。因而畅销书的历史也可称为心态史。以消遣、娱乐为特征的通俗文学畅销书所反映的内容虽然不一定符合主流文化的要求，却满足了都市有闲阶层和市民阶层的阅读需求，因而有其强劲的生命力。

3. 网络文学

一种新兴的文学类型——网络文学借助信息技术的平台成为文学新宠。计算机技术为科幻小说中虚拟世界的构造提供了无限可能的条件，网络成为现实与虚拟世界连接的中介。例如，《三体》三部曲借助网络电波、网络游戏、网络脉冲等技术叙述了人类社会与三体世界之间的转换与沟通。吴岩的《鼠标垫》与星河的《决斗在网络》等小说也建立在网络虚拟世界的叙事基础之上。目前中国的网络文学成功走向了世界文学市场，例如热门的玄幻、悬疑、穿越、宫斗等题材，体现了中国文学传统与现代、科技与人文、历史与未来的审美想象与价值观念。继续促进网络文学的良性发展将有利于增强中华文明传播力与影响力。我们应该立足中华优秀文化的价值立场，提炼并展示中国文学的精神标识和文化精髓，从而讲好中国故事、传播好中国文化，展现一个可亲、可爱、可感、可敬的

## 五、畅销书及其个案

畅销书并非可遇而不可求,在今天已成为出版部门的一种主动策划。虽然这种策划不能保证推出的书一定畅销,但是毕竟还是使得畅销书的出现概率有所增加。这种对畅销书的策划,包括选题、读者定位、书籍装帧、价格定位、销售渠道以及在出版前后进行批评、宣传等炒作手段,可以有效地提高该书的知名度。这都是畅销书得以产生的重要原因。

### 1. 金庸笔下的武侠世界

有人曾把金庸所创作的十四部小说名称的首字连成一副对联:飞雪连天射白鹿,笑书神侠倚碧鸳。他的新武侠小说创造了文学书籍畅销的神话,自从20世纪50年代以来,广泛传播于华人阅读圈。凡有华人之处,必有"金迷"。侠义精神是武侠小说的首要主题。金庸说:"武侠小说一定要讲正义、公正,一定要是非分明,要好人经常击败坏人;正面人物一定不可说谎,不可忘恩负义,不可对不起朋友,必定要有情有义,不可凶暴残酷,奸诈毒辣,故事在不知不觉之中极强烈地肯定了中国人的传统美德。"[1] 中国古人历来有珍视侠义的传统,表现为扶危济困、除暴安良、见义勇为、替天行道。大而言之为国为民奋不顾身,小而言之忠于友谊平等待人。"中国人所说的'侠',确是有很重要的友情成分。'侠'必与'义气'有关。"[2] "不管《三国演义》还是《水浒传》也都强调:不但讲'友谊',还讲'义气',友谊主要源自感情,义气则包含了理智的判断。即使和一人感情并不深厚,但为了'应当这样做才合道理',往往会作出重大牺牲,那就是所谓'义气'。"[3]《射雕英雄传》中的郭靖是一个践行义气的典型。他不为异国的荣华富贵所动。毅然南归之后,他为了抗击侵略而英勇捐躯。他在大是大非面前勇于取舍,无怨无悔。在处理与杨康的私人关系上,他对义气近乎顽固的坚持似乎显得有些过分,但这正从另外一个方面反映了郭靖作为"结义之兄"对于管教"不义之弟"这一责任的勇敢担当。重义轻利、信守诺言、舍生取义的人还有《书剑恩仇录》中的周仲英、《倚天屠龙记》中的张翠山、《天龙八部》中的萧峰、《雪山飞狐》中的胡斐等。金庸的新武侠小说既有儒、道、释等传统文化底蕴,又有民主、平等、宽容等现代文明品质。它根植于中国文明传统与中国人的接受心理,又具有普

---

[1] 金庸、[日]池田大作:《探求一个灿烂的世纪——金庸/池田大作对话录》,北京大学出版社1998年版,第126页。

[2] 金庸、[日]池田大作:《探求一个灿烂的世纪——金庸/池田大作对话录》,北京大学出版社1998年版,第268页。

[3] 金庸、[日]池田大作:《探求一个灿烂的世纪——金庸/池田大作对话录》,北京大学出版社1998年版,第141页。

遍的精神价值。从表层看,金庸笔下的武侠世界满足了读者的日常娱乐需要;从深层看,它是寄托着大众愿望的乌托邦想象。

2. J. K. 罗琳的魔幻小说

英国当代著名的畅销小说家J. K.罗琳自1997年以来创作了脍炙人口的"哈利·波特系列"小说,跨越年龄、国界与民族的魔幻故事取得了巨大的市场反响。根据原作所拍摄的电影也创造了一个个票房神话。哈利·波特这个故事人物也成为一个近千亿美元的文化产业品牌。

"哈利·波特系列"作品之所以雅俗共赏、老少咸宜,与其神秘性的魔幻色彩直接有关。故事的情节营造了一种引人入胜的游戏情境,使读者被压抑的幻想得以释放。激烈的巫术争斗、神奇的智慧生物、奇妙的魔法变幻,组成了一个变幻莫测的"魔法世界"。J. K. 罗琳采用变形、夸张、荒诞、魔幻、幽默等创作手法,制造出非逻辑性、非物性的艺术效果;设置紧张刺激、环环相扣的悬念,使作品充满惊险、怪诞、神奇的阅读氛围。各种虚构的险情往往使主人公处于一种千钧一发、惊心动魄的危险境地,最终的结果却又是化险为夷,极大地满足了读者猎奇、探险的阅读期待。读者往往欲罢不能,一口气读完之后大呼过瘾。收放自如、波澜起伏、高潮不断的故事情节,叙述着人物丰富的性格和曲折的命运。例如,哈利一出场就扣人心弦,他幼小时父母被黑巫师伏地魔杀害,脑门上留下一块闪电形的伤疤,这个情节设置了叙事的悬念。在人物形象的塑造方面,作品通过叙述哈利·波特战胜以伏地魔为代表的邪恶势力,歌颂了惩恶扬善的英雄主义气概与疾恶如仇的正义精神,塑造了主人公超人的勇气、顽强的意志与百折不挠的精神气质。哈利·波特具有圆形人物的丰富性与复杂性,虽然这部作品贯穿着通俗文学正邪较量的惯例,遵循着善恶分明的原则,但是并没有落入简单的俗套之中。善良的巫师也会牺牲,邪恶的巫师却能苟活,故事人物有生有死,魔法对死亡也回天无力。《哈利·波特》的叙事结构和故事体系,运用了推理小说的设置悬念的写作技巧,体现了英国奇幻文学的传统叙事模式。读者既能体验惊险刺激的魔幻冒险,又能轻松怡然地享受阅读的乐趣。

## 本章小结

通俗文学在功能上,是一种游戏性的娱乐文化;在生产方式上,是一种由文化工业生产的文化商品;在传播方式上,它依托快速便捷的现代媒介;在接受群体上,它是一种全民性的大众文学。通俗文学在当今社会中不仅仅是作家赚取利润的手段,同时还具有不可替代的社会认识价值与平衡文化生态的功能。对通俗文学的辩证认识应该建立在对文学观念与文学功能的现实认知之上。以消遣、休闲为目的的阅读趣味具有一定的正当性,以消解心理紧张和内在焦虑为目的的审美功能具有健康的心理作用,千百年传承下来的通俗文学趣味与欣赏习惯应该得到尊重。但是,应该警惕的是,通俗文学所轻易允诺的感官愉悦会片面地代替文学整体,从而使这种愉悦成为现实欲望的一种虚假满足。同时,它与商业利润、既成权力关系的相互依存,给我们的文化发展、社会进步和美学理想的追求也会带来一定的负面影响。我们既不应该把对严肃文学的文化要求强加给通俗文学,也不能简单地对通俗文学实际存在的负面效应视而不见,而是要进行冷静的甄别和分析,批评其中的不健康的倾向,注重发掘其中具有文化意义的韵味。我们还可以展开通俗文学和高雅文学之间的对比研究和某种程度的沟通对话,反对以媚俗为荣,应以人文理想为终极价值,而不是以商业利润为最高标准。通俗文学作为精神产品,其内涵应该体现"物质文明和精神文明相协调"的原则,以"丰富人民精神世界"为目标,使民众的精神世界更加充实、精神境界不断提升,构建中国式现代化国家的诗意化存在与和美幸福的精神家园。文学作为"精神家园",既是精神寄托又是文化发展的力量之源。坚持以人民为中心的创作导向,以社会主义核心价值观引领文学家园的建设,从而促进通俗文学发展与文化建设的统一,书写全球化时代中国人新的思想观念与精神面貌。

## 思考与练习

1. 通俗文学的含义是什么?
2. 结合作品谈谈通俗文学的特征。
3. 从文本内容看,通俗文学的主要类型有哪些?
4. 从读者接受角度,试对阅读过的通俗文学作品进行类型划分。
5. 通俗文学与高雅文学的互动关系对于文学创作的突破具有什么实践意义?
6. "大文学史"的写作如何包容通俗文学?
7. 以自己熟悉的报纸、杂志为例,评价其品位与类型。
8. 怎样正确看待畅销书?

# 第七章

# 视觉文化

从前面讨论的电影文化、电视文化、网络文化、流行音乐和通俗文学等现象中已可见出,当代大众文化正越来越注重视觉形象和视觉效果,因此出现了必须用视觉文化去概括和探讨的东西。本章将着重分析大众文化领域内的视觉文化现象,依次介绍视觉文化的定义及兴起、视觉文化研究的演变、视觉化与视觉凸显性、影像场景与身份的多元认同性以及视觉文化意义生成的文化规约性。

## 一、视觉文化的定义及兴起

本章将要论述的视觉文化,也作图像文化,是指大众文化的一种以视觉呈现或图像形态为主的形态,它是主要运用现代视觉相似性符码进行文化表征活动的大众文化形态。

视觉与人类文化一直存在着密切的关系。视觉图像是人类重要的文化表征符号之一,从远古时代的图腾图像,到绘画、雕刻、建筑等"美的"图像,到现代印刷术、摄影术提供的"可技术复制的"图像,到数字多媒体技术提供的"虚拟图像"(virtual image),各种各样的"视觉图像"一直是人类表情达意的重要媒介。广义的视觉文化包括所有这些以视觉图像为主导符码的文化形态。大众文化领域内的视觉文化,则与现代高度发达的视像技术带来的日常生活的"视觉化"密切相关。美国当代学者尼古拉斯·米尔佐夫指出:"新的视觉文化最惊人的特征之一是它越来越趋于把那些本身并非视觉性的东西予以视觉化。与这一运动相伴而来的是不断发展的技术能力,它使我们能够借助外部器械设备看见原本看不见的东西。"[①] 米尔佐夫所谓的"新的视觉文化"指的就是现代视像技术创造的视觉文化形态,其形成有赖于现代摄影术、电子成像技术以及数码成像技术等的发展。米尔佐夫认为,现代视像技术不仅通过方便快捷的成像功能实现了"视觉图像"的大众化、普及化,而且通过增强人类的天然视力,把原本非视觉性或

---

① [美]尼古拉斯·米尔佐夫:《视觉文化导论》,倪伟译,江苏人民出版社2006年版,第5页。

不可见的对象也变成可视对象了。照片、电影、电视、互联网等在当代日常生活中的普及，使得视觉图像成为深刻影响当代大众日常文化表征的重要符码，视觉化就这样成为当代文化的重要特征。

当下日常生活中的信息交流范式，已经发生了可视化的结构性转变。如此，现代视觉相似性符码成了人们日常生活中不可或缺的主导符码媒介。按照皮尔斯的符号分类，相似性符码是一种"相似符（likeness）或摹本符，比如雕像、图片、徽章、象形文字，等等。这类再现代替其对象，仅仅是因为它们与其对象具有实际的像似之处，也即二者在某些品格上相一致"[1]。也就是说，相似性符码以其自身与所指对象的相似性品质代替所指对象，成为所代替对象的"像似符"（icon）[2]。当相似性符码的这种相似性品质达到"像似性"（resemblance）程度时，就形成了相似性符码与其所指对象之间的视觉逼真性，或如皮尔斯所谓的"似真性"（versimilitude）。我们当下日常生活中的信息交流活动就充斥着种种"逼真""似真"的视觉相似性符码：日常网上购物时浏览的商品图片；娱乐休闲时间收看的电视节目画面，观看的 3D 电影，手机浏览的各类视频，玩的数字合成电脑游戏；旅游观光时，总不忘拍几张风景照片，观看景区的各种结合了虚拟现实技术 VR（virtual reality）的亦真亦幻的实景演出；网络社交生活中，选用微信头像图，发送或接收微信时选用微信动画表情图，朋友聚会时手机合影拍照，朋友圈中晒的图和自拍照；医疗健康方面，医疗诊断离不开与各种可视化技术打交道，动脉造影、胃肠镜、X 射线胸部透视、核磁共振胶片，而心脑血管方面的微创手术几乎可以视为医疗工作领域中的增强现实技术 AR（augment reality）；学习和工作方面，各种人机互动式的混合现实技术 MR（mixed reality）活跃在各种学习工作场合，虚拟现实技术实验，虚拟现实技术教学，建筑工程领域的各种数字生成模型设计；等等。视觉相似性符码在日常生活信息交流领域的媒介偏向，形成了当下日常生活的可视化或"景观化"[3]，显示着一个视觉文化时代的到来。

现代视觉相似性符码成为视觉文化时代的主导媒介也在无形中改变着人们的视觉感知图式。人们的视觉感知图式并非"天然"如此的"纯粹自然"生理机制，而是生理条件、历史条件、文化条件共同作用下的习得结果。当形成视觉感知图式的条件发生改变时，视觉感知图式就会随之发生改变。这种不可见的视觉感知图式的改变，可以通过人们对视觉"相似性"的判断标准呈现出来。这也就是说，视觉"相似性""似真性""逼真性"是视觉感知图式的结果：符合视

---

[1] ［美］皮尔斯：《皮尔斯：论符号　李斯卡：皮尔斯符号学导论》，赵星植译，四川大学出版社 2014 年版，第 71 页。

[2] ［美］皮尔斯：《皮尔斯：论符号　李斯卡：皮尔斯符号学导论》，赵星植译，四川大学出版社 2014 年版，第 51 页。

[3] ［法］居伊·德波：《景观社会》，张新木译，南京大学出版社 2017 年版，第 3 页。

觉感知图式的可视对象就被视为"相似""逼真",而不符合视觉感知图式的可视对象则被视为"扭曲""变形"。视觉符码的可视化编码机制通过改变可视对象、可视方式、可视行为、可视范围等,不仅激发了人们对视觉"逼真度"的痴迷,同时也在改变着既有的视觉时空感知图式、生成新的视觉感知图式,进而造成视觉感知框架发生转变。

以照片这种现代视觉相似性符码为例。照片是视觉活动瞬间凝固的结果,是一个个时空片段的可视化呈现。看起来是"具体形象"的照片,实际上是一种"抽象编码"的产物。其具体形象的相似性视觉感知效果,正是由模仿视觉感知图式的摄影装置造成的。即使是被认为能自动"记录"可视对象相似性的手机拍照功能,也需要拍摄视角和拍摄视域的选择,包含着自动聚焦的机制。这种选择和聚焦经由自动成像编码程序最终生成的可视对象,必然会呈现出聚焦/背景、前景/景深、中心/边缘的编码结构。由此,这种看似"自动的"程序,其实已经规定着视觉活动对可视对象形状大小、距离远近的感知差异,规定着视觉活动对色彩浓淡、光影明暗、显隐的感知差异。而照片的形状、色彩和构图的感知差异,直接影响视觉体验和感知结果:聚焦瞬间的凝固本身,就是对这一时空片段的优先选择;而形状大小、空间构图造成的中心/边缘结构的感知差异,则呈现着可视化编码机制中无形的"强化/淡化"价值判断等级及其"包容/排除"机制。

稍微"高端"的镜头装置,在可视对象、可视方式、可视行为、可视范围的选择方面,具有更加"专业"的功能。微距摄影通过特制的放大装置,近距离呈现日常生活中难于视觉化呈现的微观对象,卫星摄影把超远距离的宏观现象呈现于眼前,医学造影和内镜装置把不可视不可见的人体内部结构展示为可视化对象。这不仅仅是扩大了视域范围,其中也包含着对"可视/不可视"这种"隐形界限"的拆解和转换,也是对远/近、内/外等感觉/观念机制中蕴含的包容/排除程序的松动和拆解。

作为可视化编码产物的电视直播画面,与现场观众所看到的具体场景也大不相同。现场观众虽然身处球赛现场,但受制于自身的视角和视域限制,无法自由选择观看的角度和远近位置,但电视直播画面的呈现效果却是由多台不同机位的摄像机实时同步拍摄,不仅没有视域盲区和盲点,而且画面的传送还经过了特定的编码和选择,达到了全方位、无死角、可近可远的可视化效果。这种可视化效果显然不是单纯"直播"的结果:特写画面拉近了视觉距离,放大了细节,运动员的动作、表情被时不时地呈现为画面的焦点,成为电视直播输入输出的信息重点或"买点",以至于球赛的过程反而显得无足轻重,而运动员的特写表情或动作细节成为电视观众津津乐道的富有传播意义的"信息"。这种"信息"输入输出的显隐选择正体现着可视化编码运作的包容/排除程序的功能。

延时摄影,把一朵花的绽放、一粒种子的破土发芽、月缺月圆的盈亏变化等过程缩短到以秒为单位的时间展现在眼前，这是"看得见"的时间压缩，带来的是时间节奏感知的改变和对时间意义的重新思考。高速摄影技术可以实时拍摄子弹的高速飞行、竞速运动中运动员的快速奔跑、高速飞行的球的触地瞬间，这是对高速运动的记录，也是对时间节奏的分解和定格。当电视直播通过慢镜头回放展示高速运动中运动员每一瞬间的动作姿态、触球瞬间的动作、球触地瞬间的位置时，无法直观的"高速时间"呈现为清晰可见的时间节奏范式。这种无限可分的空间和时间不仅被编码转换为可视化的视觉对象，而且回放技术也造成了某种时间可逆性感觉，以至于当当场裁判无法准确判断运动员是否手球或出界时，电视机前观看直播的观众会对没有及时出现慢动作回放的镜头而产生强烈的不满。这可以视为可视化编码机制通过改变人们时空感知的视觉图式从而改变其行为方式、情感方式乃至价值判断并最终改变人们生活方式的功能的一个鲜活例证。

凭借普及化的可视化编码及传播机制，无论是在大／小、远／近、内／外等空间视觉感知图式方面，还是在短暂／长久、瞬间／永恒、连续／断裂、可逆／不可逆、快／慢的时间视觉感知图式方面，这些时空范畴之间的界限及背后的时空感知图式的所谓"先天性"或"自然性"被逐渐松动，而这些"界限"和"时空感知图式"的松动和拆解也同时影响着人们现实的视觉感知图式，最终逐渐造成人们的认知框架、情感体验结构、价值判断体系的转换，这一切共同促成了人们日常生活行为方式的变化。现代视觉相似性符码编码程序对视觉感知图式的改变，正是视觉文化研究的动机和理由。

这样，当代大众文化的视觉化或视觉文化兴起的原因，可以从如下三个方面去理解：第一，现代大众传播媒介日益采用现代视觉相似性符码作为主导符码，使其开始取代文字而成为霸权符码，这就造成了信息传播环境的高度视觉化；第二，原来非视觉性的东西被越来越多地视觉化，运用可视化技术去传达，从而导致对视觉相似性符码的高度依赖；第三，这种高度视觉化的信息传播环境甚至塑造了视觉化主体，通过改变可视对象、可视方式、可视范围使得人们的视觉感知图式发生转变，最终逐渐造成人们的认知框架、情感体验结构、价值判断体系的转换，其结果就是新的视觉文化的出现。

简要地看，现代视觉文化的兴起经历了三个阶段或步骤。

第一，现代摄影术开启了视觉相似性符码的机械制作和复制时代，为现代文化的视觉化提供了最初的技术保证。本雅明在《机械复制时代的艺术作品》中，通过比较"照片""电影"与"绘画"之间在生产方式、接受效果方面存在的差异，分析了现代摄影术对传统视觉艺术体制造成的冲击。[①] 现代摄影术借助

---

① 参见［德］瓦尔特·本雅明：《机械复制时代的艺术作品》，王才勇译，中国城市出版社2001年版，第82—83页。

化学感光成像技术,彻底改变了传统手工绘制图像的生产方式,它通过降低照片制作的难度造成了这种现代视觉相似性符码在日常生活中的普及。人们凭借照相机、摄影机可以轻松便捷地获取照片,一张"摄影底片"可以进行无数次的"机械复制",视觉相似性符码的生成和传播都超越了手工绘制时代的时空限制,为生活世界的"视像化"提供了最初的技术条件。

第二,电子视听传播技术的发展,使现代文化的视觉化迈出了新步伐,塑造出电子媒介时代的"视觉化主体"。机械复制技术尽管扩大了视觉相似性符码的日常应用,但还没有完全克服传播的时空限制。现代大众传播技术尤其是电子媒介的出现解决了这一问题,作为电子传播媒介的代表,电视凭借电子视听技术超越了以文字符码为主导的"印刷媒介"时代,把人们带入一个以视听符码为主导的"电子媒介"时代。随着卫星通信技术的出现,全球范围内视听信息的即时传送成为现实,影视影像这种视觉相似性符码的传输彻底克服了时空限制,全球事件都能够成为各地人们的可视对象。大众传播媒介就这样把世界视觉化了。

第三,数字成像技术代表了视觉文化的第三步,创造了视觉文化的新阶段。数码影像对视觉相似性符码的传统观念提出了新的挑战。无论是手工绘制的绘画,还是机械复制的照片,抑或电子媒介传输的电视画面,这里的视觉相似性符码都是对"所像之物"的视觉再现,这种视觉再现还不能完全摆脱对所再现的现实参照物的依赖。但数码影像不再需要依赖所再现之物,它通过数字编码技术可以随意生成无需依赖原型的视觉相似性符码,通过数字转换技术它还可以随意更改上述依赖原型的视觉相似性符码的视觉效果。数码合成影像的生成不再依赖原型,因此在"像不像原型"的意义上已经不能再称为"像"了,鲍德里亚把数码合成影像称为"仿真"(simulation 又译"类像"):"我们处在现代意义上的仿真中,工业化只是这种仿真的初级形式。"① "仿真"是数字成像时代的视觉相似性符码,它的生成完全依赖数字编码模式,现实在这种编码模式中都转换成建立在 0 和 1 之间的差异基础上的无限再组合。鲍德里亚声称:"这就是第三级仿象,即我们的仿象;这就是'只有 0 和 1 的二进制系统那神秘的优美',所有生物都来源于此;这就是符号的地位,这种地位也是意指的终结:这就是脱氧核糖核酸或操作仿真。"② 当世界从微观到宏观、从无机物到有机物、从最初级的生命形式到人类的遗传基因都被还原为"0 和 1"的无限组合变换时,"0 和 1"的无限组合变换也成了数字时代的视觉相似性符码的生成和复制原则。鲍德里亚进一步宣称,数字编码成为主导原则的时代,必然导致"超真实"的"仿真"的统治:"从

---

① [法]让·波德里亚(又译鲍德里亚):《象征交换与死亡》,车槿山译,译林出版社 2006 年版,第 78 页。

② [法]让·波德里亚:《象征交换与死亡》,车槿山译,译林出版社 2006 年版,第 81—82 页。

今往后,是地图先于领土——影像优先——是地图生产着领土。"① "地图生产着领土"意味着"影像生成现实",数码成像技术最终颠倒了现实与其视觉相似性符码之间的参照关系,数码仿真世界成为现实世界的参照。鲍德里亚对"数码仿真"这种视觉相似性符码的阐释尽管不乏耸人听闻之嫌,但也并非故作惊人之论,数码仿真构成的电脑游戏和网络空间,其实正是这种"超真实"的虚拟真实的初级形态,沉迷其中的人们不正是颠倒了现实世界与虚拟真实之间的真幻关系吗?鲍德里亚对数码仿真及其文化功能的分析,正可以引发人们对当代大众文化领域的视觉化趋向的深刻思考。

## 二、视觉文化研究的演变

视觉文化随着视觉相似性符码在大众生活中的日益普及而迅速崛起,这种现象也立即引发了理论家们的关注和研究。视觉文化研究主要关注当代大众文化领域内的各种视觉相似性符码的特征,分析这些大众视觉相似性符码的意指方式,阐释它们在当代大众日常生活中的文化表意功能,是对大众文化领域内的各种视觉相似性符码的文化表征功能的研究。

在《机械复制时代的艺术作品》中,本雅明从照片的制作方式入手,从四个方面指出"机械复制"的照片与手工制作的绘画之间存在的差异以及由此带来的视觉艺术观的一系列变化。第一,灵韵及其丧失。传统艺术是"灵韵"的艺术,这种"灵韵"源自"本真性",即它诞生时独一无二的即时即地性和存在的历史过程,而技术复制艺术则缺乏这种"灵韵",因此也就不存在原作对复制品的权威地位。原作可以被大量复制,这有助于实现艺术的民主化、普及化功能。第二,膜拜与展示。传统艺术起源于礼仪——巫术礼仪或宗教礼仪,它以"膜拜价值"为社会功能。而技术复制艺术则是用世俗方式表达"尘世的美",把艺术从对礼仪的寄生中解放出来,其社会功能是"展示"。第三,美的自主性及其失落。传统艺术是本身具有审美自主性的"美的艺术",而技术复制失落了这种审美自主性。第四,静观与消遣。对传统艺术的接受依赖于"凝神专注"方式,接受者通过他的联想沉入作品中,这是一种个人的审美静观;而技术复制艺术的接受则是"消遣性"接受,接受者面对电影镜头的瞬时性和重复性,无法展开自己的联想和思考,也无法沉入作品,而是沉浸在视觉冲击带来的"震惊"中。本雅明的研究为我们论证了机械复制的照片及电影胶片的艺术特征:展示价值、震惊效果及普及化与民主化功能等。但本雅明的研究围绕艺术范畴展开,依然不免自我拘囿于这一精英话语体系。

美国学者丹尼尔·贝尔把对大众文化的批判置于他提出的"后工业社会"

---

① [法]让·鲍德里亚:《生产之镜》,仰海峰译,中央编译出版社2015年版,第185—186页。

即"消费社会"的理论视域中。他首先指出当代资本主义的发展进入"消费社会"阶段,与之相适应,出现了追求感官愉悦的大众享乐主义意识形态,它注重游玩、娱乐、炫耀和快乐。"享乐主义的世界充斥着时装、摄影、广告、电视和旅行。这是一个虚构的世界,人在其间过着期望的生活,追求即将出现而非现实存在的东西。"① 在这种享乐至上的大众文化中,视觉观念登上了统治地位。"目前居'统治'地位的是视觉观念。声音和景象,尤其是后者,组织了美学,统率了观众。在一个大众社会里,这几乎是不可避免的。"② 这就把视觉相似性符码与消费社会及其享乐主义的意识形态联系起来思考,强调可视化媒介环境与享乐之间的关系"不可避免"。他相信:"当代生活中有两个突出的方面必须强调视觉成分。其一,现代世界是一个城市世界。大城市生活和限定刺激与社交能力的方式,为人们看见和想看见(不是读到和听见)事物提供了大量优越的机会。其二,就是当代倾向的性质,它包括渴望行动(与观照相反)、追求新奇、贪图轰动。而最能满足这些迫切欲望的莫过于艺术中的视觉成分的了。"③ 贝尔由此进一步把文化的可视化与资本主义文化的现代性联系起来思考,提出了当代文化就是视觉文化的论断:"我相信,当代文化正在变成一种视觉文化,而不是一种印刷文化,这是千真万确的事实。这一变革的根源与其说是作为大众传播媒介的电影和电视,不如说是人们在十九世纪中叶开始经历的那种地理和社会的流动以及应运而生的一种新美学。乡村和住宅的封闭空间开始让位于旅游,让位于速度的刺激(由铁路产生的),让位于散步场所、海滨与广场的欢乐,以及在雷诺阿、马奈、修拉和其他印象主义和后印象主义画家作品中出色地描绘过的日常生活类似经验。"④ 这种"新美学",不同于追求永恒价值的传统"静观"美学,这是一种追求瞬时效果的"震惊"美学,它是在近代技术革命造成的时空感知方式发生剧烈变化的基础上形成的一种美学形态。从媒介角度看,由于现代视觉相似性符码比印刷媒介更能迎合文化大众所具有的现代主义冲动,因而就更适合这种"新美学"。贝尔虽然能够对这种"新美学"给予历史的理解,但他视这种"新美学"为享乐主义意识形态,则充分显示出他的批判否定立场。

站在批判精英主义的文化立场上,一些研究者开始了为现代视觉相似性符

---

① [美]丹尼尔·贝尔:《资本主义文化矛盾》,赵一凡、蒲隆、任晓晋译,生活·读书·新知三联书店1989年版,第118页。
② [美]丹尼尔·贝尔:《资本主义文化矛盾》,赵一凡、蒲隆、任晓晋译,生活·读书·新知三联书店1989年版,第154页。
③ [美]丹尼尔·贝尔:《资本主义文化矛盾》,赵一凡、蒲隆、任晓晋译,生活·读书·新知三联书店1989年版,第154页。
④ [美]丹尼尔·贝尔:《资本主义文化矛盾》,赵一凡、蒲隆、任晓晋译,生活·读书·新知三联书店1989年版,第156页。

码正名的论辩。麦克卢汉批判印刷媒介的理性偏向,鼓吹电子媒介具有恢复人的感性能力的功能,成为替视觉文化正名的前奏。法国学者利奥塔在《话语,图形》一书中,批判了索绪尔、拉康、黑格尔、梅洛-庞蒂、弗洛伊德以及其他一些理论家的话语中心主义倾向,反对那种认为文本与话语优于经验、感官及图像的传统看法。取而代之,他主张感官和经验优于抽象物和概念,图像优于文字和话语。他声称,自己是在为"眼睛辩护"①。利奥塔把图像与感性和欲望联系起来,力辩图像符码优于文字符码,意在反抗西方文化的语言中心主义及理性主义传统。他的理论盲点在于忽视了消费主义对图像的商品化使用,而这足以使图像丧失它被期待的颠覆功能。

对视觉文化研究而言,无论是精英主义式的批判否定,还是反精英主义式的颂赞,都不是一种辩证的理论态度。在这方面,英国文化研究学派的理论立场及研究方法,对视觉文化研究不乏可借鉴之处。文化研究学派取消了人们在"高雅文化"与"大众文化"之间设立的价值等级界限。他们不再通过贵贱雅俗的标准理解并判断文化的价值。"文化"被视为一种意义生产的方式:"文化与其说是一组事物(小说与绘画或电视节目与漫画),不如说是一个过程,一组实践。文化首先涉及一个社会或集团的成员间的意义生产和交换,即'意义的给予和获得'。"②"意义生产和交换"是"文化"一词的首要意涵,人们采用何种符码进行意义的生产和交换不能成为决定"文化"价值的标准,不同的符码会造成意义生产和交换的具体方式的不同,但符码本身不能成为衡量文化重要性与否的标准。实际上不论是抽象的文字符码还是可视化符码,都是人类文化表征的媒介,都可以充当人类表情达意的符号,在人类从事"意义生产和交换"的实践中都不可或缺。视觉文化研究应该关注视觉相似性符码的文化表征功能,探讨人们日常生活中的种种观看行为的视觉机制,分析照片、电影、电视、网络这些视觉文化形态的符码表征策略,阐释大众视觉行为的文化意义。英国文化研究学派的新一代代表人物斯图尔特·霍尔主编的《表征——文化表象与意指实践》一书所收论文,可以视为以辩证的态度进行视觉文化研究的经典范例。

## 三、视觉化与视觉凸显性

当代大众媒介在种种技术成像方式的支持下,在我们的日常生活中制造了无处不在的视觉符号和视觉性事件,把当代生活环境充分"视觉化"了,这种"视觉化"首先呈现出一种"视觉凸显性"特征。视觉凸显性,是指视觉相似性符码

---

① 转引自[美]道格拉斯·凯尔纳、斯蒂文·贝斯特:《后现代理论——批判性的质疑》,张志斌译,中央编译出版社1999年版,第195页。

② [英]斯图尔特·霍尔编:《表征——文化表象与意指实践》,徐亮、陆兴华译,商务印书馆2003年版,第2页。

的视觉愉悦性远胜于它的其他特性,如表意、表情、再现现实等。这个概念采自王一川的"视觉凸显性美学"。视觉凸显性美学"是指那种视觉画面及其愉悦效果凸显于事物再现和情感表现意图之上从而体现独立审美价值的美学观念,即是视觉镜头的力量和效果远远越出事物刻画和情感表现需要而体现自主性的美学观。在这种视觉凸显性美学中,视觉的冲击和快感是第一性的,它使得事物再现和情感表现仿佛只成为它的次要陪衬、点缀或必要的影子。由于以牺牲事物再现和情感表现为代价,这种视觉画面及故事和意义等无法不呈现出没有整体感的零散、片断或杂乱等特点来"①。

视觉凸显性是在视觉相似性符码与文本符码的历史角力过程中逐步形成的。在文本符码主导的媒介环境中,图像这种视觉相似性符码长期从属于次媒介,直至丧失自身的直观可视性,成为一种"话语的图像"。英国艺术史家诺曼·布列逊在《语词与图像》中区分了"话语的图像"与"图形的图像":"一幅图像的'话语的'方面,我指的是那些表明语言对图像有影响的特征……图像的'图形的'方面,我指的是那些属于图像的作为一种独立于语言之外的视觉经验特征——即它的'图像存在'。"②"话语的图像"是指话语支配图像,使得图像从属于文本,也就是说图像被"文本化"了。"图形的图像"是指图像摆脱了话语规则的支配,充分展示自身形状、色彩等可视性功能的图像,也就是那种"纯视觉性"图像。

西方艺术发展历程中对绘画的"纯视觉性"的强调,成为视觉凸显性的先声。1890年,法国画家摩里斯·丹尼斯提出了绘画的"纯视觉性"要求:"在描绘一匹战马、一个裸体或任何什么事件之前,应该记住,一幅画,从根本上来说,是一个平面按一定的要求涂满了颜色。"③西方绘画从印象主义开始,采用彻底平面化的构图,把一个个相邻色调并列组合起来,用具有特征和个性的笔触去表现感觉中的运动和形式。这种绘画形式摆脱了古典和现实主义绘画对故事性和文学性等"语词因素"的依赖,使绘画成为纯粹的视觉形式。此时,原本依附于具体事物之上的光和色得以同事物分离开来而开始具有独立的审美价值,独立的"光和色"成为现代绘画的真正表现对象。这实际上意味着把绘画从挑剔的理性规则的审视目光中解脱出来,恢复其视觉感受性的本来面目。印象派画家凡·高的作品就不是理性的"话语"所能阐释的,其色彩具有一种魔力般的激活人们情绪和欲望的力量。《向日葵》(1888)的整幅画面上弥漫着的或浓或淡、挥之不去

---

① 王一川:《全球化时代的中国视觉流〈英雄〉与视觉凸显性美学的惨胜》,《电影艺术》2003年第2期。
② [英]诺曼·布列逊:《语词与图像:旧王朝时期的法国绘画》,王之光译,浙江摄影出版社2001年版,第7页。
③ [意]里奥奈罗·文杜里:《西方艺术批评史》,迟轲译,江苏教育出版社2005年版,第200页。

的浓烈灿烂的纯"黄"色调,直观地传达出一种酒神般的欲望沉醉。马蒂斯在《红色画室》(1911)中对纯红色块的运用,塞尚在《咖啡壶边的妇女》(1890—1895)中对蓝色块的运用,其目的都是通过色彩这种视觉相似性符码直接表现自我的感受和情绪,这是与现代主义艺术的主观性、内向性特点相一致的。色彩在他们手中可以成为寻求艺术革命的手段,他们通过解放色彩来自由地表达情绪,力求由此超越传统艺术以空间透视主义去传达理性内涵的艺术成规。

在电影发展的历程中,也存在着强调电影的视觉艺术本性的理论和创作潮流。意大利电影理论家卡努杜就曾经指出"电影不是戏剧",其本质是光和影像的视觉艺术。① 法国印象派领袖路易·德吕克则强调电影的"上镜头性"。所谓"上镜头性"就是"电影和照相术的和谐结合"②。受其影响,先锋派的领袖、女导演杰尔曼娜·杜拉克认为:电影首先是"视觉的艺术",它应该从故事和戏剧的庇护下独立出来。她追求电影的"视觉化,通过光线、阴影、节奏、运动、脸部表情之间的和谐来接触感觉,这意味着借助眼睛来和感觉及理智保持联系"。因此,"视觉化的电影"是电影这种"第七艺术"的独特价值所在,也是它未来发展的方向。③ 匈牙利电影美学家贝拉·巴拉兹强调:电影不仅是一门独立的新艺术,而且已成为一种新文化——一种重新被创造出来的可被人学习的视觉文化。它是人类文化史上划时代的事件,就像文字印刷术的出现使"可见的思想"变成了"可理解的思想"、视觉的文化变成概念的文化一样,电影的出现将重新唤起人类"看的精神",它意味着"纯粹通过视觉来体验事件、性格、感情、情绪,甚至思想"④。

这些理论家们如此强调电影的视觉性特征,甚至给人一种略嫌偏激的印象。其原因一方面在于,如巴拉兹所说,人们曾经专制地把"感性的视觉文化"变成了"理性的概念文化",把"可见"的感性人变成了"可思"的理性人。另一方面,在于这些电影人对电影本身"独立自主身份"的自觉意识。他们对电影艺术的"影像性"和"视觉性"的强调和偏激,显示了谋求电影"自身合法化"地位时的焦虑和执着心态。吉加·维尔托夫的"构成蒙太奇"理论显示出使电影彻底独立于文学戏剧的决心,即要让电影成为"纯粹的电影"。为此,维尔托夫反对电影的戏剧搬演,主张解放电影摄影机,使其成为"电影眼睛",对现实进行纯粹

---

① 参见[意]卡努杜:《电影不是戏剧》,施金译,李恒基、杨远婴主编:《外国电影理论文选》,上海文艺出版社1995年版,第43页。
② [法]路易·德吕克:《上镜头性》,吕昌译,李恒基、杨远婴主编:《外国电影理论文选》,上海文艺出版社1995年版,第56页。
③ 参见[法]杰·杜拉克:《电影——视觉的艺术》,何正译,李恒基、杨远婴主编:《外国电影理论文选》,上海文艺出版社1995年版,第82页。
④ [匈]贝拉·巴拉兹:《电影美学》,何力译,中国电影出版社1982年版,第26页。

感性的观察和记录,以获得肉眼所不能企及的现实的本来意义。[①]

　　现代主义艺术家对绘画与电影影像的"纯视觉性"特征的强调和追求,具有一种反抗"文字中心主义"的"革命性",洋溢着西方现代主义艺术的反传统精神,确实达到了解放图像自身的感性直观性特征的目的。但这种"解放"被消费文化"借用"之后,图像的"纯视觉性"被加以极端片面的强调,这就形成了视觉文化的"视觉凸显性"特征。

　　视觉文化以"视觉凸显性"诱惑着人们的"视觉消费",人们似乎纯粹是为看而看,看就是为了满足眼睛的愉悦,而不是通过眼睛去思考真理、寻求知识,图像再也不是文字的辅助媒介,其功能也不再是"图示"文字的意义。取而代之,图像本身的视觉价值得到了充分重视和开掘,图像的色彩、形状构图、逼真度等关系到视觉效果的因素得到突出强调。人们更多的是通过图像本身的色彩形状去"感觉"。翻开一些流行杂志的图片插页,首先冲击眼球的是精美逼真的图片,其文字说明只不过是点缀而已。广告图像就更充分展示出"视觉凸显性"特征,在现代广告中,高度逼真的可视性图像和色彩是最重要且最有效的促销媒介,特别是其中对色彩的运用。以润肤品广告为例,对信奉"一白遮百丑"的国人来说,白净细腻的肌肤是女性的追求也是男性的梦想,因此,"白"就成为各类润肤品广告的主色调,广告画面上人物的牛奶般晶莹剔透的冰肌雪肤直接作用于你的无意识欲望层,尽管不相信,你却身不由己地受到诱惑。现代广告中运用较多的是红色,"红"一方面自身具有强烈的情绪暗示作用,一方面作为中国传统文化的大喜色承载着浓郁的文化情感,所以,它也容易一下子打动人。广告当然不会忘记:"中国红红透大江南北,红到西班牙,新款中国红以异国独有的浪漫情怀,款款掳获女人多情的心。"画面上热烈的、浓艳的、浪漫的……各色的红真的是要红透你的内心深处。再比如冷色系的"蓝":"智慧之蓝,幽雅之蓝,令人神往的自然之蓝……走进蓝色魅力,诺基亚8250",蓝色的神秘和诱惑真的是"令人神往"。所有这些都说明,广告通过图像巧妙地包装了商品,达到了向人们兜售商品的目的。而这一策略成功的关键之处则在于其中对情感欲望的包装,是对色彩文化意义的历史抽离后的定型化和刻板化编码。所以,通过广告,人们获得的不仅是商品的消费,更是那些丰富多彩的图像带来的视觉冲击和视觉愉悦。

　　2002年上映的《英雄》以其大量的慢镜头凸显出精彩纷呈的视觉效果。所谓"慢镜头",是指使用剪切技术将动作分解变慢,被延缓了速度的一个个瞬间可以通过特效、动作以及画面色彩的饱和度、声效来延展,使得视觉画面脱离叙事的情节结构得到极大凸显。《英雄》中大量使用慢动作延展视觉空间来展示打斗中的身体在极端姿态中的表现:软皮靴踏在雨中的鹅卵石上,水花四溅,身

---

[①] 参见李恒基、杨远婴主编:《外国电影理论文选》,上海文艺出版社1995年版,第191页。

体的弧度如同空间中的雕像。在一连串的动作中加入无名和长空两人脸部的定格特写,两人闭上眼睛的冥想延缓了动作以及时间,这就使得处于冥想状态的人物的内心活动被视觉化地凸显出来,导演使用了雨点极端缓慢地垂直落下这种慢镜头来转换和强调空间。极端慢动作营造了时间停滞的感觉氛围,使观众的视觉注意力转向画面中事物的内在结构和节奏的呈现,通过慢镜头精致的动作设计凸显瞬间的视觉画面:人物的头发在风中飘散,丝绸的服装和被风鼓起的门帘,两个女人之间似乎失去地心引力般的打斗卷起了满地红叶,男人蜻蜓点水般掠过镜面似的湖水留下点点涟漪。在《英雄》中,极端慢动作特写镜头凸显了动作的"细节",观众不断被慢动作展现的一个个细节或杂耍般的武术动作所吸引而"分心",完全被慢镜头中的雨点所吸引而忘记了叙事,雨滴瀑布和长矛的缨穗所形成的雨水漩涡创造了一个叙事之外的独立的、疏离的空间,悬浮在空气中的雨滴以一种令人难以置信的节奏慢慢地落在无名的脸上,对动作发展趋势和态势的强化是慢动作和静止画面最为凸显的特征,却与电影的叙事性传统背道而驰。①

3D 技术的成熟,使得电影的视觉凸显性几乎成为常态。2009 年上映的影片《阿凡达》有 60% 的内容、近 3 000 个镜头运用公共网关接口(CGI)制作,这种逼真的立体成像技术给观众带来了前所未有的视觉凸显性体验:影片中长尾巴、蓝皮肤的"纳美人",六条腿的似马非马的怪兽,飞舞在天空中的翼龙,用手一碰便会迅速回缩的花朵,受到刺激便会飞旋起舞的蜥蜴,夜晚发出梦幻般萤光的垂柳状植物……观众通过 3D 眼镜观看,会沉浸在一个梦幻般的世界,这些真实得近乎无形的 3D 效果,都拥有极强的代入感。导演詹姆斯·卡梅隆像一个极有经验的导游,带领着所有游客,一步一步地观赏一个世外桃源般美丽的星球。导演为了《阿凡达》专门打出"体验电影"的宣言,这使影片中的 CGI 特效角色在举手投足之间显得栩栩如生、神态各异,使这些地球上不曾存在的"异形"仿佛真的存在过一样,这就是 3D 时代虚拟现实造成的视觉凸显性效果。

3D 电影的视觉凸显性不仅表现在它的立体成像效果上,还表现在它能够制造观众的"视觉热点":3D 电影利用其成像上一种向前延伸的立体性而形成的某一物体突然迎面而来的视觉效果,即"出屏效果"。以电影银幕为界,观影空间可以划分为出屏空间(银幕前靠近观众的空间)、银幕平面和银幕后空间(银幕后远离观众,具有深度感的空间)三个部分,在 3D 电影的构图工作中,最重要的一个特点就是营造这种出屏效果。《阿凡达》开场仅几分钟,身临其境的效果便立时出现:杰克·萨利从飞船的休眠仓中醒来,置身于失重状态的宇宙飞船之中,为

---

① 以上对《英雄》中慢镜头的分析参见[美]维维安·索布切克:《直击要害——技术、本质、创造和慢动作的吸引力》,徐明明译,《电影艺术》2011 年第 4 期。

了表现杰克的悬浮,此时镜头同位滚动,而观影效果则是银幕焦点静止,座位上的观众同时感觉自己在飘浮!《阿凡达》中像蒲公英一样漫天飞舞而又发着银色光芒的圣树种子飘洒在空中的段落,出色的出屏效果带给观众身临其境的奇妙感受,观众忍不住伸出手去捕捉空中虚拟的光影。纳美人生活的潘多拉星球其实是卡梅隆为当代人制作的一个数字乌托邦。

## 四、影像场景与身份的多元认同性

认同,在这里指的是个体身份或群体身份的社会化建构。人的社会化过程就是一个建构个体的社会角色的过程。在传统社会中,人的认同性是相对稳定的,从出生到死亡均是某一家族、部族、阶层等社会团体中的一员,相对静态的社会环境造成了人的相对稳定的社会化认同。现代社会则是一个动态的、变化的社会,人们之间的相互交往变得越来越频繁,每个人都处于多层多元互动的社会关系网络中,这就使得现代人的社会化认同变得越来越复杂多元。当代建构主义认同观认为:人从来都没有一个单一不变的永恒的"本质或本性",无论是"理性""神性",还是"意志""欲望",都只能是对人的某些层面特定维度在特定社会文化语境中的描述,不足以被认为是"人的本性"。人的身份是在特定社会文化环境中通过人与人、人与环境之间的互动关系逐渐"建构而成"的。处于不断更替创新过程中的现代社会必然导致人们对自己的身份认同不断进行适应性调整和重构,现代人都是自己的"熟悉的陌生人"。现代人的这种"多元认同的身份观"被一些社会学家称为"自我的同时多样性"[①],这种身份认同意识正是与日益动态多变的当代社会之间互动关系的结果。

在当前视觉文化时代,渗透日常生活领域的视觉相似性符码对当代人的身份认同意识的影响,对人们建构自己的社会化角色所起到的作用,早已得到哲学家、心理学家、社会学家的肯定。弗洛伊德曾经以古希腊纳西索斯神话[②]为例,解释现代人的"自恋心理",纳西索斯对自己的水中影像的认同,是形成"自恋情结"的心理机制,由此可见影像对人的自我认同的作用。拉康对儿童自我形成过程中"镜像阶段"的阐释,进一步揭示出正常人的身份认同对影像的不可或缺的依赖关系。拉康通过观察儿童在镜子前的表现,认为儿童对镜中自身身体形象的迷恋表明"他要在玩耍中证明镜中形象的种种动作与反映的环境的关系以及这复杂潜象与它重现的现实的关系,也就是说与他的身体,与其他人,甚至与周围物件的关系"[③]。拉康认为,"镜像"成为儿童理解他的身体、动作与周围他

---

① [美]戈夫曼:《日常接触》,徐敏江、丁晖译,华夏出版社1990年版,第122页。
② 纳西索斯(Narcissus)是古希腊传说中的一个美少年,他爱上了自己的影子,落水身亡,变成了水仙花。英文中自恋(narcissim)这个词即源于他的传说。
③ [法]拉康:《拉康选集》,褚孝泉译,上海三联书店2001年版,第90页。

人及环境之间关系的参照,这正是一种"认同过程":"一个尚处于婴儿阶段的孩子,举步趔趄,仰倚母怀,却兴奋地将镜中影像归属于己,这在我们看来是在一种典型的情境中表现了象征性模式。在这个模式中,我突进成一种首要的形式。以后,在与他人的认同过程的辩证关系中,我才客观化;以后,语言才给我重建起在普遍性中的主体功能。"①"镜像阶段"对镜中影像的认同成为此后主体认同的原生形式,在这个意义上它是所有次生认同过程的根源。也正是认识到影像对人的身份认同的重要功能,鲍德里亚才宣称:"原始社会有面具,资产阶级社会有镜子,而我们有影像。"②"面具"作为原始社会的一种"图腾",就是一种部族身份认同的视觉相似性符码,镜子同样是一种为人们的身份认同提供视觉相似性对象的媒介,现代视觉相似性符码也同样在人们的身份建构过程中起着举足轻重的作用。麦克卢汉以"照片"为例:"照片这一形态的媒介使人的感性知觉所发生的彻底转换中,还涉及到自我意识的发展。自我意识的发展改变了人的面部表情和面部化妆,其速度之快,与它改变人的身体姿态的速度一样是立竿见影的——无论是公开场合中的体姿还是私下的体姿都受到改变。信手翻翻15年前的杂志,随意看看15年前的电影,这样的事实真是俯拾皆是。因此,这一说法并不过头:如果说我们的外表体姿受照片的影响,那么我们的内心姿态和自我对话也受到照片的影响。"③照片通过提供人的面部表情、面部化妆、身体姿态等可视形象,不仅改变了人的外部形象,而且对人们自我意识的发展也有举足轻重的作用。广告明星、影视明星、体育明星、时尚人物这些当代社会的偶像对人们的外在形象认同和内在自我认同所起到的作用,已经渗透到日常生活之中,塑造着人们的自我意识和无意识。

当代社会的影像场景与身份的多元认同存在着彼此互动的关系,也就是说,当代人的"影像化的生存场景"对那种本质论的认同观形成一定程度的拆解,并促成对身份的多元建构观念的理解。这体现在以下三个方面。

首先,影像符码自身的多义性提供了身份认同的多种可能性。与文字符号相比,影像符码的意义总是更为含混、模糊,具有多重释义空间,客观上提供了人们"影像认同"的多种可能性,从而影响到人们身份认同建构的多元兼容性。美国大众文化研究者约翰·费斯克曾经对牛仔裤在美国人建构自己的文化身份过程中所具有的相互对立而又彼此兼容的现象进行了分析。费斯克发现:"我们无法根据任何一种重要的社会范畴系统,譬如性别、阶级、种族、年龄、民族、宗教、

---

① [法]拉康:《拉康选集》,褚孝泉译,上海三联书店2001年版,第90页。
② [法]让·鲍德里亚:《消失的技法》,《视觉文化读本》,罗岗、顾铮主编,广西师范大学出版社2003年版,第76页。
③ [加]马歇尔·麦克卢汉:《理解媒介——论人的延伸》,何道宽译,商务印书馆2000年版,第248页。

教育等,来界定一个穿牛仔裤的人。"① 牛仔裤在美国人的身份认同中成为跨越各种社会群体界限的文化符号,这种状况源于美国的牛仔裤生产商多年来在产品广告中赋予这种服装的"西部牛仔"的形象内涵。费斯克认为,牛仔裤的"西部牛仔"形象,蕴含着"自由的"和"自然的"文化意蕴。对于大多数白人中产阶级的年轻人而言,穿牛仔裤意味着把自己从社会的各种群体界限造成的行为限制和身份认同的约束中解放出来,获得一种"自由的"身份感;对于一些白人中产阶级的中年白领而言,穿牛仔裤意味着重新找到一种"年轻有活力"的身份感;对于有些男性而言,牛仔裤意味着拥有强健体魄,从而获得一种"男子汉"的身份认同;对于一些女性而言,放弃"裙子与晚礼服"而穿上牛仔裤意味着对传统的"女性气质"的拒绝,转而追求一种"中性"身份,这时的牛仔裤意味着对性别界限的跨越。牛仔裤的广告形象自身蕴含的多义性为人们的身份认同提供了多元建构的可能。

其次,影像符码的跨时空传播特征为人们的身份认同提供了多元选择的对象。在相对封闭的传统社会中,人们身份认同的对象资源相对较为匮乏,这也是传统社会身份认同相对固定的原因之一。当代社会跨时空传播的视觉相似性符码为人们的身份认同打开了一个多元的时空,这一点尤其体现在对"文化他者"的开放性认同方面。传统社会相对封闭的信息时空,容易形成对"他者形象"的陌生化并进而导致神秘化以至于最终造成"神圣化/妖魔化"。跨时空的影像传播客观上造成了对"他者"的相对熟悉化,相互熟悉的视觉相似性感觉自然去除了"他者"的神秘性。人们"看到"那曾被神圣化或妖魔化的"他者"实际上也同我们一样是凡夫俗子,也一样能成为我们身份认同的对象,这就形成了人们身份认同的开放性。以体育明星为例,电视及网络对体育赛事的直播,把那些超级体育明星的一举一动、乍喜乍悲直接传送到我们"眼"前,我们看到的是一些与我们一样有着喜怒哀乐的同类,他们既非"神"也非"妖",而是和我们一样的"人",这无疑有助于促成人们身份认同的开放兼容精神。美国职业篮球联赛(NBA)的电视直播,把一个个黑人篮球明星呈现在全球的电视观众眼前,黑人篮球明星在赛场上的精彩表现,对所有黑人种族歧视者而言无疑都是一种视觉"震惊",那种视黑人为懒惰、软弱、屈从、智力低下的殖民观念此时一定会遭到颠覆。事实上,NBA 的诸多黑人篮球明星都已成为全球各种肤色人们的认同对象。他们性格迥异、独具风采的表现,也造成了球迷们身份认同的多元兼容意识:对乔丹的认同不会妨碍对马龙的欣赏,认同科比的球迷也同样会喜欢奥尼尔的憨直。欧洲各足球俱乐部的赛事,最初无疑具有地域、种族认同的功能,但是球队对非洲黑人球员、对南美有色人种球员的吸纳,以及这些球员在赛场上的出色表现,

---

① [美]约翰·费斯克:《理解大众文化》,王晓珏、宋伟杰译,中央编译出版社 2001 年版,第 5 页。

无疑打破了这些体育活动原有的地域、种族认同的界限,客观上造成了人们跨时空、跨地域、跨文化的多元身份认同观。

最后,广播型的影像传播模式创造的"共享的交往环境"有助于促成人们的多元认同观。美国当代传播学学者梅罗维茨运用"媒介场景"理论分析了电子媒介造成的当代人身份认同意识的改变。他认为电子媒介提供了共享的信息交流场景,这种媒介场景重组了印刷媒介造成的隔离式交往时空,人们的身份认同意识随之发生了从"隔离式"的单一认同向"共享式"的多元认同的转变。① 他以电视为例指出,电视的接触编码采用图像、声音、姿势、表情、动作等视觉符号,不具备文字识别能力的群体只能被印刷场景排斥,但能被电子场景吸纳,这无疑有助于促成不同阶层的人们之间的信息交往活动,这就打破了由于符码识别能力而造成的人际隔离,无形中动摇了精英与大众的等级制身份观。人们收看电视时往往是全家人一起观看,这种信息接收模式有助于促进一家人信息交流的互动性,无形中动摇着家长与孩子的长幼等级身份观。电视形成的这种新的互动共享的媒介环境,促成了文字媒介造成的性别、年龄、等级之间的界限的融合,结果导致男/女、成年人/未成年人、权威/从属者等本来界限分明的社会群体形成新的重组和融合,这必然造成人们社会群体归属感的变化,从而影响人们的身份认同意识。坐在电视机前共同收看足球世界杯或 NBA 比赛的丈夫与妻子、父亲和儿子、上司与下属,当他们共同为自己喜欢的球队或明星的精彩表现而齐声欢呼的时候,当他们共同为比赛的不如意处沮丧不堪的时候,丈夫的角色、妻子的角色、父亲的角色、儿子的角色、上司的角色、下属的角色不是已经发生了相互的重合并因此造成了身份认同的多元重组吗? 互联网提供的网络空间甚至可以完全消除等级制身份观对信息交往产生的限制。当整个社会群体的身份意识发生这种相互重组的时候,一种新的多元认同主体就可能成为现实。当然,对于"窄播"型电子信息模式而言,它通过节目频道的限制性造成了新的群体区隔,但不妨将此视为对正在形成的新型的群体认同模式的补充。

## 五、视觉文化意义生成的文化规约性

视觉相似性符码的影像场景多义性特征显示的是其意义生成的开放式优越性,但这种开放性在某种条件下也是其局限性:不仅在表意完整性方面存在局限,也无法进一步承担表达深刻历史意蕴的功能,而完整深刻的历史意蕴的生成需要相似性符码与规约性符码的相互补充。针对视觉相似性符码在意义生成功能方面的这种优越性和局限性并存的状况,皮尔斯认为虽然"像似符的重要特

---

① 参见[美]约书亚·梅罗维茨:《消失的地域:电子媒介对社会行为的影响》,肖志军译,清华大学出版社 2002 年版,第 81 页。

征在于,它所体现之品质的绝对直接性"①,但"像似符"不具有"断言"功能:"像似符与其对象之间的关系是一种'退化的'(degenerate)关系,它不能断言任何东西。"②麦克卢汉用"热媒介"来描述这种状况:"热媒介只延伸一种感觉,具有'高清晰度'。高清晰度是充满数据的状态。从视觉上看,照片具有高清晰度,卡通画却只有'低清晰度'。原因很简单,因为它提供的信息非常之少。"③麦克卢汉同时指出热媒介有"要求的参与度低""热媒介有排斥性""高强度或高清晰度使生活产生专门化和分割性"④等局限性。针对视觉相似性符码的这种局限,皮尔斯指出如果要承担"断言"功能,"一个像似符只能是一个更为完整符号的一个部分"⑤。不仅如此,在皮尔斯看来,甚至视觉相似性符码的"相似性"都已经有赖于"规约性原则"的补充才能完整实现:"各种规约性原则(conventional rules)保障了这类像似符号中的相似性(likeness)关系之达成。"⑥正如伯格所言:"我们从不单单注视一件东西;我们总是在审度物我之间的关系。我们的视线总是在忙碌,总是在移动,总是将事物置于围绕它的事物链中,构造出呈现于我们面前者,亦即我们之所见。"⑦就完整的意义生成功能而言,"相似符"离不开对"规约符"的依赖,这可以视为视觉文化意义生成的文化规约性。

在皮尔斯的符号类分系统中,"规约符"主要承担的就是"断言"功能:"规约符是这样一种再现体,它的再现品格仅仅作为一种规则(rule)而存在,而这种规则决定了该规约符的解释项。所有的词、句子、书籍以及其他规约符号(conventional signs)都是规约符。"⑧也就是说,文字符号这种规约性符号凭借其承载携带历史形成的文化规则品格,不仅能够完整"断言"而且能使意义生成于丰富的历史语境中。因此,皮尔斯认为:"每一个断言都必然包含一个或一组像似符,要不然它就肯定包含那些其意义只能借助像似符才能说明的符号。存

---

① [美]皮尔斯:《皮尔斯:论符号 李斯卡:皮尔斯符号学导论》,赵星植译,四川大学出版社2014年版,第67页。

② [美]皮尔斯:《皮尔斯:论符号 李斯卡:皮尔斯符号学导论》,赵星植译,四川大学出版社2014年版,第52页。

③ [加]马歇尔·麦克卢汉:《理解媒介:论人的延伸》,何道宽译,译林出版社2011年版,第36页。

④ [加]马歇尔·麦克卢汉:《理解媒介:论人的延伸》,何道宽译,译林出版社2011年版,第36—37页。

⑤ [美]皮尔斯:《皮尔斯:论符号 李斯卡:皮尔斯符号学导论》,赵星植译,四川大学出版社2014年版,第52页。

⑥ [美]皮尔斯:《皮尔斯:论符号 李斯卡:皮尔斯符号学导论》,赵星植译,四川大学出版社2014年版,第53页。

⑦ [英]约翰·伯格:《观看之道》,戴行钺译,广西师范大学出版社,2005年版,第2页。

⑧ [美]皮尔斯:《皮尔斯:论符号 李斯卡:皮尔斯符号学导论》,赵星植译,四川大学出版社2014年版,第61页。

在于一个断言中的一组像似符(或一组像似符的同等物)所指称的观念,可以称为这个断言的'谓项'(predicate)。"① 这也就意味着每一个包含"谓项"的判断或"断言"是像似符和规约符相互补充的结果。哪怕是对一张肖像快照的辨认,也需要充分调动关于两者"相似性关系"的信息才能做出完整"断言"。自动实录的视频要能充当"证据",就更需要一种把其"视为""看作""作为"证据的"共识"或"一致认可",而这种"共识"或"一致认可"只能建立在文化规约的基础上。

在意义生产和再生产环节,视觉相似性符码"断言"功能的局限性,需要补充和重新建构新的意义生成语境,才能拥有意义完整性。视觉相似性符码的这种文化规约性特征最典型地表现在视觉相似性符码的异文化转换过程的意义生成活动中。2008年,好莱坞梦工厂动画大作《功夫熊猫》上映伊始,就在中国及全球取得了令人瞩目的票房,"好莱坞+功夫+熊猫"的黄金组合成为当年全球流行文化中一道炫目的视觉流,这种票房的成功不能不归功于其对视觉相似性符码的文化规约性的自觉意识,由此制作方才能成功实现其文化转换策略。

《功夫熊猫》导演之一马克·奥斯波恩用了多年时间研究中国文化,片中那些华丽的中国古代建筑、山水风光,则是影片的美术总监雷蒙德·兹班奇花了8年时间钻研中国艺术的结果。《功夫熊猫》的视觉画面对中国文化元素的展现确实相当丰富。故事背景所在的"和平谷"参考了中国丽江山谷及桂林的景色,包括丽江的小桥、黄山的云海、桂林的山峦;中国古典建筑包括牌坊、宫殿、庙宇、盘龙柱、1 888节台阶等;画面背景呈现的是中国传统艺术风格:写意的水墨山水、亭台楼阁、青砖白瓦等;日常器物包括筷子、瓷器、书法、卷轴、汉服、斗笠、传统手推车、鞭炮、舞龙、高跷、麻将等;食物类包括面条、豆腐、包子;功夫类包括武术、太极、针灸、穴位、气功、兵刃、弓箭等。影片的角色形象设计尤其值得一提:龟大师源自中国古代典籍中用龟壳来占卜的传统;关押豹太郎的那座恐怖监狱的原型来自东方神话中的阴曹地府;典狱长的形象来自地狱中的牛头马面。和平谷五侠:金猴、娇虎、仙鹤、灵蛇、快螳螂,其创造灵感显然来自华佗的"五禽戏"以及中国功夫中的仿生拳种,如洪拳中的"虎鹤双形"、猴拳、蛇拳和螳螂拳等。当然最核心的角色形象还是熊猫阿宝,大熊猫作为中国独有的物种被认定为"国宝",自1972年尼克松访华之后,大熊猫担负着外交的友好使命远渡重洋,它们的出现从某些意义上满足了西方人对中国这个伟大文明古国的无尽想象。

具有丰富中国元素的文化规约性完成了影片中的视觉相似性符码"断言"的功能,但这种"断言"的内容实际上受制于影片制作人员的文化规约性。影片尽管如此刻意凸显中国文化元素,但这些元素已经是被"去地域化"又被"再情

---

① [美]皮尔斯:《皮尔斯:论符号　李斯卡:皮尔斯符号学导论》,赵星植译,四川大学出版社2014年版,第53页。

景化"之后的经过文化转换的中国文化形象了。所谓"去地域化",是指去除故事原来的历史的民族的具体文化背景;所谓"再情景化",是指根据当前语境的特定需要而给故事和人物编织新的文化情景。熊猫是中国的国宝,在本土文化中,中国人对熊猫的印象是笨笨的、慢条斯理和憨态可掬的样子。《功夫熊猫》中熊猫阿宝的形象令人大吃一惊,熊猫怎么可以变成这个样子:直率、自私、不谦虚、举止豪爽、行动灵活、表情丰富,以自我为中心,不考虑别人的感受。这究竟是中国的"国宝"熊猫还是好莱坞版的美国个人主义英雄?

《功夫熊猫》的故事框架是长盛不衰的少年学艺成长主题。但与中国传统的武侠故事不同,阿宝学艺的目的并不是为了劈山救母,不是为了替父报仇,不是为了精忠报国,也不是为了武林秘籍,而是为了成为它自己。小人物阿宝,敢于梦想,敢于追求,战胜了小烦恼、小困难,最终实现了自我的价值。所以,《功夫熊猫》的内涵是:人人都有梦想,人人都有实现梦想的可能,只要相信自己,做自己想做的事,发挥自己的潜能,梦想就会实现!这正是典型的美国梦,其真谛是:勇敢自信。影片不止一处反复渲染这一价值观:月光下的山崖边,乌龟勉励彷徨的熊猫阿宝:"Yesterday is a history, tomorrow is a mystery, but today is a gift, that is why it is called the present.(昨天是历史,明天是谜团,只有今天才是上天赐的礼物。)"鸭爸爸传给阿宝的祖传秘诀:"There is no secret ingredients.(根本没有秘方。)"阿宝自我激励的话:"You just need to believe. You must believe. Because I am THE fat panda. If he believes in himself, he can do anything.(一个人只需要相信。人必须相信。因为我就是一只胖熊猫。如果他相信自己,他就能够做任何事情。)"

影片的另一卖点是中国功夫。在制作这部电影之前,影片主创人员不但集体翻看了20世纪70年代以来的大量香港功夫片,还聘请武术指导训练工作人员,并邀请成龙进行动作把关。片中的众多功夫桥段,无论是练功还是对决,一招一式都是对邵氏武侠片的或参考、或挪用、或模仿、或戏谑,李小龙、成龙等所创造的经典中国功夫片的众多细节都可以在阿宝身上得到再现。浣熊师傅用筷子抢包子的方式锻炼阿宝武功的段落,模仿的是《蛇形刁手》里面成龙和袁和平父亲袁小田抢碗一段;夜幕下五大高手在屋檐下飞驰的场面来自《卧虎藏龙》;阿宝玩的不倒翁来自袁和平导演的《太极张三丰》中的不倒翁;雪豹太郎被锁的设计来自《笑傲江湖》中任我行的情节;最后阿宝无师自通地打败豹太郎的画面来自《功夫》中周星驰打出如来神掌时的神奇瞬间……熊猫阿宝身上有周星驰的诙谐和无厘头,也有成龙的丰富的表情、夸张的肢体动作、随拿随打的幽默式武功,这些功夫喜剧元素被发挥到了极致,几乎可以说是熊猫版的功夫喜剧电影。而港台的功夫喜剧电影恰恰是西方文化现代性影响的产物,本身传递的就是现代文化价值观:失去神的眷顾之后,世俗时代的每一个平凡小人物只有凭借自身的积极乐观向上,才能创造自己人生的意义和价值。从武侠到功夫的蜕变,实际上是传统"侠"文化适应现代文化世俗性趋势的自我蜕变。好莱坞的世俗价值观与当代中国文化的现代性转型在功夫喜剧片中获得了"视域缝合"的效果。

视觉文化意义生成的文化规约性还体现在视觉相似性编码自身的生产环节,制作现代视觉相似性编码的可视化技术同样是一种文化规约系统。不论是机械复制技术,还是数字成像技术,作为其支撑基础的物理学、光学、化学、数学、电子学以及控制论、系统论都是文化规约条件。正是凭借、依赖这些条件,可视化技术才能一步一步从机械复制发展到数字成像乃至当下的 VR、AR、MR 等更高程度的"似真性"阶段。在人们享受着越来越"逼真"、越来越"自然"的视觉相似性符码为日常生活的信息交流带来的极大便利的同时,普通使用者似乎可以只关心这种实用功能,不用考虑其背后复杂的科学规约性条件。但如果不注意这些规约性条件,就很容易迷失于现代视觉相似性符码越来越"逼真"的幻觉中而丧失清醒的现实感,乃至最终无知于视觉相似性符码本身的"媒介属性"。其"似真性"程度越高,其自身的"编码程序"规定性就越容易被"遗忘"。

即便是一些视觉文化批判者,他们虽然警觉于这种"逼真性"幻觉造成的现实感的迷失,但并没有真正深入反思作为其支撑条件的诸多科学知识的思维模式及实践运作特征。弗卢塞尔称这种批判为"人文主义式的(Humanistische)批判":"人文主义式的批判"范式"漏掉了装置的根本,即它的自动性(Automatizität)。这才是需要批判的东西"①。弗卢塞尔指出:"装置的发明是为模仿特定的思维过程(Denkprozesse)。……也就是说,思想用数字来表达。……在所有装置(相机更是如此)中,数字思维(Zahlendenken)凌驾于线性的、历史的思维之上。"② 同时,弗卢塞尔指出了这种思维模式的有限性和偏向:"它模拟了人类的思维过程,并不是按照对内省状态下的思维的理解,或者心理学和生理学的认识,而是按照笛卡尔理解思维的模式来理解。"③ 也就是说,"自动性"的现代视觉成像技术基于一种"数字思维",这种思维并不是人类思维的全部,而是其特定维度的片面发展,它忽略了人类思维的"内省状态",也舍弃了人类思维的生理基础性和心理完整性,其生产机制是一种"原子化的、点状的结构"④ 模式,人类的"未来"和"进步"也不能寄托在这一本身有偏向的自动思维模式上。弗卢塞尔对视觉相似性符码

---

① [巴西]威廉·弗卢塞尔:《摄影哲学的思考》,毛卫东、丁君君译,中国民族摄影艺术出版社 2017 年版,第 63 页。
② [巴西]威廉·弗卢塞尔:《摄影哲学的思考》,毛卫东、丁君君译,中国民族摄影艺术出版社 2017 年版,第 29 页。
③ [巴西]威廉·弗卢塞尔:《摄影哲学的思考》,毛卫东、丁君君译,中国民族摄影艺术出版社 2017 年版,第 59 页。
④ [巴西]威廉·弗卢塞尔:《摄影哲学的思考》,毛卫东、丁君君译,中国民族摄影艺术出版社 2017 年版,第 59 页。

的技术条件的分析,提醒身处高度可视化符码媒介环境中的人们,应该保持一种对"技术进步主义"的清醒态度,对不论是"自然性"还是"高科技性"的任何类型的"元话语式的神话"保持审慎的历史观察距离。

## 本章小结

现代视觉相似性符码编码技术的发展促成了世界的视觉化。作为大众文化的一种形态,视觉文化是主要运用现代视觉相似性符码进行文化表征活动的大众文化形态。现代视觉相似性符码成为主导文化符码的大众文化形态。视觉文化研究是对现代视觉相似性符码的文化表征功能的研究,我们应该以一种辩证的理论态度研究探讨视觉文化。以现代视觉相似性符码为主导符码的大众视觉文化,显示出三个主要特征:视觉凸显性、多元认同性、文化规约性。视觉凸显性是指视觉相似性符码的视觉愉悦性远胜于它的其他特性,如表意、表情、再现现实等。多元认同性是指可视化的影像媒介空间为人们的自我认同和社会认同提供了更加灵活多元的条件。文化规约性是指视觉文化的意义生成对历史文化语境和科学技术实践的依赖性。

## 思考与练习

1. 如何理解当代大众文化的"视觉相似性符码的媒介偏向"?
2. 如何理解视觉文化的"视觉凸显性"特征?
3. 如何理解"影像场景"与"身份的多元认同性"的关系?
4. 你如何看待视觉文化意义生成的文化规约性?

# 第八章

# 广 告 文 化

商品社会中,越来越丰富的广告正形成对人的生活的包围之势。目之所及,广告已经渗透到当代社会生活的几乎每一个角落,以至于有人戏称:我们的生活是由氧气、氮气和广告构成的。无所不在的广告不仅以越来越精良的制作装点着周围的环境,而且更以不可抗拒的魔力指导着人们的生活,俨然充当了生活的导师,在指导人们衣食住行的同时,还潜移默化地规范着受众的有意识的思维和无意识的理念。

改革开放 40 多年来,广告在我们生活中的地位和作用发生了翻天覆地的变化。广告在 1979 年重新出现之时,人们觉得这是个新鲜事物,它传递着新的商品信息,在供需双方之间架起桥梁,带来生活的便利。在新媒体时代,当满街广告铺天盖地涌进视野,信箱里塞满花花绿绿的广告,电视频道换来换去总是跳出广告,直播间里主播声嘶力竭地大喊"买它!买它!"的时候,人们的感觉就不是方便而是厌烦了。随着信息技术的迅猛发展、大数据应用的兴起,算法推荐带来的广告信息定制化、分众化使得精准投放成为可能。就这样,广告不由分说地逼迫人们在不知不觉中被动阅读。我们自觉或不自觉地都在不同程度地接受广告所产生的心理渗透,按照广告的指引去购买商品。广告引发我们的需求,支配我们的情感,甚至也在改变我们的思想观念乃至生活方式。我们发现自己逐渐消失在广告的支配中了。

从大众文化研究的角度而言,广告的魅力来自何处?广告为什么能够引人注目?它无往而不胜的秘诀是什么?我们又该怎样正确认识广告与生活的关系?广告的精美表象之下隐藏着怎样的权力关系?本章就围绕这些问题,对广告作一番解码分析。

## 一、广告的特征与功能

广告一词最初源于拉丁文"adverture",有引起注意和诱导的意思。直到中古时期,英语中才有"advertise"一词的出现,当时的含义是"一个人注意到某件事",后来才演变成"引起别人注意"或"通知别人某件事"。大约在 17 世纪英国商业兴盛时期,才通用"advertise"一词,并把静止的"advertise"演变成广告活动"advertising",此时该词才具有现代广告的意味。

广告的历史久远,关于它的源起有两派观点。其一,广义上的广告被称为社会广告。广告是人类信息交流的必然产物。从本质而言,广告是一种满足信息传递需求的方法,是解决沟通障碍问题的方案。即使在生产力水平十分低下的早期人类社会,就产生了广而告之的信息需要,社会广告应运而生。例如,考古学家在挖掘埃及古城亚伯斯遗址时发现了一幅写在羊皮纸上的捉拿逃奴的广告,这是现存的最早的广告了。后来又发现,古罗马庞贝城的墙上和柱子上刻满了各种文字和图案,在官方规定的广告栏内还有候选人的竞选广告。中国古代的策、诰等都是广义上的广告。其二,狭义的广告被称为经济广告,它是随着商品生产和商品交换的发生而出现的。原始社会末期,随着社会分工的深化,生产的物品逐渐增多,物质交换活动更加频繁。为了把多余的产品交换出去,就必须把产品陈列于市场,同时为了吸引众人,势必要叫喊宣传,这样就出现了最早的叫卖和展示实物的广告形式。这种最早出现的广告形式至今仍在使用,而且历代广告的新形式也是从以往老的广告形式发展变化来的,只不过采用了新的手段和工具,注入新的内容而已。

一般认为,现代意义上的广告是人类社会第三次社会分工的结果,是随着专门依靠经营商品来获利的商人的出现而产生的。当有了商品的生产和交换时,口头广告、陈列广告、招牌和幌子等原始广告形态就出现了。广告作为广泛告知的宣传工具,古已有之。商周时代就有陈列货物交易时通过叫卖之法以引人注目的原始广告。《韩非子》记述了宋人有沽酒者"悬帜甚高",以酒旗招揽顾客的广告形式。北宋张择端的《清明上河图》画卷,描绘了诸如"刘家上色沉檀拣香""赵太丞家""杨家应症""王家罗匹帛铺"等招牌门匾。宋代孟元老《东京梦华录》说:"是月季春,万花烂漫,牡丹芍药,棣棠木香,种种上市,卖花者以马头竹篮铺排,歌叫之声,清奇可听。"元曲《货郎担》中有唱词:"无过是赶几处沸腾腾热闹场儿,摇几下桑琅琅蛇皮鼓儿,唱几句韵悠悠信口腔儿。"这反映出那时的广告已具有音乐审美特征。

除了典籍中关于广告使用的文字记载外,考古发现也证明广告有着悠久的历史。人们最常提到的是一块巴比伦黏土板,上面书有介绍药膏贩子、文书与鞋匠营业项目的文字。希腊的传布公告和罗马商店招牌的记录,分别是社会广告、经济广告的例子。

随着印刷技术的产生,粗糙的印刷广告开始出现。此后,当社会化大生产取代手工业,交易市场的规模越来越大,商品变得空前丰富,市场竞争也异常激烈时,广告已成为工商企业重要的促销手段。特别是随着先进技术和新媒体的不断出现,现代广告在继承古代广告形式的基础上又有更大的进步,其传播范围、速度、对象和方式都远非古代广告所能比。广告活动的内容和形式也日趋完善,广告业空前繁荣。

20世纪初叶以来,尤其是20世纪60年代以来,随着西方国家先后进入发达商品社会及后工业社会,电波媒体的出现带来了广告制作和传播艺术的一系列革新,并赋予了广告新的内涵和功能。这时,作为大众文化的主要代表的广告,在形式上更是日益丰富:旗帜幌子、店面招牌、橱窗布置、户外路牌、招贴宣传,以及散布在广播、电视、报纸、杂志、互联网上的各种各样的广告,几乎无所不在地占领了日常生活空间。广告同商品、大众传媒一起,共同形成了一种独特的意识形态——大众消费文化。广告以推销商品为动力,煽动人们的消费欲求,纠结成难以割舍的"欲购情结"。作为一种特殊的文化现象,广告不仅贯穿于经济生活的方方面面,而且波及人类的经济社会、文化社会乃至政治社会。广告不仅在很大程度上支配着人们的消费观念、消费方式和消费文化,而且还潜移默化地影响着人们的世界观、价值观、人生观。正是基于此,有人说,广告是我们当今时代的文化仪式,是人们每天都必须参与的"布道"。虽然广告的形式和制作随着人类社会的进步日益丰富和多样化了,但是广告从诞生之日起就产生了既定的实用功利价值,而且它的实用价值永远不会改变,自始至终决定着它的存在形式和表现形式。

对于广告的定义和功能,不同的人会有不同的答案。对商人来说,广告可能意味着利润的增加;对家庭主妇来说,广告意味着得到打折的信息;对政治家而言,广告是树立公众形象的工具;对明星而言,广告意味着丰厚的酬金和很高的曝光率。这些有关广告的观察和界定不下几十种,究竟哪种更科学些? 一个完整而全面的定义,应该尽可能概括普遍的广告行为,而不是只适用于某一类广告;同时,它应当能说明广告的基本特征,使人们明了广告与其他宣传方式的区别;最重要的是,还要突出广告的目的性。有鉴于此,本书采用《广告学原理和实务》(第五版)中的定义:"广告是一种由某个特定的出资人发起的,通过大众传媒进行的非个人化的有偿沟通方式,其目的是说服或影响某类受众。"[①] 从上面的定义可知,广告包含至少六个要素:(1)广告是一种有偿的沟通方式,只有像公益广告等少数的广告形式使用的是免费的时段和版面;(2)信息是有偿的,其出资人也是特定的;(3)大多数广告都在极力说服或影响消费者去做些什么;(4)广告信息通过各种大众媒体进行传播;(5)广告的接收者是大批作为潜在消费者的受众;(6)广告由于是一种大众沟通的形式,所以是非个人化的。一个广

---

① [美]威廉·威尔斯等:《广告学原理和实务》(第5版),张红霞、杨翌昀主译,云南大学出版社2001年版,第8页。

告行为的发生,离不开上述六要素。

由此可见,广告的最终目的是获得经济收益。精明的商家总是希望通过广告来影响消费者的购买行为,因此越来越多的企业不惜重金加大广告费用的投入。广告业既是促进社会经济发展的巨大推动力之一,同时自身也是新的经济增长点。

商家关注的是实际效益,赔本赚吆喝的事没人愿干。巨额广告费的支出是为了得到更大的收益回报,这笔账商家算得很精明。随着消费意识的逐渐提高,大多数消费者对商战策略也心知肚明,但为什么广大受众还会身不由己地陷入广告的陷阱呢?这还得从广告制作的种种策略谈起。

## 二、广告的形象与类像

通过特定的广告形象去劝导公众,是广告的重要策略之一。随着原始广告向现代广告的转变,广告的策略也发生了巨大的变化,由过去硬性、直接或简单地推销商品,转向了巧妙与隐秘地推销商品的形象,即鼓动消费者从商品的消费转向了商品所代表的形象的消费。换言之,广告将商品推销的意图巧妙地包裹在美妙的形象中了。

广告形象是怎样形成的?传统广告的表述方式是人——商品,推销的意味明显直露。作为文化工业产物的现代广告,其最基本的表述方式是人——符号——商品,即在潜在的消费者和商品之中人为地插入各种各样的文化符号。

下面,我们以汽车广告为例进行分析。广告画面:现代都市死一般的沉寂。随着一声烈马的嘶鸣,一群生命力洋溢的骏马穿过死寂的城市,狂猛地奔向苍茫的大地。从高空俯视,群马昂首奋进,其声势撼动大地。随后,镜头由近及远,挺进中的群马逐渐排列有序地组成了某品牌汽车的标志。

这是一部获得法国戛纳国际广告节金奖的影视广告,被称为雪铁龙汽车的广告经典。一座现代都市竟然死一般的沉寂,这衬托出名车在人们生活中的重要地位,表达了雪铁龙汽车是人们生活中不可缺少的组成部分的含义。一群生命力洋溢的骏马风驰电掣地冲破都市的死寂,奔向广阔的大地,这场面无疑迎合了人们购买汽车时渴望突破禁锢、实现奔驰自由的心理,凸显了雪铁龙汽车一往无前的奋进精神。广告所展现的强烈的视听冲击力,似乎暗示着:雪铁龙作为世界名车,在领导汽车工业发展潮流,推动汽车工业进步方面起着重要的作用。消费者也从中得到更多的提示:雪铁龙汽车是舒适、新潮的标志,是消费者身份的象征,是人们高品质生活的保证。

一些汽车的广告语更是画龙点睛般地道出了汽车的符号属性。比如,"尊贵超凡,盖世之选","尊贵,上无止境;巅峰,从此入境"。在一些人眼里,汽车成了身份的象征。这些广告语想象性地构建了驾驶者尊贵王者的身份。

商品可以履行两种功能：物质功能和文化功能。所有商品均能为消费者所用，以构造有关自我、社会身份认同以及社会关系的意义。现代广告在制作的过程中，有意强调、突出商品的符号价值，使得符号的价值远远超出商品的物质/使用价值。符号的堆积正形成种种新的广告形象。这时，名牌不仅仅是因为其质地精良、历史悠久，更多的是因为它成了特定身份的标志。例如，"金利来，男人的世界"，更多地强调了领带所代表的社会性，而不是它的功能性。名车、名表、名酒、豪宅等高档消费品的广告更是热衷于想象"成功人士"的生活形态——豪华、富有、典雅、潇洒。就连面向普通百姓的日常用品的广告，也煞费苦心地告诉我们，这种产品是走向新生活的起点，是情感沟通的桥梁等。形象地说，广告采取的是"顾左右而言他"的策略，究其根本，便是在各种人造的符号中，营造出称心如意的生活方式的形象；而购买广告所宣扬的该种商品，被视为抵达理想之境的唯一途径。

现代广告是文化工业的产物。法国社会学家鲍德里亚首次将广告所制造出的精美形象称为类像（simulacrum）。他将影像符号的发展历程概括成四个阶段：第一个阶段，形象是对现实的反映；第二个阶段，形象掩盖和偏离了基本现实；第三个阶段，形象掩盖了基本现实的缺失；第四个阶段，形象与任何现实都无关，它只是自身纯粹的模拟物——类像。鲍德里亚以计算机仿真技术为基础，以超现实取代现实的类像理论为核心，发展出了深刻的后现代性理论。在他看来，类像是机械复制时代的产物，是无数的没有原件的复制品。在类像中，本雅明意义上的艺术作品的"灵韵"丧失殆尽。我们在任何地方都可以看到对一个文化产品的机械重复。

那么，类像与形象究竟有什么区别呢？形象是艺术家、作家为了再现现实而创作出的一种表达特定语义的符号，是意义的明确指称。而类像与现实毫无关系，它不再是现实的反映，而是对事物所作的某种编码。举例来说，作家通过对现实生活的观察，"杂取种种，合成一个"，创作出一个个具有鲜明时代特征和个性特征的典型形象。读者能够在形象中看到现实世界和自己的影子，因此才会出现像《阿Q正传》出版后，许多读者以为自己被作家写进了小说的惊恐。形象的唯一性使得它成为独特的"这一个"，这也是评价形象塑造成功与否的重要标准。

相比之下，类像显然具有"类"的特点，不是"一个"而是"一些"，是大工业时代凭借着科技的力量，创造出的没有任何个性可言的符号。而这个创造类像的过程，是制作者依据自我的主观意图对商品所作的任意编码。一方面，广告类像创造出了极其逼真的物象，如营养物质对皮肤的滋润效果，药物作用于人体的过程，鲜美多汁的牛排，娇艳欲滴的瓜果等；另一方面，广告类像还创造出了现实中所没有的新物象，如奔驰的猎豹瞬间变成汽车，一轮明月秒变月饼，徜徉在茵茵碧草间的牛群幻化成一条乳白的牛奶河。广告类像按照自己的逻辑生产着"现实",在欲望的观照下,形成了比现实还真实的"超现实"。

### 三、广告的编码机制与品牌建构

商业社会中的广告是人为编码的结果。"编码"(coding),又名"制码"或"符码化",这是斯图尔特·霍尔在其著名论文《电视话语的制码解码》(1973)中最早提出的概念。霍尔认为电视话语"意义"的生产和传播存在生产、流通、使用和再生产四个阶段。其中,第一个阶段是电视话语"意义"的生产,即所谓的"编码"阶段。如何加工(加码),加工成什么样子,取决于加工者的知识结构、生产关系和技术条件等因素。这一阶段占主导地位的是加工者对世界的看法,如世界观、意识形态等。此时,加工者头脑中存在着现成的代码,它是解读符号和话语之前预设的,就像作为语言代码的语法,被看作自觉自然的过程。正因为此,人们常常没有注意到它的存在,这就像不懂语法的人照样会说话一样。但如没有语法,句子就不能产生意义,一切话语意义的产生取决于代码系统。

广告中最常见的编码方式,是实现意义的嫁接。瑞士语言学家索绪尔曾用"能指"和"所指"两个概念指出声音系统和意义系统之间的任意性。广告即是把一种与某个产品(能指)并不具有必然联系的意义(所指)嫁接到该产品上。鲍德里亚在马克思发现商品的交换价值和使用价值后,又提出了商品的符号价值,并将符号学与政治经济学方法结合起来批评性地解读广告。他认为,虽然产品本身是广告的最终兴趣所在,但这种兴趣万万不能直接地显露出来,而是必须在该产品上嫁接一套与此产品没什么内在联系的意义,当商品转化成某种挑逗人的符号之后才能把它卖掉。

下面,以白酒广告为例进行分析。2021年新修订的《中华人民共和国广告法》对酒类广告有严格的规定,要求不得含有以下内容:(一)诱导、怂恿饮酒或者宣传无节制饮酒;(二)出现饮酒的动作;(三)表现驾驶车、船、飞机等活动;(四)明示或者暗示饮酒有消除紧张和焦虑、增加体力等功效。那么,酒类广告怎样才能变成一种富有吸引力的符号呢?

传统的白酒广告,大多以高端、大气、上档次为主要基调。"五粮液"的广告宣称自己"系出名门";"梦之蓝"的广告将酒的消费与中国梦的国家情怀连在了一起;"茅台酒"向来标榜自己是"国酒";"水井坊"的广告则宣称自己是"中国高尚生活元素",将酒与生活方式直接嫁接。

品牌具有作为区分标志的识别功能,它代表了与之相匹配的社会阶层、社会品位、社会地位和生活方式。此外,品牌还具有作为沟通代码的信息浓缩功能、作为无形资产的价值功能、作为承诺和保证的安全功能。品牌形象为消费者提供了形象效用,带来了产品实体之外的象征价值。因此,对品牌的消费就是符号的消费,而符号的消费体现在对商品符号的意义或内涵的消费上。我们不但消费商品,而且消费商品所代表的诸多意义,如情调、美感、趣味、身份、心情、地位等。品牌消费正是在这个意义上,体现出了商品的符号性。越是大品牌越是注重广告宣传,就是因为广告有意淡化了品牌的使用功能,刻意突出了品牌的符号功能。

究其实质,高档白酒与中国梦或高档生活方式之间并无必然的联系,这就可以看出广告的能指和所指之间联结的任意性。广告语本质上是词汇与内容相区别、分离,词汇成为偶然,词汇所包含的对象是随心所欲的。所以,广告表面上所传达的幸福生活、所许诺的美好前景都具有欺骗性,它提供的是对社会矛盾、个人生存困境的虚幻的、想象的解决。

浙江纳爱斯集团的"雕"牌系列广告俨然是这方面的代表。广告之一:小女孩说:"我有新妈妈了,可我一点儿也不喜欢她。"无论是新妈妈和蔼的笑容、善解人意的举动,还是打毛衣的实际行动都不能让她欢喜,但清晨新妈妈挤好的"雕"牌牙膏却让她顿生好感。广告之二:妈妈下岗后,孩子好像一下子变得懂事了,于是就用"雕"牌洗衣粉洗起了衣服,并说:"妈妈说'雕'牌洗衣粉特别省钱。"一张"妈妈,我可以帮你洗衣服了"的字条,让疲于奔波的妈妈倍感欣慰。广告中的"雕"牌成了万能良药,仿佛只要使用它,孩子与后妈之间的情感隔阂、下岗再就业等社会问题就可以迎刃而解。

广告的威力实在不可小看。西方有种观点认为,广告的社会影响可以同由来已久的机构(如学校、教堂)相比,它统治了媒介,对大众标准的形式有巨大的影响,它是有限几个起社会控制作用的机构中货真价实的一个。有研究表明,当广告语成为一个区域的权威话语时,就会对没有掌握这些话语的人产生一种压力,迫使他们去接受和了解这些话语,以便跻身符号名流之列而不被时代抛弃。既然广告在大众传播的推波助澜下越来越风行,这就需要对广告所表现的意识形态有所警觉。到底是什么原因使广告所向披靡、屡屡得手呢?把眼花缭乱的广告进行简要分类,就可以发现五类最常见的广告编码类型:宫廷生活、发达国家的生活景象、明星之梦、青春与活力、幸福之家的想象。这些编码无疑联系着人们无意识深处的关于显贵、富裕、时尚、青春、幸福家庭的梦想。这就是广告进行编码的最隐秘的依据。

广告总是通过各种方式突破现实的层面而将隐匿于人类内心深处的无意识欲望释放出来。"喝××奶粉,成小博士","总统用的是派克笔",靓车与美女的经典搭配,这些广告在介绍商品的同时,诱发了甚至受众/消费者自己也没有觉察的深层无意识欲望,使我们知道人们对一个乌托邦式的社会有什么样的设想。法国思想家阿尔都塞在研究意识形态的过程中,发现主体建构与意识形态国家机器之间存在着内在关系。按照他的分析,广告不仅是商品表象形成的意识形态,而且还负责将消费者"召唤"成享受商品的主体。广告在语言学层面上制造种种使观看者与该产品合而为一、彼此依附的效果。观看者是广告中缺席的男女主角。观看者被引诱,而把他或她自己置换进广告之中,从而使该观看者与产品意义合而为一。

广告将观众结构成想买什么就买什么的消费主体,这本身就是虚幻的。然后,广告又将主体与他的真实生存境况之间再现为一种想象性的虚假关系,使其产生错误的意识而又不能有所知觉。只有进行消费才能从现实的此岸抵达理想的彼岸,到此为止,广告才达到自己的真正目的。由此可见,消费主义乃是广告的隐蔽基础。

明星、青春活力、家庭是广告中最经常出现的类像,它们共同构成了广告修辞学的欲望代码系统。后现代主义理论家杰姆逊不无揶揄地说,在表现人类的无意识欲望与乌托邦方面,广告制作者是一些"最了不起的艺术家",广告艺术"完全可以和文艺复兴时期的艺术、18世纪的小说相媲美"。"也就是说广告必须作用于更深一层的欲望,甚至是无意识的需要,有些还和性欲有关……这样,直接的欲望和深层的无意识的需求都得到了满足……也就是说世界上所有的一切都在这种乌托邦式的状态下改变了、变形了。这些广告正是在悄无声息地告诉你,难道你所渴望的不正是这种乌托邦式的对世界的改造吗?如果是这样,为什么不用我们的产品呢?虽然我们不能许诺任何东西,但是这些产品起码含有改变精神状态的成分。在这种无意识的欲望中,最强烈、最古老的愿望仍然是集体性的。例如,永久的青春、自由和幸福等。这表明这种欲望是集体性的同时,还幻想着对整个世界的改变。"① 广告是欲望企图抵达的世界,是我们无意识欲望的书写。

没有人会否认购物能带来快感,那么在广告的精美意象"召唤"下,在"物的体系"包围中成长起来的新一代消费者是否会被训练出一套新的感觉方式:拥有更多、更好的商品才是快乐的根源?人类的感觉是否会进一步"物化"?这是我们即将面对的崭新课题。

## 四、广告与审美的日常化

广告与艺术具有紧密的联系。现代广告制作得越来越精美,维护着一定的审美品位,据此有人称它为广告艺术。那么,广告究竟是不是艺术呢?

按广告大师大卫·奥格威的观点,广告唯一正当的功能就是销售,既不是以艺术去娱乐大众,也不是运用原创能力或美学天赋给人留下深刻的印象,而是说

---

① [美]杰姆逊:《后现代主义与文化理论》,唐小兵译,北京大学出版社1997年版,第222—223页。

服公众购买商品。这种观点其实是反对把广告视为艺术,认为如果是的话就失去广告的本性了。"但是,随着商业社会的到来,以直接传达信息为手段的硬性促销越来越捉襟见肘,于是广告主纷纷动用美学的、艺术的、文化的手段,巧妙地借用各种修辞手法、叙述方法,进行温情脉脉的情感诉说,从而营造出了一个想象的符号世界,试图通过从商业话语到非商业话语的悄然转变,最终达到促销的目的。"①鲍德里亚在研究消费社会时发现:"广告必须改变其作为经济约束方案的形象,并维持其作为游戏、庆祝、漫画式教诲、无私社会服务的虚构形象,由此自然而然地演绎而来的。"②这是广告制作中至关重要的话语转换机制和符号制作原则,它仿佛告诉我们,当代广告已经并不完全为了单纯的促销目的了,而更重要的是旨在恢复人与人之间的和谐、合作和沟通,从而虚构出一个理想的自由、平等和博爱的形象世界。如此美妙的虚构形象,怎能不让受众/消费者心驰神往、甘心就范呢?

可见,广告非但不拒绝艺术,反而主动地运用艺术,因而具有一定的艺术性。这是毋庸置疑的。只不过,艺术在广告中扮演着促销的工具角色。具体而言,它相当于促销的起兴手段。广告中的艺术成分首先使公众兴奋起来,进入想象的世界,进而在这种想象中与商品实现无意识认同。事实证明,消费者在选择商品时往往并不是在单一的经济理性的支配下行事的。单这一点就为广告施展魔术技法提供了广阔的空间。当生活越来越趋向精致时,吃喝玩乐百般用度就都要用艺术或文化包装来添一点滋味。在这里,广告对艺术是抱着彻头彻尾的实用主义目的的。古今中外所有的文化与艺术资源,都可以被肢解、包装和解读,以此在完成了对自身的改头换面后隆重出场。大凡成功的广告都是"偷梁换柱"的高手,能够巧妙地运用美学与艺术来掩盖实际的商业动机,最终达到促销的目的。

广告一:自电影《蜘蛛侠》大热并拍出续集后,某一款杀虫剂随之推出平面广告。广告视觉语言简洁:一扇敞开的门,门口露出半截手臂,画面右下角有该杀虫剂的瓶子。凡是看过《蜘蛛侠》电影的人,都知道这是蜘蛛侠的手,因为它穿着蜘蛛侠特有的红、黑色格纹衣。从手臂下垂的姿势,可知这是死了的蜘蛛侠。广告通过制造悬念,引导受众完成了二次叙述,既提高了吸引力,又增加了解读的趣味。

广告二:针对年轻人面部皮肤的问题,某护肤品牌推出了去痘产品的情景互动式广告。广告语是"Reduce the bumps(拒绝痘痘),Goodbye Cellulite(再见脂肪粒)"。广告字很大,以吸引受众的视线。别具匠心的是,广告牌上面布满一层

---

① 刘莉:《广告:无意识欲望的书写》,《北京工商大学学报(社会科学版)》2002年2期。
② [法]波德里亚:《消费社会》,刘成富、全志钢译,南京大学出版社2000年版,第187页。

气泡塑料薄膜,很多人看到这种泡膜的时候,都有一种想要按扁它的冲动。这种把广告变成游戏的形式,让受众在体验到按气泡的快乐的同时,也像是在进行一次除"痘痘"的行动,在听觉、触觉、视觉上都产生了互动,一下子让受众对产品产生了认同感。

尽管现代广告越来越充满艺术的气息,而且从表面上看与艺术几无二致,但必须指出,广告毕竟不是纯艺术。从传播效果的角度,好的广告要提高商品的知名度,进而塑造品牌形象;从经济效果的角度,好的广告要刺激消费心理,进而促进商品销售;从社会效果的角度,好的广告要反映社会的价值观念,进而丰富日常文化。广告所具有的实用性、目的性和功利性的特点,都恰恰是艺术所排斥的。艺术,或称纯艺术,往往通过符号系统去建构一个与现实世界不同的自主的和自由的体验空间。这种艺术尽管最终要参照现实、与现实形成千丝万缕的密切联系,但毕竟不在自身的符号系统中设置任何直接的外在目的,如商品促销意图,而是遵循自身的独立的符号与审美逻辑。如果艺术家确实有外在目的的话,那也必须巧妙地借助他创造的虚构的艺术世界去间接地表达。[①] 现实生活所匮乏的平等、自由、和谐等精神,都可以在优秀的艺术作品所提供的解读空间中找到回应。艺术家在创作过程中经历了一个双重的情感过程:一方面,他通过艺术构思表达,并借助艺术媒介的运用,表现了自己独一无二的情感;另一方面,他又在表达的过程中,在对物化了的艺术媒介的观照中,再次深刻地体验了所表达的情感。这样,艺术家的情感表达和情感体验就在艺术创造的过程中合二为一了。创作展开的进程,实际上就是艺术家对自己的情感加以体现、理解的过程。而广告中的情感只是一个单项的过程,它只是制作者煞费苦心地还原人的欲望的结果。概言之,现代社会的情感广告,抓住受众的接受心理,让广告的冲击力、干预力在一种富有情感的心理渗透下,以情动人、以情感人,这才能使得广告在"感觉→知觉→注意→记忆→联想"的认知过程中,将受众从被动接受转变到主动的思维。换言之,广告为达到一种观念上的成功,除诉诸听觉和视觉这两个认知的初级阶段,还要不遗余力地寻求人们心灵中最温情的那块地方予以触动,尽快地对人的主观意识产生影响。这就是著名的 AIDMA 原理(即 Attention 注意、Interest 兴趣、Desire 欲望、Memory 记忆、Action 行动)。[②] 广告与艺术的不同之处还在于,前者倾向于处处与现实构成或明或暗的共谋关系,甚至仅仅成为现实世界的继续延伸。因为广告的形象与人们的欲望相吻合,并没有像艺术那样呈现独立的审美逻辑,或指出超越于现实的维度,而是利用巧妙的修辞去凝聚、制造或生产种种现实欲望。无论广告制作得多么精美,无论其中包含着多少艺术含

---

[①] 参见南帆:《双重视域——当代电子文化分析》,江苏人民出版社 2001 年版,第 218—219 页。
[②] 参见刘莉:《广告中的情感表现与美学研究的新趋势》,《文艺研究》2007 年第 8 期。

量,它们都是要寻求现实的物质欲望满足。因此,广告与艺术的区别,就集中表现为物质欲望与精神自由之间的分歧。

以广告语言为例,可以发现它的一切创造都出于功利的目的。广告语言以它自身的规则、逻辑和技术,广泛地影响着当前文化现实,改变了过去人们所熟悉和习以为常的规则。广告语言成为影响社会生活和人们的意识形态的重要话语,在很大程度上改造了我们的语言习惯,甚至借助语言而进行的思维方式,进而改变着人与物之间的关系。一方面,广告制定了新的语言规则,把那些与之对立的表达方式排斥在外;另一方面,它又通过对传统语言的肆意篡改和拼接,来改变表达方式的特定历史文化意义和特定语义关系。广告语言使得人们在接触它的同时,条件反射似的被唤起某种感受和对商品的占有欲。如:"百衣百顺"——某品牌服装;"咳不容缓"——某品牌咳喘宁;"步步为赢"——某品牌运动鞋等。这些广告剥夺了成语的历史语义和内涵,变异了几千年来约定俗成的语言与意义构架,给受众留下与某种商品相关的特定语意。如此,受众自主的、自由的想象空间萎缩了、分解了。①

广告不是纯艺术,但广告的艺术化呼应了自20世纪80年代以来中国社会逐渐审美化的过程。一些新兴的泛审美现象,例如流行歌曲、广告、时装、居室美化、电影电视等,取代了传统的经典艺术门类而一跃成为大众文化生活的中心。审美活动已经超出了过去所谓的纯艺术的范围而逐步渗透到了大众的日常生活之中,即"对日常生活的审美化"或"审美的日常生活化"。鲍德里亚、罗蒂、杰姆逊、费瑟斯通等都不约而同地发现了现今社会中艺术与生活之间距离的模糊与交融。德国的沃尔夫冈·韦尔施的《重构美学》和美国的理查德·舒斯特曼的《实用主义美学》都对这一现象作了深入的讨论。

## 五、广告中的性别与权力关系

性别,是广告中必不可少的重要因素之一。广告大师大卫·奥格威从创意入手提出3B原则,即beauty——美女、beast——动物、baby——婴儿,以此为表现手段的广告符合人类关注自身生命的天性,最容易赢得消费者的注意和喜欢。

中华人民共和国成立之后,妇女解放事业取得了举世瞩目的成绩。《中华人民共和国妇女权益保障法》的颁布和实施,使得女性社会地位稳步提高。2003年,经济学家史清琪首次将"她经济"一词引入我国话语体系。"她经济",即"女性经济"。指的是在经济社会中,女性的自我独立和自主消费的能力在持续提升,女性在经济和社会发展过程中起着越来越重要的作用,从而形成了与女性消费、

---

① 参见刘莉:《全民狂欢的广告语》,《被编码的生活——广告》,云南人民出版社2004年版。

理财等相关的特有经济现象和经济市场。"她经济"一词的诞生和普及,印证了女性经济实力与社会地位正逐渐上升。精明的广告主总是瞄准女性的口袋,有的放矢地做足了女人的文章。仿佛一夜之间,女性就成了商业社会的最大受益者。一方面,它显示出一切"为女人"的精心呵护。所有的一切仿佛都是为了让女人更年轻、漂亮、健康、活泼、新潮、靓丽,于是一则广告甚至发出了"做女人真好"的感叹。另一方面,广告又不遗余力地"用女人"。它利用精美的构图,着意强调和凸显经过商品包装的女人婀娜多姿的身段、光滑的肌肤、丰满的胸脯和迷人的大腿,极力突出女人的性感魅力。女人在广告中的角色定位表现了广告商对大众心理的利用,并同时在铺天盖地的广告文化中制造又一轮欲望奇观。其实,从对广告现象和具体的广告文本的分析起步,从女性形象的展示、女性身份的定位等方面入手,可以进一步探讨这些广告背后的文化动因、历史传承、心理积淀等深层内容。

20世纪90年代广告业的勃兴和广告文化的扩张,是多种因素在共用空间中运作的结果。因此,考察90年代以来广告中的女性角色,就不仅涉及商业社会的行销策略,而且关联到由来已久的女性社会地位问题。自90年代以来,伴随商品经济大潮,女性的物化、商品化已成为一个明显的事实。这一点在广告中随处可见。

广告一:一幅名为"享受才是'手'要的"大幅广告刊发在全国最大的计算机类报刊《电脑报》的首页。广告上一个全裸的少女,身体弯曲成鼠标的模样,双膝跪地。在女子的后背上,一只巨大的男性的手放在上面。就在这样一幅给人以强烈视觉感受的画面旁边,一行粗体黑字"享受,才是'手'要的"广告语赫然触目。画面的下方,打出了某品牌鼠标的字样。

广告二:某移动通信的巨型广告牌不断地向来往的路人说:"我是你的贴身小秘",可以"贴身服务方便你""随时随地找到你"。从外观形象上看,这则广告着实普通,但正是这普通中隐含的意思才更具有代表性。在当代汉语的语境中,"小秘"是一个具有特殊含义的暧昧词语,那么把中国移动通信的秘书台界定为女性身份,并把"贴身服务"和"随时随地"作为它的品质,这就不是一种偶然。

广告三:北京某商城的开业广告,画面中一名性感女模特,胸前纽扣绷开,露出了性感的胸部,旁边配以"开了"的广告语。

广告四:星期一的早晨,国外某地铁站里竖起一个新广告牌,画面是一个性感妖艳的女子身穿华服,用挑逗的眼神盯着人们,广告上只有一句话:"下个星期,我要脱。"一个星期后,这则广告果然有变化,画面中女人的围巾已经脱去,广告词变成:"下个星期,我接着脱。"第三个星期一的时候,广告中的女人手套脱去,广告词是:"下个星期,我还接着脱。"以后每到星期一,女人身上必会少一件东西:鞋、帽、外衣、裙子……终于有一天,女人身上只剩下内衣内裤了,而广告词仍是:"下个星期,我还接着脱!"她真的还脱吗?当又一个星期一到来的时候,人们见到画中的女郎果然把所有的衣服全部脱去,但其关键部位被两行字挡得严严实实——"某某广告公司,言出必行"。

针对广告中女性形象的乱象,已有学者从社会理论角度和社会批判角度,根据联合国第四次世界妇女大会行动纲领"战略目标和行动"中第十个关切领域"妇女与传媒"的要求和具体国情,研究电视广告中的女性性别塑造问题。[①] 在这里,不妨集中探讨如下问题:广告是否误导"女性美"?是否巩固了传统性别角色的陈规定型?广告中的商业化倾向是否利用女性形象造成对女性的侵犯?广告是否无视妇女的发展与贡献?这些问题都牵涉到女性主义与社会性别研究等理论。

1. 女性的身体:被观看的客体

19世纪末期,美国可口可乐公司采用了一批被称为吉卜赛姑娘的漂亮模特在广告中吸引受众,从此"美女广告"被广泛运用。广告中出现最多的是女性形象,以至于有人说,广告=商品+女人,而其中女人的身体成了最主要的言说对象。打开电视,要么是明星们美丽的容颜、玲珑的身段、迷人的风姿,好像用了广告所推荐的产品就一样能拥有这样的完美;要么是女人为自己晒黑的肌肤、新生的皱纹、发黄的牙齿而无限烦恼,然后是某产品帮她又找回了自信。而实际上,广告打着发扬女性美的旗号,利用审美的手段,严重地忽视了女性主体性及其自身成长的需要。

对美的追求是人类的天性,女性美和男性美都是现实社会中美的有机组成部分。但从社会性别的角度,需要更多地关注女性和男性在审美地位上是否平等。平等意味着不但男性可以欣赏女性美,而且女性同样也可以欣赏男性美。但在广告及其他大众媒介中,前者所占的比例极大地超过了后者。这种情况的出现,有着深刻而复杂的历史原因。历史上有"燕瘦环肥"这样关于女性身材的鉴赏;东晋的东昏侯让女性在金制的莲花上行走,美其名曰"步步生莲花";宋代以后还要求女性束胸缠足,对原本健康的躯体进行人为的扭曲和改造。更常见的是文学作品中对女人的比喻,诸如如花似玉、指若春葱、弱柳扶风、眉如远山、软玉温香、冰肌玉骨等。通过对神话的研究,学者发现各民族的原始创世神话和母权神话中根本没有美神,美神是和男性主神一同诞生的。学者在研究了世界九个文明国度中的十位爱神或美神之后认为:"把爱欲和美的主题对象化到女性身上,构想成主管爱和美的女神,这绝不只是个别文化中的个别现象,而是一种相当普遍的人类现象。大凡发展到父权制文明早期阶段的民族国家,都在不同

---

[①] 参见刘伯红、卜卫:《我国电视广告中女性形象的研究报告》,《新闻与传播研究》1997年第1期。

程度上具有产生类似观念与信仰的现实条件。"① 因此，美神的女性替身和美神向女人的转化，反映了男性主体身份的成熟及对女性客体地位的确认。美成为男人与女人的交往中特别被看重的一种特质。男性文化视角不仅表现在男性始终在审美过程中占有主动地位来"挑选"女性，还表现在他们以是否性感、是否对男性具有吸引力为标准来衡量女性。

男女平等意味着男性在欣赏女性美时，应该尊重女性的独立人格，而不能用传统的观念来约束女性，将女性置于对象/被看的地位，把她们当作用身体取悦于男人的性感尤物。广告中更常见的现象是，女性不再是完整的个体，而是被故意切割成一个个"零件"——秀腿、纤指、美颈、明眸、皓齿、细足、白肤、裸臂，几乎女人身上每一寸肌肤都被广告有意放大。某品牌所做的女士丝袜广告就是一个例子：画面上是一双女性的大腿，修长、丰满而健美，一只手在充满爱怜地轻轻抚摸。然后是一穿着短裙的女郎轻快地迈下台阶，所遇到的男士皆侧目注视。观众看不到作为个体的女人，只看到被"肢解"的身体部件。在资本生产体系中，作为主体的女性被从自己的器官上摘除了。

活在男性文化所主宰的这种广告审美活动中，女性的独立价值进一步失落了。正如当代美国女性主义批评家劳拉·穆尔维在分析叙事电影中男性与女性的不同角色时所指出的那样，"女人作为形象，男人作为看的承担者"。正是在男性对女性的肆无忌惮的观看中，"看的快感分裂为主动的/男性和被动的/女性。起决定性作用的男人的眼光把他的幻想投射到照此风格化的女人形体上"。女性在此时只是按男性的欲望去构型，"她们的外貌被编码成强烈的视觉和色情感染力，从而能够把她们说成是具有被看性的内涵"。② 广告中的女性角色其实是与此相通的。在以广告为代表的大众文化的包围中成长起来的年轻一代，面临着又一轮女性的性别陷落。"女性的审美起点，从被关照走向关照，是一个有条件的起点。这个条件就是历史——历史将女性的审美起点衍化成一个漫长的过程。这个无法抛掷、既成史实的客观条件，已经演变成'集体无意识'，将男性的意志和男性审美趣味灌输在女性审美意识的各个角落。"③ 因此，女性心甘情愿地按男性的妇女观自觉地进行自我观照和自我改造，而忽略自己对美的主观感受。男性关注女性是否美丽，女性的反应就是将之内在化，并把容貌是否出众视为决定自身价值的关键。当女性真的以广告中所呈现的美女标准来衡量自

---

① 叶舒宪：《高唐神女的跨文化研究——爱神在中国的隐喻和置换》，《宋玉及其辞赋研究：2010年襄樊宋玉国际学术研讨会论文集》，第263页。

② [美]劳拉·穆尔维：《视觉快感和叙事性电影》，周传基译，李恒基、杨远婴主编：《外国电影理论文选》（修订本）下册，生活·读书·新知三联书店2006年版，第643—644页。

③ 李小江：《女性审美主体的两难处境》，叶舒宪主编：《性别诗学》，社会科学文献出版社1999年版，第48页。

己时,几乎每个女性都会感到自卑,感到对男性的"歉疚",于是越发地追求男性的标准以得到男性的认可,从而陷入一种恶性循环中。

2. 女性的身份定位:贤妻良母

在许多广告中,男女出现的场所及其负载的社会意义之间存在着巨大的差异。与厨房电器、食品、洗衣机、洗衣粉及形形色色的清洁剂、调味品为伍的,大多总是女性形象。而且这些女性总是面带笑容,一副心甘情愿充当家庭主妇的满足神态。与此相映成趣,凡是涉及药品、通信设备、科学技术、商务活动的广告,主角多是男性,他们总是衣冠楚楚地健步登上讲台,信心十足地参加新闻发布会,台下提问、掌声交相呼应,记者的镁光灯闪烁耀眼。从众多广告所表现出的男女身份及两性之间的关系中,可以总结出如下规律。

第一,广告中女性的位置在家里,而男性则出现在更广阔的社会领域。与此相联系,广告中的男性表现出主动、进取、理智、强大的精神,女性被展现为被动、平和、直觉、柔弱的特点;前者担负着家庭与社会的重任,是权威、主心骨和主导性力量,后者是辅助者,是次要、附属的。广告中总是母亲为孩子的厌食、营养不良、疾病而忧心忡忡,为小儿的健康成长、家居的舒适时尚和家人的和睦满足而心花怒放。这时我们唯独看不到父亲的面容。倒是在公共社交场合,我们总能看到志得意满的成功男士潇洒的身影,并有一位乖巧、伶俐的女秘书跟在身后。这表明,男性是以能力取胜,是社会的中心、主流;而女性是边缘、是辅佐,她的合适位置似乎只能是家庭。

第二,广告中的女性很少有女科学家、女作家或女发明家等专业人才,而充当专家的多是男性。最典型的例子就是"高露洁"牙膏的两款广告。广告之一:女教师亲切而耐心地向小朋友们介绍着恐龙,其中一稚童好奇地问:"我们的牙齿也能像恐龙的一样坚固吗?"听后,老师循循善诱地讲了"高露洁"的诸多好处。最后,女教师面带微笑地说:"用了'高露洁'——"众儿童异口同声:"没有蛀牙!"这是幼儿园或小学场景的再现。广告之二:一位穿着白大褂的男性医生或科研工作者,神情严肃地向一群求知若渴的青年学子讲解一则实验。一枚牙齿模型一分为二,用了"高露洁"的一边光洁坚固,而没有用"高露洁"的那边则随着日久年深的磨损而逐渐出现了细微的裂痕。同样一种牙膏,其投放广告的目的都是为了最大限度地占有市场份额。但广告主在策划和设计广告的时候,表现出了极大的性别差异:男性从事着高精尖的事业,女性做着知识普及工作。广告中大多数女性专业人员总是被安排在低工资、没有出路或传统上主要是以女性为主的工作上。

第三,即便在家庭内部,广告中男女的表现和地位也不一样。男性成人作为父亲和祖父总是教导孩子学习,回答他们的问题,培养他们的良好道德品质,而出现的母亲和祖母总是含辛茹苦地照料孩子及其日常需要。这表明,即使在家庭中男人也起着更为重要、更有意义的作用,担负着指引孩子人生方向的职责,而妇女能够做的是诸如洗衣做饭、端茶倒水之类的琐碎家务。例如,许多洗衣机的广告都不约而同地回忆起母亲汗流浃背地搓洗一大盆衣服的情景,于是一台新款的洗衣机使母亲终于舒展开笑颜。而另一些广告中,成功人士总是无限深情地回忆起小时候父亲的谆谆教诲,那几乎是奠定他一生基础的至理名言。

从以上分析中可见,传统的性别角色系统大多总是要求女性一生只扮演女儿、妻子、母亲的角色,而这个角色系统主要局限在家庭中。这样的广告修辞的效果体现在两方面:第一,强化女性的人生目标是扮演好家庭角色;第二,与"男主外,女主内"的传统性别分工模式相对应,实现"男主女从"的家庭控制模式。这样,社会大舞台终将是男性的,女性"被裹住的双脚"只能逡巡在家庭的有限空间内。在广告中,就可以看到传统的性别意识以看似现代、时尚的新形象又改头换面地浮出水面。

时代不同了,新女性闪亮登场,但女性的社会定位还是一样。从前是辛苦的洗衣婆,现在还是洗衣一族,只不过是用上了智能洗衣机。尽管昨日的女性蓬头垢面、萎靡不振,今日的女性衣冠楚楚、清新靓丽,但与男性接受过同等教育的新女性依然身陷于类似从前的境遇,只不过更隐秘。看,一个个年轻、健美的身影从一户户家门欢快地闪出,她们莺歌燕舞在明媚的春光中,一条条洁白的床单次第地从手下飞出。是什么原因让她们如此快乐?原来是使用了"汰渍"洗衣粉。多么健康快乐的新潮女性啊!难道还会有谁不认同这样的形象吗?看,每个小康之家都有一位知书达理的女主人。"无论我回来多晚,妻子都会为我准备茅台酒。"这是事业有成的丈夫对妻子的感谢。"劲酒虽好,可别贪杯!"这是妻子对丈夫的善意提醒。"难得糊涂,小糊涂仙酒!"望着陶醉在对饮快乐中的男人,女人露出欣慰的笑容。本是以男性作为主要目标消费群体的酒广告,其背景上多会出现一位温文尔雅的女性。做一位美丽时尚、志趣高雅的贤妻良母而不是无知无识、邋遢愁苦的贤妻良母,是现代男性为女性安排的角色位置。

作为大众文化的主要代表,广告将人物形象与商品形象连为一体,在潜移默化中发挥着性别塑造的作用,从而诱使消费者在购买某种商品的同时,也接受某种性别观念。尼采说,男性为自己塑造了女性形象,女性便模仿这个形象塑造了自己。著名的女性主义领袖波伏娃在《第二性》中旁征博引地论证说:女人不是天生的,而是塑造成的。确实,人类进入父系社会就开始了男性压制女性的文化过程,男权机制按照自己的需要制造出种种性别规范,从此男女孩童就被依照不同的规范进行培养。虽说广告中的女性已经从传统的家庭妇女变成了现代都市新女性,但广告为她们设定的生活空间和角色定位依然没有改变。商业社会中的广告铺天盖地,我们越来越不能忽视广告的性政治功能。针对广告中的性别歧视、性别偏见,西方女性主义者和国内的女性主义学者展开了强烈而持久的抗议。

## 六、广告文化的辩证分析

广告文化(advertising culture),是伴随广告过程而在社会多方面互动中形成的文化状况。广告在当今大众文化中具有显耀的地位,难怪美国社会学家丹尼尔·贝尔会认为,"汽车、电影和无线电本是技术上的发明。而广告术、一次性丢弃商品和信用赊买才是社会学上的创新"。他进一步指出:"广告就在我们的文明的门面上打上'烙印'。"① 广告成了文化的门面的标志。那么,如何理解广告文化呢?

在第一章第六节我们提到,英国"文化研究"代表人物斯图尔特·霍尔提出了三种假设的解码立场,此即著名的"霍尔模式"。"霍尔模式"解决了一个重大问题,即意义不是由传送者单方面"传递"的,而同时是接受者"生产"的。意识形态的被传送不等于被接受。在这个过程中,观众／读者可以同意也可以反对。这表明公众有能力公然瓦解制作者的意图,进而寻求自身的主体性。霍尔的研究虽然针对的是电视的编码／解码,但它同样适用于包括广告在内的其他类型的文化生产与接受过程。

为了更好地说明这个问题,下面我们对一则酒广告的文本进行分析:镜头一,穿着艳丽旗袍的妙龄女郎款款走来,字幕打出"国色"两字;镜头二,一谦谦君子闭目安神,不为美色所动;镜头三,女郎见此状莞尔一笑,颇似胸有成竹;镜头四,女郎托盘中的名酒散发出袅袅香醇,字幕出现"天香"二字;镜头五,闻到扑鼻香气的男人终于睁开了双眼,女人笑逐颜开。这则广告表面上是推销某个牌子的酒,而实际上贩卖的仍是陈旧的性别观念。首先,画面上"国色"与"天香"的并置,就将"女郎"与"名酒"并列起来,即"女人=物",这显然是对女性人格的轻视;其次,此广告的中心是不动声色的男人,女人的百般努力都是为了博得男人的欢心;最后,画面多次特写女人的身姿、脚步、面庞,其隐含的目的就是说明这是足以让男人动心的资本,而名酒不过是她取悦于男人的另一件工具而已。男人是中心,是观看的主体;女人是边缘,是对象,是被看的客体。这就是短短几十秒的广告所隐性地传达的性别歧视理念。

20世纪是广告业空前繁荣的世纪,同时也是广告批评空前热烈和尖锐的世纪。对于广告的社会影响和经济影响,肯定与否定的评价针锋相对。广告支持论者认为,广告是社会发展进步的强大驱动力,它对整个世界的物质生产作出了不可或缺的贡献,对经济发展起到了积极的作用。该派论者高度肯定广告在传

---

① [美]丹尼尔·贝尔:《资本主义文化矛盾》,赵一凡、蒲隆、任晓晋译,生活·读书·新知三联书店1989年版,第115、116页。

播商业信息、促进经济增长、提供就业、加快社会对新技术的接受和使用等诸多方面的重要贡献。与此同时,广告也潜移默化地影响着人们的消费行为、思想观念甚至人生态度,为时尚、道德、行为提供新的思想、观念。

与此相对,广告的否定论者大多针对广告的方法、技术和它所产生的社会效应展开分析和批判。其主要观点有:第一,许多广告具有虚假性、误导性和欺骗性。这主要指广告用不实之词、虚假承诺欺骗消费者,或者故意用夸张、遮盖等技巧误导消费者。第二,广告鼓吹消费至上,诱导消费者形成过分重视和追求物质、感官享受的价值观。第三,广告的低级趣味对公众的精神侵扰较为严重,如带有色情意味的女士内衣类广告。第四,正如传统经济学家所指出的那样,广告业的片面发展,不利于小企业与大企业之间的竞争,因为小企业不可能具有大企业那样的广告实力。

对广告展开最激烈批判的,当属以法兰克福学派为代表的大众文化研究理论。该派理论自产生之后,在近半个世纪中产生了重要的影响,许多学者受其启发提出了自己的见解,归结起来代表性的观点主要有:

第一,广告总是通过各种方式突破现实的层面,将隐匿于人类内心深处的无意识欲望释放出来。只有进行消费,广告受众才能从现实的此岸抵达理想的彼岸,到此为止广告才达到自己的真正目的。由此可见,消费主义乃是广告的隐蔽基础。

第二,广告本身具有意识形态属性。"也许所有广告都包括或者意味着某种意识形态。它们试图让观众做或者相信符合广告商利益的一些事情。观众与广告商默契的地方是关于优裕的生活和美好的社会等笼统的观点或形象。正如很多人说过的,广告作为一个整体传达某些重要的意识形态信息:商品能够解决所有的人类问题;商品在解决'我们的'最深切的需求⋯⋯尽管总体存在着问题,但是这些问题会将通过商业与消费者的相互合作得以解决——解决问题就是进步。"[1] 意识形态作为权力关系在文化逻辑中的折射,外在地表现为我们的生活态度和主张,广告所要达到的目的就是影响目标消费者的意识形态。如果广告所体现的生活态度和价值取向与目标消费者在意识形态上取得默契,目标消费者必然更乐于使用品牌所涵盖的商品。朱迪斯·威廉姆斯在专著《解码广告》的第一部分通过具体广告作品的分析,考察意义产生的过程;第二部分则考察意识形态的产生,即事物与人在创造新象征系统的过程中被重新利用的意识形态语境。广告赋予商品社会意义,这样人的物质需要和社会需要就交叉起来,二者脱离开彼此都无法恰当实现。作为影响人们商品消费行为的广告,其实仍然是一

---

[1] [美]理查德·奥曼:《广告的双重言说和意识形态:教师手记》,罗钢、刘象愚主编:《文化研究读本》,中国社会科学出版社 2000 年版,第 405 页。

种意识形态话语,是一种意识形态的形成过程。因此,广告除了很明显地向人们售卖商品外,还具有另一个功效——创造意义结构。在商业社会的很多方面,广告已经取代了传统艺术或宗教的功能。

第三,广告是社会权力的展现。如今,现代广告与文化工业在技术上和经济上都融为一体了。广告是以经济实力兑换的权力实现对于"公共领域"(哈贝马斯语)的支配的,所以,以霍克海默和阿道尔诺为代表的法兰克福学派,干脆断定广告本身纯粹是社会权力的展示。现在,一些思想敏锐的父母有意识地陪同孩子观看、分析广告,其目的就是引起对广告的警觉,防止孩子在不知不觉中接受不正确的观念。面对无处不在的广告文化,我们应该时刻保持清醒的认识,这是提高个体的大众文化素养的一个方面。

## 本章小结

广告作为现代社会的一个重要的文化现象,已经引起了学界越来越密切的关注和研究。从词源学角度考察,广告有"引起注意"和"诱导"的意思。现代意义的广告是人类社会第三次社会分工的结果,是因专门依靠经营商品来获利的商人出现而产生的。广告从诞生之日起就产生了既定的实用功利价值,而且它的实用价值永远不会改变,自始至终决定着它的存在方式和表现形式。广告是一种由某个特定的出资人发起的,通过大众传媒进行的非个人化的有偿沟通方式,其目的是说服或影响某类受众。这个定义包含了广告的六个构成要素。现代广告的推销策略较过去发生了很大的变化,广告将商品推销的意图巧妙地包裹在美妙的形象之中了。广告策略的转变与商品形象的推销紧密相联,即商家不再硬性地推销商品,而是改成软性地推销商品形象。在这个转变的过程中,广告进行了有效的编码工作,即将能指和所指进行有意的嫁接,从而形成一个新的意义系统。受众之所以被俘获,是因为广告在制作的过程中投合了人内心深处的无意识欲望。尽管现代广告制作得越来越精美,但是它所具有的功利性和实用性以及与现实的"合谋"关系,都使得它从根本上区别于真正的艺术。一则小而短的广告,实际上包含多重权力关系。广告对性别形象的表现和塑造,其中许多内容都是传统的性别文化糟粕的沉渣泛滥。这些广告无疑暗含着男/女、高/低这样的二级权力关系。广告的负面社会作用已经受到以法兰克福学派为代表的大众文化研究理论的有力批判。英国学者霍尔提出的"霍尔模式"说明意识形态的被传送不等于被接受,因为传送者本人的解释,并不等于接受者自己的解释。面对无处不在的广告,我们完全可以具有自己的批判立场,同时也应该时刻保持清醒的认识,这是提高个体的大众文化素养的一个方面。

## 思考与练习

1. 请以一则广告为例,说明它具有哪些构成要素。
2. 什么是广告的编码与解码？它们构成了怎样的矛盾关系？
3. 为什么说广告是以形象示人的产业？
4. 为什么说广告所塑造的形象是类像？
5. 为什么说消费者对品牌的消费实际上是一种符号消费？
6. 请结合某个具体的广告文本,分析它的编码机制。
7. 广告制作与艺术创作有什么不同？请举例说明。
8. 为什么广告中的女性形象受到了女性主义理论的批判？
9. 文化研究理论对广告文化的基本观点是什么？
10. 我们怎样才能辩证地理解广告文化？

# 第九章

# 时尚文化

进入20世纪以来,从衣食住行到休闲娱乐,再到感觉方式和思想方法,人们的社会生活都总是与时尚联系在一起。时尚无处不在,已经成为社会生活中的普遍现象。与时尚这个词的高频出现相应的,是时尚概念的众说纷纭,以及时尚评价上的众声喧哗。

应当看到,虽然作为文化形态的时尚由来已久[①],但时尚理论的形成不过100多年历史,而现代时尚的兴起可以20世纪初巴黎成为世界时装中心为标志。随着第二次世界大战后美国经济的高速发展,带有鲜明美国特色的大众文化开始渗透世界各地的各个角落,这逐渐地使得美国成为当今许多时尚文化潮流的发源地。对于中国公众而言,随处感受现代时尚的脉搏,不过是近几十年的事情。20世纪90年代初期,中国大众开始感受到新的时尚气息,各种文化媒体纷纷对时尚进行讨论,各类时尚节目和时尚杂志应运而生。一时间,时尚铺天盖地,从化妆品、时装、饮食、汽车、住宅,到旅游、娱乐、聚会,无不涉及时尚。仿佛只要是新奇的、独树一帜的、昂贵的种种事物或行为,都可以用时尚进行解说。然而,时尚究竟是什么?现代时尚与古典意义上的时尚有什么区别?时尚是如何产生的?什么人在创造时尚?什么人在体验时尚?时尚都表现为什么形式呢?这些正是本章需要探讨的。

## 一、时尚文化的特征与功能

时尚,英文为fashion。《新英汉词典》对fashion的含义作了如下归纳:一是样子、方式;二是(服饰等的)流行式样,(言语、行为等的)风尚,风气;三是风行一时的事物,红人、名流;四是(资本社会中的)上流社会等。从中可以窥见时尚

---

① 西方学者从全球化的视角把时尚的历史分为以下六个阶段:时尚的起源(中世纪和文艺复兴时期),时尚和社会秩序(现代世界早期),时尚的革命(漫长的18世纪),奢侈和休闲之间(19世纪),西方化和殖民主义(帝国时代),从现代向超现代(20世纪)。参见 Giorgio Riello and Peter McNeil, edited, *The Fashion History Reader: Global Perspectives*, London and New York: Routledge, 2010.

的一些关键词,如方式、风行、时装、社会名流、上流社会等。德国哲学家西美尔是这样界定时尚的:"时尚是既定模式的模仿,它满足了社会调适的需要;它把个人引向每个人都在行进的道路,它提供一种把个人行为变成样板的普遍性规则。但同时它又满足了对差异性、变化、个性化的要求。"① 显然,时尚是在特定时段内先由少数人实验而后来为公众所崇尚和仿效的生活样式。② 顾名思义,时尚就是"时间"与"崇尚"的相加,即短时间里一些人所崇尚的生活。这种时尚涉及生活的各个方面,如衣着打扮、饮食、行为、居住,甚至情感表达与思考方式等。由于时尚是特定时段内特定群体的共同行为,是社会大多数人共同参与的文化过程,因而本身就可以视为时尚文化。时尚文化,是指短时间里一些人所崇尚的文化表征行为。所以,下面谈论时尚,基本上就等于谈论时尚文化。

应当说时尚的生成,包括产生与演变,是有一定条件的。首先,它必须经过位居社会较高层次的少数群体对个性化的认同;其次,在大众中存在模仿的欲望和条件。当这两个因素同时具备时,时尚就会生成;而其中任何一方缺席,时尚则无法形成。位居社会较高层次的少数群体,往往是时尚生成的主要动因。人类社会总是在不同社会阶层之间相互冲突、调和、妥协的不断变化中发展的,时尚的发展进程与此类似。社会较高阶层为了确证和彰显他们与较低阶层之间的地位差异,常常利用自身的有利条件创造时尚、推动时尚的流行。正是通过时尚的发动与推广,他们得以有力地显示自身在社会群体中的优越地位和权力。因此,仅仅把时尚看作纯粹艺术或文化事业而忽略它与社会少数群体的利益的内在联系,肯定是片面的。

同时,社会较低层次对时尚的积极模仿,也是时尚得以生成的重要动因。社会较低层次的大众为模糊与较高层次之间的差异,拉近彼此之间的距离,往往积极地对时尚进行模仿。进一步看,当某种时尚被大众模仿并普及开来时,社会较低阶层的行为就会与社会较高层次的行为趋同,这当然在一定程度上有助于较低阶层减弱自身与较高阶层之间在社会地位上的悬殊感。但如此一来,时尚的差异性被削弱甚至完全失去了,于是,这种时尚便失去了作为时尚存在的意义。这时,社会较高层次的群体便会创造出另一种时尚来重新显现社会阶层的差异性。而这正是时尚富于变化的一个重要原因。

由于时尚的生成直接牵涉不同社会阶级或阶层之间权力关系的调节,因此它的存在及其变化就不只是时尚界自己的事情,而是与社会结构的稳定性相关联。当社会群体的差异明显而变动不居,并且较低群体有条件向上靠拢时,时尚的流行就是可能的。因为,这时的较高群体要通过打造时尚来显示优越感,而较

---

① [德]齐奥尔格·西美尔:《时尚的哲学》,费勇、吴嚳译,文化艺术出版社2001年版,第72页。
② 参见王一川主编:《美学与美育》,中央广播电视大学出版社2001年版,第62页。

低群体也要通过模仿或接受时尚产品来缩小地位差距。

在另一种情形下,当社会各阶层虽然存在明显差异但彼此关系趋于稳定的时候,社会高层次群体创造的时尚对低层次大众而言还是昂贵和奢侈的,那么,时尚的模仿性特征便会减弱,这时的时尚变化便显得不活跃。而同时,当社会结构不具备显著的阶级分层的时候,社会各群体之间的差距不明显甚至趋同,这时的时尚便仅仅具有分界和模仿的功能,只是一部分群体向相邻群体展示自身的不同。西美尔曾经举过这样两个例子:"据说大约1390年代的佛罗伦萨在男士服装方面没有流行的时尚,因为那里的每个男人都希望用自己独有的方式来展现自己。这样,在这种情况下,时尚的建构因素之一——统合的欲望——是缺席的,而缺了它就不可能有时尚。另一方面,有报告指出威尼斯的贵族没有时尚,因为一种特殊的法律要求他们穿黑色,以至于他们和较低阶层的区别十分明显,不再需要时尚。在此,只要缺乏另一方的构成性因素,时尚就不会出现,原因在于他们和社会底层的区别无须时尚来达成。"[①] 同样的例子在中国古代也出现过。在封建社会,明黄色是皇帝和其他皇室人员的专用色,达官显贵、平民百姓不得使用,因明黄色明显地显示了皇帝及皇室成员与其他人的差异,因此皇室人员也不再需要时尚;无独有偶,中华人民共和国成立前的云南彝族仍然处于奴隶制,作为统治阶级的"黑彝",在服装色彩和装饰品样式上,与被统治者"白彝"有显著的差异并做了相应的约束性规定,"白彝"不能对"黑彝"有模仿行为,因此"黑彝"也就不再需要借助时尚来进行对"白彝"的区分。

这样的时尚特征在我国十年动乱中曾经有过典型表现。在社会财富分配大致平均的背景下,社会各阶层之间的差异微小,整个社会中几乎无时尚可言。当时一些在军队大院中成长起来的年轻人,因他们父辈的功勋卓著而体会出自身的优越感,他们用社会上较为罕见的"将校呢"军装和"羊剪绒"军帽作为自身的标识,以显现与普通大众的不同。为了模仿这些"佼佼者",其他社会大众则采用种种手段试图拥有这两种代表身份的物品,甚至出现了偷窃或抢夺"羊剪绒"军帽的不良风气。这样的"时尚"在当时的中国社会环境下,竟然维持了十年左右。与此形成鲜明对照的是,四十多年来,伴随我国经济的高速发展,社会经济活动开始活跃,社会财富在不同群体中的分配比例逐渐出现差距,社会阶层开始出现分野,而时尚的变化则更为快捷。尤其是随着"中高等收入者"出现,时尚变化已经快得令人眼花缭乱、无所适从了。

到此,我们已经可以大体见出时尚的特征了。从字面来看,"时"是此刻,"尚"是共同崇尚。时尚仅仅表示此一时段的流行风尚,并不意味着永恒。因此时尚具有即时性和当下性特征。同时,时尚不是自发的,而是人为创造的,其人

---

[①] [德]齐奥尔格·西美尔:《时尚的哲学》,费勇、吴蓉译,文化艺术出版社2001年版,第76页。

为性包含着文化、前卫、潮流等内涵。这样,我们可以获得时尚及时尚文化的主要特征:

第一,人为性。这是指时尚不是自发地或天然地产生,而是人为制造的。时尚往往由少数人开创,随后引发大众跟从,例如从20世纪90年代至今先后流行过的卡拉OK、台球、保龄球、KTV、泡吧、高尔夫球、美容化妆、健身塑体、冰雪运动、住民宿、购买虚拟时尚等热潮。这种日常娱乐方式的变化显示了时尚的人为性。

第二,新奇性。这是指时尚具有新颖、奇异的面貌。任何时尚在一开始都具有新颖或奇特的特征,充满吸引力,诱惑人仿效。一些中小学生喜欢收集玩具里赠送的中外影视剧及游戏人物卡片,有的甚至还专门为了卡片而买玩具。这种极度痴迷反映了时尚的新奇和吸引力。再如,在众多的短视频时尚博主中,某位以传统文化内容为主的博主之所以脱颖而出,拥有大量粉丝,就是因为她的短视频别具一格,以中华美食、传统服饰、生活用品制造、国风音乐等为核心内容,不仅成功传播了丰富而厚重的中国文化,而且唤起了远离田园生活和慢节奏方式的都市人的乡愁,让海内外观众感到耳目一新,该博主也随之迅速走红,成为中国文化输出的成功范例。由于时尚需要不断地被创造出来,这就决定了它的新潮性和短暂性。新一轮的时尚形式与被其替代的过季时尚相比,必须具有更加鲜明的特点,这些特点不仅需要被本阶层的群体认同,而且还会带有较强的个性意识。

第三,变异性。这是指时尚具有变化快捷的特性。时尚往往迅速产生、流行,又迅捷落后、消逝,从而总是处在快速的变化中。这可能是它的一个最鲜明的标志了。"时尚"之"时",指的不是时间上的永久,而是短暂、短促——短时。流行时装、通俗歌曲、畅销书、时髦发型、网红打卡景点等,总是在短时间里流行一阵后,迅速成为过眼烟云。几年或转眼之间,就可能恍若隔世。当然,有时在特定情况下,已经被遗忘的某些时尚又可能经重新打扮后卷土重来,再演时尚的新场面。至于这种变异的规律,常常难以把握。正如法国学者罗兰·巴特所说:"被流行清单排除在外的特征并不是永远不可能回到清单上来,它对应着不可能的语段。因为如果组合的不可能性在某个文明社会领域内是必然的,那么,就更广泛的范围来说,必然性也就不复存在了。没有什么东西是放诸四海而皆准的;也没有什么是永恒的。……换句话说,时间可以使今天排除在外的组合明天却成为事实,时间可以重新发掘出尘封已久的意义。"[①]

第四,排他性。这是指时尚具有自足和排斥其他生活样式的特性。它以不

---

[①] [法]罗兰·巴特:《流行体系:符号学与服饰符码》,敖军译,上海人民出版社2000年版,第203—204页。

容置疑的力量强迫人抛弃旧时尚而紧紧跟随它，否则就会被认为或自以为"落伍"了，"落伍"的人在与他人相处时会丧失必要的"社会资本"。新时尚总是必然地要排斥和取代旧时尚，因为，它总是强行以新生活方向的代表的面目诱惑人。正如论者指出的那样："时尚是一种将流行款式或形式强加给人的行为，是一种任意性颇强、同时又排斥其他款式或形式的强迫的行为，当然，在同一时尚基础上的变异是被允许的。"① 一种新时尚本身可能"变异"出多种"亚类型"，但仍然会鲜明地排斥它的另类。

第五，优越感。这是指时尚总是社会资本或社会权力的象征，从而会给处于社会关系中的个人带来社会身份上的优异于常人的感觉。"社会资本"一词，由法国社会学家布尔迪厄提出，指个人的社会地位、身份、权利或财富等条件，这是生活在社会关系网络中的个人所赖以确证自身的尤其重要的"资本"。社会资本总是要体现在具体可感物之中，时尚正是能确证个人的社会资本的具体可感物品。莫泊桑的《项链》中的女主角渴望一条名贵的项链，为紧跟这一时尚而付出了沉重的代价。在她的眼里，项链是身份、地位和财富的象征，拥有时髦的项链就等于拥有了社会资本。在铁凝的《哦，香雪》里，农村少女香雪对普通女孩喜欢的发卡之类并不感兴趣，而是痴迷于笔和文具盒等文具，这表明她所倾心向往的是那个时代的时尚——"文化"或"知识"的象征物品。而在后来的《没有纽扣的红衬衫》里，女主人公安然喜欢的"红衣"又成为独特个性的时尚诠释了。在社会生活的特定时段，总有与其相适应的特定的社会资本状态，而时尚就往往充当了它的绝好的诠释方式。

第六，模仿性。这是指时尚往往具有仿效他人或引发他人仿效的特点。社会较高阶层为了稳定与社会较低层次之间的分野而创造了时尚，而社会较低层次的人们出于羡慕，必然会对时尚进行模仿。当这样的模仿达到一定规模，使社会各阶层间层次的差异变得不稳定时，旧时尚便会被由社会较高阶层所创造的新时尚代替。正是这样，创造、被模仿、再创造、再被模仿的不断循环往复过程，造就了时尚发展的历史。当然，无论时尚以怎样的形式出现，只有当它与社会大众的生活发生关联时，才会被模仿并成为流行。时尚的形式与大众生活的关联越紧密，其被模仿的范围就越大，形成流行的速度就越快，这个特征就是时尚的日常性。因此，当我们考察时尚的演变时，衡量时尚的一个重要标准就是它的实用性。实用性越强的时尚形式，越容易被大众认同，大众模仿的欲望就越强烈，模仿的范围就越大，也就越容易实现流行。

在此，有必要区分一下时尚文化与流行文化。时尚是由社会少数群体创造

---

① Colin Mcdowell, *Mcdowell's Directory of Twentieth Century Fashion*, London: Frederic Muller, 1984, p.9.

的,并由社会大众模仿的行为方式或生活方式。当大众的认同和模仿达到了相当的程度而形成全社会的行为方式时,这种时尚形式就成为流行,时尚所具备的差异性和模仿性就基本消失了,也就是说,当流行文化出现时,时尚也就接近于终结了。在20世纪70年代末和80年代初,T恤衫、牛仔裤、比基尼泳装先后进入中国内地,被大众接受并且实践,在那个时候,它们无疑是时尚的物品;随着社会进程的发展和大众认同程度的提高,T恤衫和牛仔裤早已成为流行服装进入人们的日常生活,伴随日常性的增强,自然也就失去了时尚的地位,而比基尼泳装由于受传统文化的影响和传统道德观念的约束,没有大规模模仿和流行,至今仍然处于时尚的地位。所以,从范围上讲,流行文化比时尚文化要广泛。

时尚的产生并不只是出于少数人的单纯的标新立异目的,而是要满足某种社会需要,即体现特定的社会功能。时尚的社会功能是多方面的,其中最为重要的是社会阶级关系的调节。具体说来,这种社会调节功能体现在两方面:

第一,实现社会阶级的区分。我们知道,时尚是特定时段里某些社会群体的需求的产物。一方面,发起这种新的行为方式和生活方式的那些少数社会成员(或称精英),往往就是要通过制造时尚来把自己这个社会阶层与其他社会大众区分开来。这种区分正显现着他们与大众在身份意识、文化认同及社会地位等方面的差异,划定出他们与大众之间的界限。而另一方面,出于对少数群体如贵族阶层的富足、奢华等生活标准和生活方式的羡慕与向往,社会大众面对时尚时往往只能做出亦步亦趋的模仿。当大众的模仿被普及甚至趋同于少数群体所制造的时尚时,社会不同阶级之间由少数群体划定的界限就会被打破,呈现出社会各种阶级趋同的态势。但每当此时,少数群体面对被同化的危险,将会立即转向新时尚的创造,以达到保持社会阶级差异的目的。这正是时尚不断变化的重要原因之一。从这个角度来分析,时尚拥有这样的功能——实现社会中不同阶级的区分。具体地说,它既可以使社会各个不同阶级能够和谐相处,也同时达到了使之相互分离的目的。

第二,体现社会阶层的区分。时尚不仅具备区分社会不同阶级的作用,同时还具有将社会相同阶级中不同阶层加以区分的功能。一方面,对那些依靠钻营而跻身上流社会的"新贵",以及凭借商业上的成功而聚敛财富的暴发户,西方上流社会的世袭贵族们虽然在社交行为上表现出接纳的态度,但在思想观念中却是排斥的。尽管这些"新贵"和暴发户在社会地位、财富数量等诸多方面已经同世袭贵族趋同甚至超越了他们,但世袭贵族们却从骨子里鄙夷他们,并且用更加花样翻新的时尚来炫耀自己在文化品位、生活格调,甚至是智力等方面的优越感。而另一方面,处于较劣势的"新贵"和暴发户们对上流社会行为和时尚的追寻和模仿,更是不遗余力,他们用尽全力试图赶上上流社会的时尚步伐,以便显示自己的社会身份的提升。正如西美尔所述:"一个阶层越是接近其他的阶层,来自较下层的对模仿的寻求与较上层的对新奇的向往就会变得越加狂热。"①

这种现象在19世纪批判现实主义文学大师的笔下被鲜活地描述出来。雨果《悲惨世界》中的主人公冉·阿让虽然已贵为市长,但他身上的一些平民做法仍令上流社会感到诧异,进而对其身份产生怀疑。福楼拜在《包法利夫人》中写道,包法利夫人看到自己的丈夫随身携带小刀时,就认为身为医生的丈夫不入时、不上流、很"农民",对丈夫产生了鄙夷并深感耻辱。司汤达笔下的于连·索雷尔(《红与黑》)、莫泊桑笔下的乔治·杜洛瓦(《俊友》)在初次面对上流社会时,备感窘迫和手足无措。这些都表现出贵族们内心深处对"新贵"和暴发户的不认同,而那些"新贵"和暴发户在不得不承认自己与贵族差距的同时,也不禁为自己的地位卑微而感到羞耻。因此,一方面,贵族们希望通过时尚对"新贵"和暴发户进行阶层界限划定和人群区分,是很正常的;而另一方面,"新贵"和暴发户们为了被上流社会认可和接纳,不断地学习、模仿上流社会所制造出来的时尚,似乎就是更自然的事情了。狄更斯在《远大前程》中详尽地描写了男主人公匹普如何被训练为一个上等人的过程。他努力学习各类知识,演习各种繁复的礼仪,练习跳舞、击剑等。同样,《俊友》中的乔治·杜洛瓦也在努力模仿着上流社会的生活方式,学习如何在大庭广众之下发表自己对政治问题的看法,甚至为吸引贵族们的注意而故意语出惊人。这些绘声绘色的图景表明,追求并模仿时尚,采取贵族们的思想方式和行为方式以取得贵族们的认同,是"新贵"们弥补阶层差异、使自己真正成为上流社会成员的重要而有效的方式。从内涵上考察,大多数时尚是西方上流社会的贵族们在宫廷中和沙龙里进行的浪费时间和金钱的把戏。这种由贵族们制造的时尚形式以服装样式、装饰品、生活方式为主,是快乐的并周而复始的。

由上可见,时尚并不是现代社会可有可无的个人所有物,而具有特定的社会功能。不同的时尚往往可能契合不同的社会阶级或阶层的社会身份需要。透过不同的时尚,可以窥见特定时段的社会心理、习俗、行为方式等总体风貌。

进入20世纪以来,时尚出现了新趋势:

第一,大众化。这是指时尚的主导力量从贵族向平民转化。在西方,时尚原来是社会的较高阶级或贵族的特权的象征。但随着英国工业革命的胜利,封建贵族势力渐渐走向衰败,资产阶级势力逐渐成为左右西方社会政治、经济的主要力量,时尚的权力开始向普通大众倾斜。当封建贵族阶级以创造者的身份引领社会时尚的情形成为明日黄花时,新兴的资产阶级和不断崛起的城市布尔乔亚逐渐地晋升为新时代的佼佼者。原本由封建贵族所创造的、带有很强个性化意

---

① [德]齐奥尔格·西美尔:《时尚的哲学》,费勇、吴䜩译,文化艺术出版社2001年版,第74页。

味的时尚,不得不从贵族化向平民化转变。这一点在进入20世纪后尤其鲜明。由于经济和科技的高速发展,资本经济的理念和工业化的经济模式主导了世界经济生活,对人们的价值观和生活方式也产生了巨大影响。社会财富的不断积累和城市有产阶级队伍的不断壮大,使得时尚带有了一些大众化的意味,时尚作为一种个性化的文化形式与大众文化开始有了融会点。

比如,自20世纪50年代以来,工人阶级文化在英国快速流行,英国出现了不同以往的"向下看"的风气,"阶级间的时尚等级也被颠倒过来"①,有人这样描述这一现象:

> 上层阶级的青年纷纷涌向平民风格。中下层青年成为社会的榜样、模仿的对象,他们在市场上有了自己独立的地位,开始引领时尚风潮。牛仔裤成为流行服饰,大众化的流行音乐代替了只在音乐厅里演奏的高雅音乐,上流社会的男女纷纷脱去从小就讲的"牛津英语"口音,改用一种接近伦敦一带工人阶级的腔调或模仿他们说一些粗鲁的话。衣着和语言这些曾是一个人的阶级属性和外部标志的东西已趋同。这些日益模糊的外部特征使阶级界线不再明显,从而淡化了人们的阶级意识。这是年轻一代对旧的价值观念的挑战,在新的社会中,他们需要有自己的不同于父辈的生活方式和价值判断。②

从"向上看"到"向下看",从上流风尚到平民风格,时尚的流变体现出一种新的美学风格,改变了社会文化趋向和时尚潮流。学者凯瑟从服装社会心理学的角度把它概括为时尚文化的"拉锯战"(tag-of-war):"已经有许多实例证明确实有许多流行风格的来源,是上流社会以外的其他各种阶级(比如从街头上或从亚文化里产生出来的)。因此,顺流而下这个字眼并不符合流行变迁的实情。各种文化的拉锯战这种比喻或许较能代表各种美学符号的争斗。"③她的意思是说:在时尚文化的"拉锯战"中,交战的双方是大众文化和主流文化,上流阶级和街头平民,这场战争没有永恒的胜利者,但显然大众文化、亚文化经常占据上风。

第二,文化产业化。这是指时尚已经作为文化产业的一部分被生产。在不断追求利润最大化和崇尚金钱的现代社会,与文化已经成为一种可以用产业化手段生产的产品相应,各种时尚正随时随地按市场的需要生产出来,加入社会的流行大潮。生活中处处可以感受到带有经济和文化双重身份的时尚文化产品

---

① [英]乔安妮·恩特维斯特尔:《时髦的身体:时尚、衣着和现代社会理论》,郜元宝等译,广西师范大学出版社2005年版,第169页。
② 戴立云:《浅析战后英国"青年文化运动"》,《青年研究》2004年第3期。
③ [美]Susan B.Kaiser:《服装社会心理学》,李宏伟译,中国纺织出版社2000年版,第593页。

的存在。时装展示、畅销书刊、广告、时髦电视剧、流行音乐等,必然地带有文化和商业的双重印记。同时,现代科技及媒介技术的发展,也极大地促进了这些时尚文化产品的大众化进程,广播、电影、电视、互联网等无时无刻不在对普通公众的视觉、听觉进行着"地毯式轰炸",诱惑他们把时尚视为生活理想而倾心跟从。随着普通公众的跟从,特定时尚的消费热潮必然高涨,这就刺激时尚产业的生产扩张。时尚原有的与大众文化的较为对立的关系,在现今文化产业化手段的操纵下,就有了一定的彼此相容性和重叠性。而当时尚与大众文化同时成为文化产业时,两者就可能携起手来。在这一点上,时尚文化是不折不扣的大众文化,虽然它并不完全等同于一般的大众文化。

不过,时尚在经历了产业化之后,可能会失去其最初的风格和风格的意味。文化研究学者赫伯迪格曾以20世纪70年代的英国朋克为例,讨论了文化工业对时尚文化的影响:

> 健康饮食餐厅,手工艺品商店,以及嬉皮士年代的"古董市场",所有这些都可以轻而易举地变成朋克服饰店和唱片行。不论朋克风格的内涵是多么触目惊心,下面的情形都会发生:在1977年夏季之前,朋克的服装和徽章已经可以通过邮购方式弄到手;而在同年九月,《时尚》(Cosmopolitan)杂志刊载了一篇评论桑德拉·罗德斯(Zandra Rhodes)的最新款系列女装的文章,这些怪诞的女装完全是朋克主题的变体。模特们佩戴着大量的安全别针和塑胶制品(别针镶嵌着宝石,缎料般光滑的塑胶),影影绰绰地现身,她们的饰物配件上最后出现了一句警句——"让人震惊就是时髦"。[1]

赫伯迪格在这里向我们透露了朋克文化被文化工业和市场收编后,成了一种时尚,主要特征有:其一,市场(餐厅、手工艺品商店和嬉皮士用品店)不管和朋克文化有无关联,都可以改头换面通过对朋克商品的销售而获利;其二,具有朋克风格的产品销售渠道很广,可以通过门市购买,也可以邮购;其三,朋克风格已经从一种粗鄙的风格变成了怪诞而高贵的时尚;其四,转换后的朋克风格不再具有抵抗意义,而只是为了追赶"时髦",它试图"震惊"的对象不再是支配文化,而是一切失去阶级身份的人群。

第三,实用化。这是指时尚具有在实际生活中应用的特点。一些通过文化产业生产出来的时尚是可以被芸芸众生模仿的,但它们并不代表大众自身的创造力,而是由社会强势群体或代言人发布的,这些人包括工业巨子、商业巨擘、文化精英、时装设计大师、超级名模、超级巨星等。这样的时尚因其具有实用性而

---

[1] Dick Hebdige, *Subculture: The Meaning of Style*, London: Methuen, 1979, p.96.

容易被大众接受和模仿,从而最终流行开来。现代时尚中不乏时髦而不实用的物事,随着时间的推移,它们很快被淘汰和遗弃。而那些方便人们使用、给日常生活带来便利的时尚,则会流行开去、流传下来,最终成为人们生活中的一部分。20世纪末,美国一项有数十万人参加的网上调查显示,20世纪最佳时尚的前十位是:水洗免熨织物、网上购物、带轱辘旅行箱、比基尼泳装、女式长裤、劳动布装、周五便装、无带乳罩、嬉皮装扮和信用卡。名列前茅的还有T恤衫、超短裙、卡其军装和运动乳罩等。其中女士长裤和比基尼泳装带有很强的革命性和反经典色彩,而T恤衫是内衣外穿的成功典范。

## 二、消费文化中的时尚文化

从字面讲,"消费"指的是人们为满足生存发展的需要而使用商品和享受服务的行为。雷蒙德·威廉姆斯从词源学的角度对消费及消费者等相关概念作了追溯。他指出,"consumption"一词是14世纪开始出现在英语中的,但在很长时期里都具有明显的贬义色彩,带有"摧毁、耗尽、浪费、用尽"等负面含义。从18世纪中期以后,它的贬义开始消退,成为一个与"生产"(production)相对而言的概念。在20世纪(尤其是20世纪中期以来),在表示商品的购买和使用时,consumer和consumption在使用上要比user、customer等语词占压倒性优势。"消费"和"消费者"之所以比"使用"和"顾客"更为常用,是因为"消费"所满足的需要和渴望超过了基本的、生物需要的范围,现代制造业或商业,不仅仅供应人们已知的需求,它还通过现代商业广告"创造各种需求",让人们去消费。①

在当代,时尚的打造绝非只是设计师自我理念的一厢情愿的表达,而是从来都与市场、消费者紧密联系在一起。消费可以说是贯穿人们日常生活的社会性活动,一般体现为金钱与物质的交换。从这个意义上看,时尚发展的历史也是一部人类消费的历史。一个人的消费观念,是其文化品位、审美情趣、社会地位、身份意识等综合因素的个性化体现。不同的消费档次和消费品位,往往通过不同的消费行为表现出来。简言之,时尚与消费是息息相关的,因此由后者可以折射出各个时代人们的文化理念、生活态度和审美取向。需要注意的是,尽管有些时尚是通过思想和观念的方式来体现的,但是时尚不可能是绝对虚拟的,它更普遍的是通过物质的方式而显现的。当时尚的追随者通过对时尚的模仿实现了他的身份意识时,他所付出的代价也就超过了常规的物质性消费。从根本上说,时尚以物质的形式体现,而物质也同时被包容在时尚之中,追求时尚,其实质就是超越常规的物质消费。时尚与消费的联系在今天已经变得越来越密切了,以至

---

① 参见[英]雷蒙德·威廉斯:《关键词:文化与社会的词汇》,刘建基译,生活·读书·新知三联书店2005年版,第85—87页。

于时尚成为消费文化的一部分。

20世纪是一个物质欲望不断被激发的、崇尚消费的时代。这种消费的新特点之一,是文化本身成为消费的对象。文化作为符号表意系统,被产业部门成批生产出来,满足公众的消费需要。正是在这种消费文化条件下,时尚随着大众文化的迅速发展而进入大众日常生活。在利益最大化原则的驱动下,由社会强势群体控制的跨国资本有目的地制造他们可以操控的时尚,并通过专门化、规模化和产业化的手段引导大众的日常消费行为。时尚产业常常注意针对特定社会群体制订生产与促销计划。"这时,(以家务为中心的)服务性杂志、时装和美容杂志、生活方式和消费品杂志以及自我教育杂志有了明确的分野,为有目标的推销行为开了先河。不同消费集团的特点开始受到注意。"①

正是应和了这种分层促销的世界性文化消费与时尚生产策略,20世纪90年代应运而生的中国《时尚》杂志,在其创刊号(1993)的主编寄语中这样论述时尚:"时尚不是追波逐流的时髦,不是浅层次意义上的标新立异;时尚是一种文化,一种品位,是富有深刻精神内涵的社会现象。"②时尚已经被提升到"文化"的高度。"《时尚》是时代风尚。努力反映生活方式的变化给人们的观念带来的冲击,侧重于体现消费文化的传播。《时尚》的读者将是成熟的文明者。"③这就要求把时尚纳入"消费文化"渠道去理解和模仿。《时尚》杂志要做的事情,就是向"成熟的文明者"传播消费文化,实施消费引导。

时尚作为消费文化的特点,在当代突出地体现在名牌消费上。跨国资本为了稳定自己的市场占有率以谋取最大利润,往往将其产品赋予独特的标识而与其他同类产品加以区别,这样就诞生了一个充斥着我们消费生活的概念——名牌。名牌产品往往具有更强的市场号召力和更持久的生命力,是强势产品。它与其他品牌产品的最大区别是价格:它价格相对昂贵,有巨大的利润空间。当人们从普通的日常生活必需品的消费转变为对名牌的追求与依赖时,一个带有20世纪特点的时尚现象——名牌消费便出现了。

以牛仔裤为例。研究现代时尚的学者不约而同地注意到了牛仔裤身份的变化。牛仔裤的鼻祖是出现在美国西部的用搭帐篷的帆布缝制的裤子,由于其结实耐磨而被广泛用于工装裤。从20世纪50年代开始,牛仔裤开始转化为年轻人象征的时装。珍妮弗·克雷克认为:"这一转化过程的关键是中产阶级的摇滚乐歌手和电影明星(如埃尔维斯·普雷斯利、埃迪·科克伦、吉恩·文森特、马龙·白兰度和詹姆斯·迪安)于1950年代采用了(裆部配有纽扣的)列维·斯特劳斯

---

① [英]珍妮弗·克雷克:《时装的面貌:时装的文化研究》,舒允中译,中央编译出版社2000年版,第70页。
② 《主编寄语》,《时尚》1993年第1期。
③ 《主编寄语》,《时尚》1993年第1期。

501号牛仔裤和黑色皮夹克来表现一种'强硬粗犷、富有年轻人反抗精神的形象'。"① 对于成为时装的牛仔裤,美国文化研究学者约翰·费斯克进行了更为详细的分析:"如果说牛仔裤曾是一种普通的劳动布工装裤,那么现在它已完全不同了。同所有商品一样,牛仔裤被赋予种种品牌名字,它们彼此竞争,以占领特定的市场部门。厂商们试图识别出社会差异,然后在其产品中构造出相应的差异,于是社会差别与产品差别便相互测绘(mapped)。广告便被用来赋予这些产品差异以意义,使得那些生活在广告所瞄准的社会结构中的人,意识到自己正在'被告知',甚至在该产品中辨识出自己的社会身份认同与价值观念。501与505系列不同的涵义(以及相应的市场部门),至少被广告宣传,同样也被牛仔裤本身的种种差别,精心创造出来。"② 而穿名牌牛仔裤(designer jeans),正成为社会阶级或阶层确认自身身份的一个重要标志。"穿着'名牌牛仔裤'是一种区隔行为,是用一种在社会层面可以定位的口音,言说着一种共通的语言。它是在社会层面向高消费阶层的一种位移,是转向都市及其复杂状态,是趋向时髦与社会特殊性。"③ 通过名牌牛仔裤与普通牛仔裤的区别,人与人之间的社会地位显现出来。费斯克这样归纳普通牛仔裤与名牌牛仔裤之间的区别关系:

| 普通牛仔裤 | 名牌牛仔裤 |
| --- | --- |
| 无阶级的 | 高消费阶层 |
| 乡村 | 城市 |
| 共同的 | 社会层面特殊的 |
| 单性的 | 女性的(很少一部分是男性的) |
| 工作 | 休闲 |
| 传统的 | 当代的 |
| 恒常不变的 | 无常易变的 |
| 西部 | 东部 |
| 自然 | 文化 |

费斯克把名牌牛仔裤视为消费文化中的一种有力的社会性象征符号,他指出:"牛仔裤符号意义的转变,在某种意义上,正是美国乡村神话能被吸收到当代都市化、商品化社会中的一种方式,而在这个当代社会,那些试图使我们一体化

---

① [英]珍妮弗·克雷克:《时装的面貌:时装的文化研究》,舒允中译,中央编译出版社2000年版,第266—267页。
② [美]约翰·费斯克:《理解大众文化》,王晓珏、宋伟杰译,中央编译出版社2001年版,第11页。
③ [美]约翰·费斯克:《理解大众文化》,王晓珏、宋伟杰译,中央编译出版社2001年版,第11—14页。

的大众生活的压力以及同质化的力量,已然促成了对个性与社会差异感的深切需要。"① 由此揭示了时尚在当代社会调节中的作用。

可见,当名牌产品在成为时尚的载体时,其内涵已经发生了变化:它不再仅仅是一件商品,而是同时被附加了某种显得与众不同的高级文化价值。名牌产品消费者在消费名牌的同时,其本身在商品社会中的地位也得以确认并显现。因此,在现代时尚概念中,名牌已经成为无声的语言,它象征着人的社会地位和角色归属。追求名牌消费,以高额消费彰显身份、地位,满足个人的归属感需求,或许就是消费文化条件下时尚的真正内涵。

### 三、时尚的引领者和实践者

社会中哪些群体是时尚的引领者和实践者呢?在当今美国,引领时尚的常常是百万、千万、亿万富翁群体。美国的经济模式使不少原本赤贫的人在短时间内成为富翁。这批占社会成员极小比例的群体,却占据着极大比例的社会财富。用"挥金如土"来描述他们的消费行为,是一点也不过分的。兴建超过1 000平方米的豪宅、购买价值1 000万美元以上的豪华游艇、拥有不止一部豪华私人轿车、收藏毕加索和凡·高等画家的传世名画,都是这些富翁们挥霍金钱和创造时尚的标志。美国电视剧《富豪侦探》中有一个稍显夸张的情节,可以传达出他们在时尚潮流中的引领作用:一位美国单身富豪出于兴趣开办了一家私人侦探公司。他在公司的私人办公室位于一座大厦的顶层。他进出这间办公室的出口并不靠近大厦的电梯,而是通往大厦楼顶天台的一扇门,其中的缘由在于,他的日常交通工具是一架比高级豪华轿车更加昂贵的私人直升机。

依照时尚逻辑,美国富翁阶层的消费方式和生活方式被美国和世界各地的中产阶级争相效仿,是毫不奇怪的,其他更低层的社会阶层面对那种奢侈的生活方式除了羡慕之外,只能望洋兴叹。中产阶级一直是美国社会中最庞大的和最具代表性的社会阶层,物质、财富和金钱同样是衡量他们是否成功的标准。而追逐时尚所带来的超额消费同样是他们有限的收入无法支撑的,于是信用卡和信贷消费制度便应运而生。20世纪50年代,信用卡的推广和普及,房产、汽车以及耐用消费品的分期付款消费方式,为追求时尚的超前消费提供了最大的便利,使更多的人加入追求和模仿时尚的行列中。人们为了保持自己的信用度而从事两份甚至更多的工作,以求保证并获得更多的消费信贷,而所取得的消费信贷又被投入更多的追求时尚的消费中,以至于人们的工作变成了还债的劳动。

在当代中国,引领和实践消费时尚的,是在改革开放后先富起来的一批"中等收入者"或中等阶层。中国的中等阶层逐渐成为一个相对独立的社会群体,

---

① [美]约翰·费斯克:《理解大众文化》,王晓珏、宋伟杰译,中央编译出版社2001年版,第14页。

由于经济收入和物质消费水平的保障,他们有能力体验并引导某种新的生活方式。这些中等阶层所追求的生活方式,受到以美国为代表的强势文化的影响而显现出西化的色彩。一些身为中等阶层的社会名人,由于经济、地位、工作性质等原因,能够比普通大众更多地接触到西方的生活,更多地了解许多对普通大众来说还很陌生的西方品牌,他们在生活方式、审美情趣、消费观念上,不自觉地充当着西方时尚的引入者。

以酒在中国从平常生活到时尚生活的转变为例。酒文化是中国历史悠久的文化传统之一。从中国历代文人墨客的诗篇中,可以感受到他们寄托在酒中的情感,如曹操的"何以解忧,唯有杜康",李白的"天子呼来不上船,自称臣是酒中仙""五花马,千金裘,呼儿将出换美酒,与尔同销万古愁",苏轼的"酒酣胸胆尚开张,鬓微霜,又何妨",辛弃疾的"醉里挑灯看剑,梦回吹角连营"等。在现代中国人的生活中,酒仍然占据着重要的地位,无论是喜庆、团圆,还是聚会、送别,甚至发丧、吊唁等场合,酒都不可或缺。但是,虽然酒在中国的文化历史和现实生活中承担着重要的角色,喝酒却从未成为过时尚。改革开放以来,随着国民经济的快速发展,市场情况得以改观,酒的种类大大丰富,质量也显著提高,各种中高档酒进入人们的日常生活。20 世纪 80 年代,西方酒制品也开始进入中国市场,伴随着各类名牌洋酒带有浪漫色彩的电视广告的播出,更多的中国人认识并且接受了这些价格不菲的洋酒时尚。而到 90 年代,喝洋酒成为经济发达地区的一种时尚,它是身份、地位、财富、文化品位的象征。某年春节前夕,广州一大型商场储备了 24 箱法国名酒,以 9 800 元一瓶的价格投放市场,孰知上市仅一天便告售罄。随后的跟踪调查披露了这样的事实:中国已经成为法国名牌酒的最大进口国。虽然洋酒在中国市场上可以达到很高的销售额,但是由于这些名牌洋酒的价格远高于中国本土高档酒,有的甚至接近万元,喝名牌洋酒仅仅是盛行在由私企老板、高级白领、演艺明星、文化名人等社会群体构成的中产阶层中的一种时尚。

名牌洋酒以其代表的文化蕴含在中国得到了中产阶层的认同,并成为一种标识饮用者身份的时尚,但由于价格的昂贵而无法流行,这点在中国与西方世界是没有区别的。另外几种我们耳熟能详的舶来品,却随着人们生活水平的不断提高而成功地从时尚演变为流行,这些就是带有西方快餐文化色彩的麦当劳、肯德基、必胜客等。当陆文夫在小说《美食家》中详细地描写主人公起大早、坐洋车去享受小吃名店中的第一屉小笼包和第一碗馄饨的惬意时,应该想不到短短几年后,"洋快餐"便快速流行了。20 世纪 80 年代末始,肯德基和麦当劳相继在北京、上海等大城市率先登陆,并以连锁经营的方式迅速发展。按照麦当劳和肯德基的定价原则,它们在世界各地的连锁店价格是基本统一的。当时一个大学毕业生的月收入在百元左右,相约三两好友去开一次"洋荤",其代价相当于一个月的工资,而对于普通家庭来说,其代价更是难以承受。但正是附加在这些洋快餐上的西方文化，以及当时中国白领阶层的认同，使得品尝一次麦当劳或者肯德基成为一种时尚。当时普通大众争先恐后的情景在今天是难以想象的——"洋快餐"店前长龙不断，需排队叫号。而对于洋快餐的喜好和认同，在大众生活水平普遍提高之后，便迅速地从时尚转变为流行。

### 四、时尚生活方式

在当前消费文化条件下，时尚实际上已经成为社会群体的特定生活方式。时尚生活方式有许多具体表现形态，这里仅简要论述。

第一，家庭小型化、个性化。时尚作为生活方式的特点，典型地体现在家庭模式从大家庭到小家庭的转变中。从原始社会到现代社会，人类生活方式经历了多次变迁，从以部落为单位的群居生活，经过以家族为单位的集体居住、共同生活，直到现代生活中以家庭成员为单位的小型化家庭单独居住。随着社会文明程度的提高，社会经济的高速发展，社会劳动分工越来越具体化，大家族成员之间互相依赖、互相需求的生活方式变得不那么必要了，隔代社会成员之间的生活理念差异、价值观差异、生活习惯差异逐渐显露，因此，家庭小型化已经成为现代人生活方式的必然发展方向。与大家庭生活相比，小型化的家庭生活有着明显的独立性和私密性，呈现出较强的个性化特点。几十年前的中国社会，由于社会财富的分配比例大致相同，人们的生活方式和生活习惯基本相同，各家庭之间的实际差距很小，家庭的个性化特点并不明显。而在当今，由于社会阶层的出现，各家庭之间的差异越来越大，个性化特点越来越明显。

第二，日常消费高档化。当我们考察一个家庭或个人的生活水平和生活方式时，日常消费品的不断的高档化是值得注意的趋势。日常消费高档化，是说特定时段公众的日常消费总会追求一种比现有水平更高的时尚目标，而这种更高的时尚目标往往随着时代的演变而向上攀升。在改革开放之初，中国大众的生活水平普遍较低，日常消费品的品种不多，那时的青年人订婚，女方能得到的最为贵重的定情物往往是一块"上海牌"手表，结婚时能拥有一个"三开门"大衣柜便感到满足，如果再有能力购买到一台"红灯牌"电子管收音机，简直可以称作"奢侈"了。后来，随着人们的生活水平的提高，市场上的商品逐渐丰富，男女青年结婚时的要求就提高到"三转一响加彩色"（指手表、自行车、缝纫机、双卡录音机、彩色电视机）的水平。进入20世纪80年代后期，人们的生活水平进一步提高，洗衣机、电冰箱、录像机、高级音响、高档照相机甚至摄像机逐步走入普通大众的家庭。90年代，尤其是到了90年代后期，人们的收入普遍大幅度提高，生活方式和情趣更是发生了巨大的变化。除了上述家用电器和消费品外，空调、微波炉、饮水机、浴室用热水器、手机等都参与到提高人们生活质量的时尚进程中。室内健身器械、电子瘦身仪等非生活日用消费品也屡见不鲜，假日旅游甚至出国观光也成为平民百姓可以偶一为之的时尚。21世纪人们的日常消费水平更高,如室内的高档装修、不断升级的高档轿车、各类尖端的数码产品,甚至连私人游艇、私人直升机等也不再罕见。

这种时尚生活方式的转变,可以从家庭浴室的时尚演变来看。20世纪80年代末以前,普通市民的洗浴基本上是在公共澡堂中进行的,在那里每个人都是赤裸的,完全暴露在他人的视野之内,没有差异、没有区别。当社会阶层产生分化后,阶层之间的差异随之产生,有能力对先进物质生活进行消费的人开始追求新的时尚生活方式,并力图在生活方式上保持与普通大众的差异。因此当大众还在公共澡堂里洗浴的时候,他们便开始在自己的住宅中设置私人浴室。而当大众也开始拥有私人浴室时,他们已经躺在大型家庭用水力按摩的浴缸中,一边享受浴室中高级音响带来的音乐陶冶,一边体验着水力按摩带来的舒适和惬意。特别是21世纪以来,浴室更加私人化和舒适化,而新世纪环保健康的时尚理念也更加受到青睐,于是人们面对流行的"负离子",不再买难养的喜阴植物,而是买一种类似挂画的氧吧砖布置自己的浴室。

第三,服装时尚化。回首过去的百余年,美的标准可谓经历了彻底而又有规律的变更。无疑,当下以经济为主的社会变革和扩张新市场的需要,对改变人们的审美观念起到了推波助澜的作用。同时也不容否认的是,一些设计天才们的奇思妙想改写了美的历史,丰富了美的内容,雕琢出时代的精神。当下盛行的"时装秀"就很是集中地"show"出了我们这个时代的"炫"。于是,我们看到维斯特伍德和加里亚诺这些时装大师承前启后,不仅成为过去时装风格的代名词,而且将时装推向了一个新的方向。也正是在媒体、广告商、设计师和艺术家们的群策群力下,不断变幻的时装不时带给人以新的惊喜。比如中国风在近年时装界成为时尚,"在巴黎2013秋冬时装周上,俄罗斯设计师Valentin Yudashkin设计了冰雪女神系列,服装镶满了雪花图案,浪漫唯美,尤其是模特头上的毛绒头饰,很像中国的戏曲头饰。英国著名服装设计师约翰·加利亚诺采用了中国风的水墨元素,模特英气剑眉、飒爽身姿,体现了东方'文人'洒脱的气质,富有设计感的水墨印花裙装,为整个秀场增添了不少诗情画意。在瓦伦蒂诺的秀场中,设计师将中国的青花瓷元素与近几年颇为流行的小翻领设计混搭,创造出一种俏皮玩趣的时装艺术,体现了古典与现代的结合"。[①]又如,韩国的服装近些年一直走俏,不只风靡东南亚,甚至冲击包罗欧美在内的整个世界服装市场,于是在服装领域出现了由韩国影视剧所引发并风行的"哈韩"服装潮流。韩剧《冬季恋歌》中男主角的服装造型——身穿冬大衣、系着蓝围巾以及《人鱼小姐》中女主角的优雅套裙……他们如此唯美地演绎着着装的时尚品位。正是这些韩国青春偶像

---

[①] 参见史亚娟:《视觉文化视域下的时尚秀场文化研究》,《文化研究》2013年第5期。

形象成功塑造并推陈出新地迎合、引领了广大观众尤其青年人求新求异的着装心理和潮流,在中国由此出现了最炫也最典型的韩国服装代言人——"哈韩"族。他们从内到外很鲜明地标示出十足的"韩"味:典型的韩式五彩染发、超大码的牛仔裤和T恤、炫目橙黄和耀眼银色的韩装、色彩斑斓的袜子等从头到脚一系列的穿衣打扮,甚至思想行为都是"韩"味十足。对此,威尔逊已经指出,时尚系统不仅向日常衣着提供衣着本身,还提供有关衣着的话语以及围绕衣着的美学理念。这些时尚的话语,其作用在于将一般的衣物呈现为有意味的、美的和可欲的,因此正如劳斯所说的,时装不仅仅是一种商品,它还是"被赋予了某种风格的衣物的品质。因为一种特殊的款式的衣着要想成为时尚,它实际上就必须被某些人穿并且被某些人识别和承认它是时尚"①。

第四,休闲成为时尚。现代的时尚生活方式多种多样,休闲是其中较典型的一种。对于中国人来说,周末的野游、公共假期里的出国观光、吃日本料理、和好友泡吧、茶馆小聚等休闲生活,都是带有时尚意味的,它们基本上属于中产阶层的行为方式,且不管它们是不是可以成为流行,个性化是它们共同的特点。而需要花费更多金钱才可以实现的郊外住宅、第二辆私家轿车、超大屏幕背投电视、家庭按摩浴缸、高尔夫球会员、美容手术、美体运动等,则是中产阶层所追求的更高级的时尚生活方式。20世纪末、21世纪初的热衷于休闲时尚的人,往往追求这样一些生活状态:去音乐厅听音乐,在宜家买家具,出国旅游,收藏古董家具……

### 五、理解时尚文化

从上面的论述可见,时尚是生活中诱人的东西。它不断地、及时地"制造"出新的生活方式,强迫人们"自由地"仿效。确实,你跟随时尚似乎出自自愿,没人胁迫你;但是,生活的时尚机制却迫使你无意识地紧跟,否则你会失去你必要的"社会资本"。这样,时尚就通过制造新生活欲望而强迫人跟随。因此,时尚是最贴近生活欲望的东西,它向人们打开通向新的生活世界的欲望之门。在这个意义上,时尚好比生活这部巨书的新的一页,驱使人阅读;宛如黑夜里在远处闪光的萤火虫,诱使人前行。真正了解并契合人欲望的,正是时尚。

不过,时尚虽然代表新生活的闪光,但这闪光本身却大可让人怀疑:第一,时尚仅仅代表生活中最前沿的那部分,而绝不可能代表生活的全部,因而不能错把时尚当成生活本身。第二,相应地,跟随时尚的往往只是一部分人,甚至是一小部分人,而永远不可能是大多数或全部。所以,绝不能简单地以时尚去代表全部生活方式,以为某种时尚流行就等于生活总体照此发生和演变了。第三,时尚

---

① 转引自[英]乔安妮·恩特维斯特尔:《时髦的身体》,郜元宝等译,广西师范大学出版社2005年版,第55页。

是短暂的。它恰似流星、譬如朝露，虽然诱人却不可靠，属于生活中的不稳定现象，无法满足人的永久性渴望。一个一心追逐时尚的人，总会遭受新时尚的无情嘲弄，因为，个人是无法真正适应时尚的变化的，他注定终究会是时尚的落伍者。在生活中不停地追新逐奇的人，到头来会品尝苦果。第四，人们希望借助于时尚炫耀个人的优越，却往往被激发起不切实际的欲望，加重生活的失衡感或失落感，正如莫泊桑《项链》里的女主人公那样。

总的来看，时尚既吸引人又排斥人，既美丽又虚幻。我们无法简单地拒绝时尚，因为它毕竟昭示着生活中的美；同时，我们又难以完全认同于时尚，因为它所昭示的美有其虚幻成分。时尚就是这样既充满令人诱惑的美又充斥难以掩饰的虚幻性。我们无法厌倦时尚。生活宛如不停地奔腾的河流，它在其涌动中总是会激荡起美丽的泡沫。时尚不正是这种泡沫么？它美丽，但又是泡沫；它是虚幻的泡沫，但又终归美丽。时尚就是这样，成了我们必须面对的绕不开的生活。

当然，不应否认的是，时尚有助于我们认识特定时段社会阶级或阶层之间的权力关系状况及其调节过程。

## 本章小结

本章以中外的时尚风潮为例，探讨了时尚的特征、社会功能与消费文化中的时尚文化、实践时尚的社会群体，以及时尚生活方式等问题。时尚是在特定时段内先由少数人实验而后来为公众所崇尚和仿效的生活样式。时尚最为重要的社会功能是调节社会阶级关系，它具有区分社会不同阶级和阶层的作用。时尚具有人为性、新奇性、变异性、排他性、优越感、模仿性等特征。时尚的生成是有一定条件的，必须经过位居社会较高层次的少数群体对个性化的认同，同时也必须在大众中存在模仿的欲望和条件。进入20世纪后，大众文化和时尚有了一定的相容性和重叠性，时尚出现了大众化、文化产业化、实用化等趋势。当代时尚与消费紧密相连，一个人的消费观念，显现其文化品位、审美情趣、社会地位、身份意识等。时尚以物质的形式体现，而物质也同时被包容在时尚之中，时尚成为消费文化的一部分。现代社会中，时尚往往由社会强势群体制造并操控，通过专门化、规模化和产业化的手段引导大众的日常消费行为，而以高额消费、名牌消费彰显地位、确认身份也就成为一个显著特征。在当前消费文化条件下，时尚已经成为社会群体的特定生活方式。时尚生活方式有许多具体表现形态：家庭小型化、日常消费高档化、服装时尚化、休闲成为时尚等。时尚具有独特的认知价值，但又存在着两面性：它仅仅代表生活中最前沿的部分，绝不可能代表生活流的全部；跟随时尚的往往只是少数人，永远不可能是大多数或全部；时尚的短暂性，无法满足人的永久性渴望；时尚的优越感，容易加重人们生活的失衡感或失落感。时尚是一种既美丽又虚幻的生活。

## 思考与练习

1. 什么是时尚？时尚具有怎样的社会功能？
2. 你认为时尚应该具备哪些基本特征？
3. 当代社会的时尚呈现出怎样的趋势？
4. 时尚的引领者和实践者具有哪些特点？
5. 观察身边的生活，你认为现代时尚生活方式有哪些？
6. 如何理解时尚？

# 第十章

# 青年亚文化

　　青年亚文化是青年人通过风格化的、另类的符号对主导文化或支配文化进行抵抗的附属性文化方式,具有抵抗性、风格化、边缘性。青年亚文化不是完全认同或者否定、反抗主导文化,而是补充或凸显其忽视的部分,在扮演青年角色时虽然采取了抵抗方式,但这种抵抗并不激烈和极端,而是较为温和的"协商"。青年亚文化主要表现在审美、休闲、消费等领域,西方以嬉皮士、摇滚乐、朋克、迷惘的一代、垮掉的一代、锐舞、哥特文化、邪典文化等为代表,中国当代以"今天"诗派、摇滚乐、恶搞文化、大话文艺、涂鸦、行为艺术、饭圈文化、同人文化、快闪族、杀马特、丧文化、二次元文化等为代表,它们形成了当代审美文化的奇观。

　　青年亚文化与大众文化相互交融、渗透,彼此影响,二者存在着密切而复杂的关系:一方面,亚文化的抵抗属性与大众文化的流行性、日常愉悦性、受众的大量性构成了明显的差异;另一方面,亚文化的兴起往往要依靠、盗用、窃取大众文化的符号和物品,这使得青年亚文化的身份更加扑朔迷离。

## 一、青年亚文化的起源与功能

### 1. 青年亚文化的起源

　　青年亚文化出现的原因比较复杂。有时青年亚文化源于"代沟"的出现,即青年人在教育、休闲和娱乐领域与父辈存在着较大的差异,两代人之间存在着深深的文化隔阂,导致青年亚文化以"惊世骇俗"的风格和姿态出现,因此很多人往往借用"世代论"(如中国的"80后""90后""00后"等说法)来描述和解释亚文化的起源。"世代论"有一定的合理性,每一个时代的青年面对的生存压力、社会难题(如住房、就业等)、文化认同与父辈都有一些明显的差异。不过,若只注重年龄这一维度,把青年亚文化看成同质的文化,那就会抹杀了阶层、阶级和社会结构之间的区别和差异。正如伯明翰学派的赫伯迪格所说的那样:"这些阐释(即'世代论'——引者注)的疏漏之处在于,我们从中既看不到任何历史特殊性的理念,也不明白这些特殊的形式为什么会发生在这一特定的历史时段。"①"世代论"的最大弊病正在于对亚文化缺乏"历史特殊性"的说明,它把"文化"看作一个中性的概念,而不是一个具有历史性、特殊性以及意识形态的概念,因此不能令人满意地解释很多现象。在伯明翰学派看来,亚文化往往是意识形态和媒体渲染的产物,是权力阶层出于道德恐慌对青年文化进行夸大和妖魔化处理的结果,并非代沟过大造成的后果。

从心理学的角度看,青年亚文化的出现有着深刻的社会心理和文化的语境。美国心理学家埃里克森在《同一性:青少年与危机》(*Identity:Youth and Crisis*,1968)一书中对青年亚文化的发生起因作出了社会心理学的解释,他认为青年亚文化主要来自青少年的认同危机。所谓"认同",就是个体对自我身份的确认,即一种自我同一性,"应被视为青春期自我的最重要的成就"②,"认同"包括自我认同、集体认同、社会认同、文化认同、性别认同等,可以回答"我是谁""立于何处""何去何从"等问题。青春期是儿童期与成人期之间的过渡期,正处于自我探索的阶段,是最容易发生认同危机或混乱的时期。在不能或不愿解决问题时,为了解决认同危机,青少年在大众文化中热烈地寻求可以信仰的人、观念和偶像,醉心于时尚的追求,试图另创一套新的价值系统。他们制造出了各种风格,形成了一种集体的认同方式,作为"圈内人"和"圈外人"的标志,这些风格构成了各种仪式性的抵抗,青年亚文化也应运而生。

2. 青年亚文化的功能:仪式抵抗和问题解决

按照英国文化研究学者的看法,青年亚文化是弱势群体抵抗霸权的结果,是社会变迁和危机的症候和隐喻。青年亚文化是社会结构矛盾(贫穷、失业、住宅拆迁、认同危机等)的产物,是发生在符号层面的对霸权和主导文化的仪式抵抗。在面对特殊阶层的"阶级困境"时,不同的亚文化(尤其是英国工人阶级青年亚文化)为他们提供了一种与集体处境进行协商的解决策略,不过这种解决方案主要处在符号层面,注定会失败。③以中国当代恶搞亚文化为例,许多鬼畜视频、网络改编歌曲都是典型的青年亚文化,它们从不同方面通过符号想象"解决"了很多当代社会结构中的家国难题:西方霸权、新殖民主义、垄断资本、官僚主义、贫富差距等等。从某种意义上讲,只要强势文化对次属文化、弱势群体的压迫还存在,只要社会结构还有不合理的、不公正的现象,只要社会的荒谬仍然

---

① [美]迪克·赫伯迪格:《亚文化:风格的意义》,陆道夫、胡疆锋译,北京大学出版社2009年版,第94页。
② [美]埃里克·H·埃里克森:《同一性:青少年与危机》,孙名之译,浙江教育出版社1998年版,第202页。
③ 参见[英]斯图尔特·霍尔、托尼·杰斐逊编:《通过仪式抵抗:战后英国的青年亚文化》,孟登迎、胡疆锋、王蕙译,中国青年出版社2015年版,第124页。

存在，亚文化就有着深厚的发展土壤和潜在的参与者群体。亚文化或许不是文化场域的主体，或许只是边缘的"杂音"与"噪音"，但也存在着无法忽略的价值。

## 二、青年亚文化与大众文化

大众文化是一种旨在使大量普通市民获得感性愉悦的日常文化形态，有强烈的娱乐性和商业性。在许多层面上，青年亚文化与大众文化有着明显的区别：前者以抵抗性、边缘性、风格化为主要特征，后者以娱乐性、商业性、受众数量庞大、流行性为主要特征。不过，大众文化与各种青年文化形态并非水火不容，相反，它们也存在着许多交集，常常相互借用和催生。

青年亚文化和大众文化的受众和传播途径多有重合。它们都以城市青少年为重要生产主体和接受主体，都依靠大众媒介和电子媒介等途径进行传播。随着全球化的推进和数字技术的不断迭代，大众文化的蔓延速度愈发惊人，其不加掩饰的愉悦性、商业性对当代青年亚文化群体的审美观念、价值观带来的冲击和影响也在与日俱增。

青年亚文化和大众文化常常相互借用和转化。亚文化起初在本质上属于"小众"文化，不过，这并不妨碍亚文化群借用大众文化的符号，把不同的文化商品作为未成品和原料，进行拼贴、戏仿和即兴改编，对大众文化、权威和经典进行解构。比如亚文化群体制作了"性别反串"视频《巾帼大业》，将多部影视剧片段和流行音乐进行了拼贴和混搭，从女性角度重写了厚重、感伤而又热血的中国现代史，颠覆了社会进程只能由男性主宰的历史观念。与亚文化的借用相对应，大众文化也常常从亚文化那里汲取灵感和材料，进行复制和大量生产，形成流行的时尚。与此同时，由于亚文化的介入和被吸纳，大众文化也具有了一定的抵抗性，成为主导文化和附属文化争夺的战场。亚文化的被收编、亚文化与大众文化的相互渗透使得亚文化显得更为复杂而矛盾，也增加了青年亚文化的阐释难度。以当代中国亚文化为例，从早期的流行歌曲、崔健摇滚、大话文艺，到近年来兴起的饭圈文化、二次元文化、丧文化，都和大众文化有着"斩不断，理还乱"的关系。惊世骇俗的亚文化风格借用的符号往往来自大众文化和消费社会的符号或商品，同时也扭曲或抹除了其原有的意义。当这种新的亚文化风格产生之后，它又很容易被转化为一种新的消费风格，成为大众文化的一部分。特别是在网络时代的背景下，蓬勃发展的亚文化和大众文化的互动显得更频繁、更密集、更复杂，它们相互借用资源（媒介、语言、符号、形象、风格、体验等），相互利用对方的符号资本和象征资本，相互收编、渗透，最终相互转化，由此也展开了激烈的符号资本、文化资本和文化权力的争夺，在此过程中它们各自也呈现出不同于以往的审美特质和文化形态，为主导文化、大众文化、精英文化、民间文化四分天下的中国当代文化格局增添了许多变数。

由此观之,大众文化与青年亚文化之间的互渗和互动关系是复杂、密切而又动态的。用斯图尔特·霍尔的话说就是:"青少年文化是本真和复制的矛盾混合体。对青少年来说,它是一个供青年们自我表达的领域。对商业供应者来说,它是水清草肥的牧场。"[1] 大众文化既不是大众的、完整的、自足的和真正的文化,也不是统治阶级实行霸权的场所,而是大众与统治阶级之间的对抗的文化场域。大众文化本身具有一定的抵抗性,"对抗和斗争"的形式主要有"吸收、歪曲、抵抗、协商、复原"[2] 等。霍尔的这一观点,显然和伯明翰学派多年来从事的亚文化研究有关——正是"异质的"亚文化使得大众文化具有了抵抗性。深受伯明翰学派影响的费斯克在《理解大众文化》一书中也有过类似的表述,他认为:"游击战或大众文化的要旨在于,它是不可战胜的。尽管资本主义有近两百年的历史,被支配的亚文化却一直存在着,并永不妥协地抗拒着最后的收编——这些亚文化中的民众一直策划着'撕裂他们自己的牛仔裤'的新方法。"[3] 这也意味着,大众文化中总是能够滋生和培育出具有反抗意识的亚文化,因此也总是充满活力和变数,总是在策划着新的抗拒举动。

正是由于亚文化与大众文化存在着如上复杂的关系,亚文化往往显得暧昧而复杂。它有时站在反霸权立场,代表弱势群体利益,有时又因主导文化和大众文化的"召唤",在"协商"中呈现妥协姿态,在商业的收编和裹挟中"半推半就",以令人震惊的"风格化"姿态这一"亚文化资本"去换取经济资本和社会资本,成为流行时尚和市场同谋。

被大众文化收编以后,青年亚文化的特殊性和差异性被媒体否定,亚文化符号转化为利润丰厚的商品,那么,亚文化会因此失去它的抵抗意义吗?对此,关注亚文化迷(粉丝)的活力和创造力(辨识力和生产力)的约翰·费斯克提出了一个乐观的看法:被收编后的青年亚文化虽然已成为大众文化的一部分,但是青年亚文化迷(粉丝)在对文化商品的解码中并不会听任摆布,亚文化可以进行反收编(excorporation),他们能够在对文本的拼贴和再创造中"生产"出快感和意义,在符号的游击战中可以对付、规避、挑战强势者所宰制的社会秩序。他甚至颇为激进地说:"读者是文化生产者,而非文化消费者。"[4] 费斯克的意思很明显:在当下各种文化互渗的语境中,亚文化的生命力极其顽强,是媒体文化和当代艺

---

[1] Stuart Hall and Paddy Whannel, *The Popular Arts*, Boston: Beacon Press; New York: Pantheon Books, 1967, p.276.

[2] [英]斯图尔特·霍尔:《解构"大众"笔记》,戴从容译,陆扬、王毅选编:《大众文化研究》,上海三联书店2001年版,第52页。

[3] [美]约翰·费斯克:《理解大众文化》,王晓珏、宋伟杰译,中央编译出版社2001年版,第25—26页。

[4] [美]约翰·费斯克:《理解大众文化》,王晓珏、宋伟杰译,中央编译出版社2001年版,第179页。

术不可忽略的现实。对当代中国的文化环境而言,费斯克的观点也引人深思:在粉丝文化的狂热迷群为偶像付出精力与金钱,在虚拟与现实空间摇旗呐喊乃至成为"数字劳工"时,在恶搞文化及其精神传承者如鬼畜、视频剪辑的文化参与者在进行戏仿的狂欢游戏时,我们是否同样看到如费斯克所言的文化创造力呢? 在流行文化的生产与消费过程中,亚文化群体是否仍然是当仁不让的主角与文化场域中的民间英雄呢? 这些问题都有待进一步探究。

### 三、当代中国大众文化背景下青年亚文化的发展流变

在当代中国的文化版图中,青年亚文化以蓬勃的生命力和层出不穷的新形式、新样态与大众文化争夺文化场域中的话语权。在不同的时期,依托不同的媒介,围绕不同的身份,青年亚文化的属性各有不同,呈现出差异化、多元化、跨时代的特质。

1. 大众传媒时代的青年亚文化

改革开放之前及初期,中国青年亚文化以知青地下写作、"今天"派诗歌、顽主文化为主要代表。随后青年亚文化的形态更趋多样,流行音乐、摇滚文化、迪厅文化、"奇装异服"等亚文化形态纷至沓来,改变了一代青年的认知,其中摇滚文化的影响力相对较大,成为当时社会文化场域中的一个关键符号。

摇滚乐兴起于20世纪50年代的美国,于80年代进入中国后,迅速成为一种反抗主流和商业文化的文化形态。相较于流行音乐所创造的文化商品和偶像崇拜,摇滚乐更倾向于呈现对不合理的事物的愤怒和反抗。摇滚乐的表演也并非传统的文化生产与接受,而是集体参与的文化狂欢,观众在现场演唱和表演中的参与,是摇滚乐的必要组成部分。在摇滚演出中,观众并不只是一群来"听音乐"的观众,而是摇滚音乐事件的参与者。他们喊叫、吹口哨、跺脚、拍手,或者兴奋地舞动着身体与歌手一起高歌。随着西方影视作品等大众文化的影响日益扩大,通过对西方文化的借用、改写和戏仿,皮衣、蛤蟆镜(复古款式墨镜)也成为当时社会的一个亚文化符号。青年人凭借自己的穿着张扬个性,彰显自己与他人的差异,其中一部分人甚至选择不揭下蛤蟆镜的标签,来表明其并非国内仿制(实则当时国内大多数的产品都是仿制品)。作为一种视觉层面的审美取向,青年人对新奇服饰的喜爱与追求,既代表了青年亚文化对于风格的追求,也展现出青年亚文化与当时的大众文化间的相互借用:蛤蟆镜在中国的兴起,一定程度上源自1980年初美国电视剧《大西洋底来的人》在中国的播出,随着电视剧的热播和剧中主人公魅力的全面展现,主人公麦克·哈里斯及其标志"行头"——蛤蟆镜——也火遍大街小巷。不过,青年人对蛤蟆镜的喜爱和佩戴,却不单纯是为了复现麦克·哈里斯的形象,而是带有自己的阐释:带蛤蟆镜可以耍酷,可以平添与众不同的气场,而这也改写了这一大众文化产品。

值得注意的是,大众传媒时代的青年亚文化经过数十年的发展与演变,也有可能以全新的姿态融入当下的数字媒介青年亚文化之中,或以某种形式影响着其后的青年亚文化,展现出了青年亚文化的发展性与代际延续性。

2. 网络媒介时代的青年亚文化

网络媒介的兴起可追溯到20世纪80年代末、90年代初,但它在中国要到21世纪初才得以真正实现用户下沉。网络媒介的出现和发展,带来了一个崭新的数字虚拟世界,成为与现实世界相互融合又不断拓展的新世界,让每一个参与者都获得了广阔的创造空间,正如美国学者尼葛洛庞帝所说:"数字化生存能使每个人变得更容易接近,让弱小孤寂者也能发出他们的心声。"① 随着数字媒介的普及,青年亚文化的版图也迅速扩张开来,从线下的封闭式文化走向了线上线下相结合的开放式、参与式文化。网络甚至成了青年亚文化的主阵地,我们也迎来了"数字亚文化"的时代。

步入网络时代,青年亚文化也发生了种种新的转变。在激烈的情感宣泄与表达逐渐消退之后,各种戏谑、另类的仪式抵抗走上舞台中央。在这些新兴的亚文化中,我们可以看到其风格化、仪式化的一面,也可以看到亚文化在社会文化多元互渗的背景下呈现出的复杂性。恶搞文化,就是对这种复杂性的最佳诠释。

一系列的事例表明,21世纪初期是一个属于"恶搞"亚文化的时期。特别自《Q版语文》和《一个馒头引发的血案》(以下简称《馒头》)问世以来,恶搞事件更是层出不穷:影视恶搞、流行歌曲恶搞、足球恶搞、"黄腔"(黄健翔解说世界杯)流行、真人搞怪、"梨花体"恶搞……恶搞现象此起彼伏,火爆异常,在受到了青年人的追捧的同时,也引发了极大的争议。

恶搞是通过戏仿、拼贴、夸张等手法对经典、权威的人或事物进行解构、重组、颠覆,以达到搞笑、滑稽等目的的文化现象。恶搞的"恶",不能简单理解为"可恶""恶意",从词源学意义上分析,"恶"的意思接近于"很夸张,超出常规",类似的词语还有"恶补""恶战"等。

恶搞以搞怪闻名,其表现形式千奇百怪,概括起来恶搞的形式主要有两种:戏仿和拼贴。我们在第四章的"网络文学"部分曾谈到戏仿和拼贴。戏仿总是拿最引人注目的经典、权威和大众文化开涮:周星驰的无厘头电影《唐伯虎点秋香》中的"广告"、《大内密探零零发》中的"颁奖仪式"、《武状元苏乞儿》中的"武状元选拔赛",是对商业评选、颁奖典礼以及体育黑幕的戏仿和嘲弄。拼贴简单地说,就是把物体、符号等重新进行排序和语境重组来产生新的意义。拼贴彻底消解了经典文本的神圣性,符号被去历史化和去语境化后,建立了新的意义和价值指向,并同原初意义形成反讽关系,特别容易受到恶搞文本的青睐。

---

① [美]尼葛洛庞帝:《数字化生存》,胡泳、范海燕译,海南出版社1997年版,第7页。

戏仿和拼贴的目的是搞笑。戏仿和拼贴以戏谑的方式打破了经典和权威的硬壳，偷换了语言形象，使之内部分崩离析，构筑了一个笑的世界。有人因此把恶搞看成"一点正经没有"，把恶搞看成青年任意为之的"游戏"和胡闹，这未免过于苛责和意气用事。从文化属性上看，恶搞是一种典型的青年亚文化。按照伯明翰学派的看法，青年之所以要恶搞，是因为青年和父辈共同面临的社会矛盾和难题没有得到妥善解决。以《馒头》为例，它集中体现了处于沉默无声的观众和掌握了话语霸权的精英集团（导演、制片人）之间的矛盾，尽管不能解决当代电影"叫座却不叫好"的根本矛盾，但毕竟也象征性地提供了一个解决方案——《馒头》朴素而严密地讲了一个"圆满"的故事。一部荒诞可笑"玩世不恭"的"恶搞"作品暗含着强烈的现实批判性，从这个意义上说，《馒头》针对的绝不仅仅是《无极》，它隐喻了许多尚未化解的社会矛盾，因此受到社会各界的关注。

恶搞亚文化的这种符号抵抗功能，并非只是解构和颠覆。恶搞亚文化在某种程度上使得创作者真正获得了自由，得到了前所未有的话语建构权力。如果借用斯科特的《弱者的武器》一书的逻辑，"恶搞"（装傻卖呆、装糊涂、偷懒、开小差、假装顺从、诽谤、纵火等）是普通大众避免直接对抗权力者的反抗形式，是底层民众与榨取他们的劳动的受益者之间的持续不断的斗争方式。大众可以用恶搞这种"弱者的武器"来参与公共生活，在日常生活中进行"隐蔽"的微观的反抗。[1] 从恶搞亚文化的抵抗原因来看，正是因为现实中存在着荒唐和无知，所以才有了恶搞的愤世嫉俗和嬉笑怒骂。

在符号抵抗的功能之外，我们同样可以看到恶搞的复杂性：有些恶搞亚文化被商业文化和大众文化收编，成为一种消费风格；有些则是走向了青年负文化，从恶搞变成了"搞恶"；还有一些则是成了无意义的拼贴和戏仿，单纯借用这种形式，而失去了其严肃性的内核。从这个意义上说，有些恶搞提供给我们的不是悲剧，也不是喜剧，而是闹剧，它们失去了对时代的深切体验以及社会责任，缺乏世界观性质的深度和力度——这也正是某些恶搞最终被拒绝的深层原因，是一种"娱乐至死"的表征，成为娱乐的附庸。这是值得我们警惕的。

值得注意的是，各种亚文化都不仅仅是某一时代、地域、人群的孤立产物，随着新的社会文化风气的建构与新媒介的运用，它们往往会呈现出新的姿态。恶搞文化也是如此，尽管在数字媒介时代，传统的恶搞方式逐渐减少，不再能够得到广大网民的追捧，但以恶搞为内核的鬼畜文化、视频剪辑文化，借助新媒介、新平台和新用户，焕发了别样的生命力，成了新的"抵抗阵地"。

---

[1] 参见［美］詹姆斯·C·斯科特：《弱者的武器》，郑广怀、张敏、何江穗译，译林出版社2007年版，第2—3页。

除了恶搞文化之外,数字媒介时代的亚文化种类多样,可谓无所不包,大致可以分为诞生于线下但借助互联网在数字空间进行传播的青年亚文化和在数字空间诞生并传播的青年亚文化两种。前者既包括涂鸦、快闪、嬉皮士、朋克、摇滚等经典风格的亚文化形式,也包括偶像粉丝文化、喊麦、恶搞等早已诞生,但在新媒介时代不断改写自身概念以适应现状的亚文化形式;后者则包括二次元、游戏文化、鬼畜、弹幕、字幕组、丧文化等,网络文学这种典型的大众文化也有一部分具有亚文化的属性。因此,尽管时间跨度不长,但从多样性与复杂性的角度,数字媒介时代的亚文化并不逊色于早期亚文化形式,反而在部分领域更具创新性和独特性。这里主要讨论在数字文化时代诞生并发扬光大的二次元文化和游戏文化。

二次元文化是网络时代青年亚文化的主要代表,来源于日本的御宅族系文化,是一种典型的文化"舶来品"。"二次元"一词出自日语中对于漫画、游戏、动画的基本构成元素"二维图像"的描述,在国内有时也用 ACGN 文化或 ACG 文化进行代称。ACGN 指的是动画、漫画、游戏、小说四种文化形式。不过,值得注意的是,二次元文化和御宅族系文化所涵盖的具体形式,要远超 ACGN 所指涉的四个对象,并且此二者之间也并不相同,但归根结底,它们都是以 ACGN 为基础或受其影响而产生的文化。

二次元文化在中国的兴起源于日本漫画和动画作品的引进,包括《蜡笔小新》《名侦探柯南》《灌篮高手》《新世纪福音战士》在内的一大批长篇日本动画作品被中国电视台引进并播放,《龙珠》《精灵宝可梦》《火影忍者》等作品的漫画单行本也得以大规模发行,吸引了一代青少年。此后,由于电视台黄金时段限播境外动画片,二次元文化在国内经历了一段时间的低潮,并逐渐转移至网络空间。2010 年之后,各大视频平台开始陆续引进新的日本动漫作品版权,一批作品拉开了版权化、网络化的二次元文化传播序幕。此后,以 B 站(哔哩哔哩弹幕视频网站)为主阵地,以动画、漫画、二次元手游为主体的中国二次元文化逐渐发展成型,并进而融入了轻小说、字幕组文化、虚拟偶像、弹幕文化等青年文化,造就了今日的二次元文化复合体格局。

可以说,二次元文化在中国的传播与接受,既有高峰也有低谷,既有着跨文化的交融,也有着在价值取向上形成的冲击,最终在经历了中国本土化的文化改造之后(包括文化社群的建构和本土二次元文化的创作),成了一种更具中国特色的亚文化形式,与日本本土的御宅族系文化形成了一定的区分。作为一种以趣缘为纽带,以文化消费和再生产为方式的文化形式,二次元文化具有鲜明的网生代"部落"属性,不同的趣缘部落彼此交叉、互渗,也在差异中呈现出碰撞和冲突,相较传统媒介中的青年亚文化,二次元文化的抵抗属性似乎更为薄弱,更多地带有了自娱和回避的特质,其意义生产似乎也出现了一定的缺位。同时,在走向正规化、版权化的道路中,二次元文化也不可避免地带有了更多商业文化的属性。当二次元的圈层从小众走向大众,原本的文化认同感与向心力自然随之减弱,新旧用户之间的分歧也带来了圈层的撕裂,这些都使得二次元文化迅速成了收编与反收编的一线战场,具有了极为复杂的文化属性,呈现出收编、抵抗、再收编的动态平衡。

游戏文化也是数字媒介下迅速变迁的亚文化形式,近年来影响力不断增大,在争议中逐渐成为了社会文化多元构成的一个重要部分。在人类的发展史上,不同形式的游戏发挥了相当重要的作用,赫伊津哈曾在《游戏的人——文化的游戏要素研究》一书中指出,文明是在游戏中并作为游戏产生发展起来的。[①] 随着数字技术的不断发展,游戏的形式、内容也插上技术的翅膀而不断丰富,在原有的实体游戏仍然存在并占据重要地位的同时,电子游戏也勃然而兴。对当代青年人来说,游戏已经不再是单纯的娱乐消遣,在游戏的文本和机制内部出现了大量可供开掘的文化资源,游戏亚文化也就围绕着这些资源而逐渐发展起来。围绕不同的游戏类型,不同的游戏亚文化社群建立起来,游戏爱好者以相近的审美取向和价值取向(趣缘)走到一起,并逐步建构属于自身的话语体系,且利用它与主流文化和意识形态形成区分,来探索游戏文本内部深藏的可能性。不过,值得注意的是,并非所有的游戏文本、游戏玩家社群都属于游戏亚文化。比如,以免费游戏(道具付费)为代表的一系列电脑游戏和手机游戏,相较于亚文化更接近典型的商业文化、大众文化,这些游戏文本提供的是较为纯粹的娱乐性和社交性,玩家在游玩的过程中也少有深入的文化思考与实践,而是单纯对作为文化快消品的游戏进行消费。

在上述文化之外,还有多种多样的青年亚文化形式,它们各具特色,共同点在于对数字媒介的灵活运用与对数字空间的社会文化新定位,其中比较典型的代表就是网络文学。网络文学是一种大众文化形式,但其中的部分类型呈现出较为明显的青年亚文化特质,例如历史穿越小说就带有亚文化的"问题解决"色彩。

虚拟化的文化社群打破了空间的界限,亚文化的身份认同和风格化的抵抗逐渐消解,取而代之的是消费文化式的、娱乐化的表达。相较传统媒介中的青年亚文化,这些数字媒介时代的"新生代"往往难以在亚文化、后亚文化与大众文化之间进行十分精准的区分,文化边界更趋模糊,这源于青年亚文化所处的社会背景和文化环境更为多元和复杂,青年群体的价值认同也逐步走向碎片化和个人主义的"后现代模式"。在风格文化的亚文化创造与流水线中的文化"快消

---

① 参见[荷]约翰·赫伊津哈:《游戏的人——文化的游戏要素研究》,傅存良译,北京大学出版社2014年版,第1页。

品"（快速消费品）之间，出现了一个庞大的、模糊的、交融的地带。在过往的普遍认知中，主导文化、高雅文化、传统文化会成为青年亚文化或广义上的青年文化的素材，例如游戏中呈现出的主旋律文化和传统文化内容，但如今这种影响早已不是单向的，而是出现了来自亚文化的明显的反哺，一些亚文化的题材和内容（比如西方奇幻题材的二次元作品或游戏作品）成了主导文化和高雅文化的选材，极大地丰富了这些文化形式，也使得它们之间的关系转变为了"互渗"和"融合"。这样的变化改写着当代的青年亚文化，也对研究者提出了新的要求：在"主文化"与"亚文化"的视角之外，找到新的切入点，从而更好地观照和区分当前社会日益多元的文化形式，并对它们做出分析和研判。

## 四、青年亚文化的未来

青年亚文化的盛行，为中国的大众文化和青年文化带来了诸多新的变化，塑造出当代审美文化的奇观，它以风格化和仪式化的抵抗对主导文化发起冲击，不断更新着社会文化场域。青年亚文化风格化地揭示了当下的文化症候和社会疑难，在符号层面上解决了需要解决却难以解决的社会矛盾，具有一定的认知价值。它是消费至上时代里的"噪音"，扰乱了商业霸权的顺利实现，为弱势群体赢得了文化空间，为"沉默的大多数"提供了宣泄渠道，其戏谑的外衣下不乏人文关怀，具有一定的积极意义。亚文化的风格构成了一种"抗拒美学"，它以"富有意味的形式"和异样的姿态，在支配文化和从属文化之间形成了张力。

自出现以来，青年亚文化对美学观念的更新从来都是希望和危机同在。如美国学者泰勒·考恩所说："局外人和被边缘化的少数派常常推动艺术创新。"① 亚文化和主流文化、主导文化的分离是有时间限定的。今日是亚文化的事物，明天就可能会和主流文化相互沟通、融汇、转化，对其进行文化反哺，甚至被吸收到主导文化中。任何容不下、不能吸收亚文化的社会都是脆弱而迟钝的。亚文化未来有可能构成主导文化的必要因素，正如威廉斯所说的那样：主导文化总有其不足，"从来没有任何一种生产方式，因此也从来没有任何一种占据统治地位的社会制度或任何一种主导文化可以囊括或穷尽所有的人类实践、所有的人类能量以及所有的人类目的"②。这一点在服装、美术等领域体现得最为明显。以最常见的亚文化服装风格为例，T恤、皮夹克、牛仔裤这样的"三件套"现在是人们习以为常的服装，但是有人会想到这些服装在 20 世纪 60 年代是典型的亚文化服

---

① ［美］泰勒·考恩：《商业文化礼赞》，严忠志译，商务印书馆 2005 年版，第 38 页。
② ［英］雷蒙德·威廉斯：《马克思主义与文学》，王尔勃、周莉译，河南大学出版社 2008 年版，第 134 页。

装吗？六十多年前，当欧美的一些年轻人开始厌恶长夹克、直管裤和领带所带来的爱德华式的优雅，选择彻底抛弃束缚成年人的衣装礼仪，T恤、皮夹克、牛仔裤"三件套"便开始在前卫的"坏男孩"和不良少年当中流行，这在当时等同于社会抗议。而直到70年代，T恤等服装才被允许出现在学校里，其也从曾经的"耻辱"中挣脱出来。

在兴盛之后，青年亚文化会面临着共同的问题——收编与反收编，这也使得青年亚文化具有了不确定的未来。

1. 抵抗之后：亚文化的两种收编模式

赫伯迪格在其名著《亚文化：风格的意义》一书里把亚文化的收编分为两种：一种是意识形态收编，即支配集团（警察、媒介、司法系统）对异常行为贴"标签"并重新界定，对亚文化的风格进行铺天盖地的报道、抨击，引发了社会中的"道德恐慌"；另一种是商业收编，即人们对亚文化的风格倍感兴趣，将其当作消费社会里吸引眼球、进行炒作的工具，把亚文化风格加工成商品在市场上大规模销售、扩散，把亚文化符号（服饰，音乐等）转化成大量生产的商品。这两种收编既有所区别又水乳交融，应避免在它们之间作任何绝对的区分。两者的目的大体相同，都试图使亚文化风格的危险变得缓和、消解，都在"设法消除阶级的具体真实性"，使亚文化在市场和日常生活中从最初的生成语境中被剥离出来，失去原本的抵抗力量。同时，两种收编也都会带来如下结果：亚文化与大众文化的关系变得更加暧昧，亚文化甚至成为大众文化的重要组成部分。

通俗地说，意识形态收编就是人们常说的"同化"或"抹黑"。在赫伯迪格看来，主导文化通过"道德恐慌"，以贴标签、歪曲和简化的方式既把亚文化风格进行了妖魔化、庸俗化和琐碎化的处理，又把亚文化风格纳入自己可以理解的范围内。赫伯迪格所列举的"危险的外来者、喧闹聒噪的孩子、疯狂的野兽和任性的宠儿""民间恶魔"等一系列称谓，都是主导文化为亚文化贴上的标签。在媒体中，亚文化的风格比实际的情况"更奇特"，也"更稀松平常"，失去了自己的独特性。在道德恐慌中，亚文化的真实面目被掩盖了起来，被抹上了主导文化选择的"颜色"，从而使亚文化失去了真正的抵抗力量。

再看商业收编。一般说来，在商业的发展中，市场需求永远喜新厌旧，追求新奇性和时尚。因此，当亚文化群体产生出新的、对抗性的意义方式，这些风格很快就被流行市场吸收，用于交易和商业开发。西方青年亚文化的风格之所以能够被资本和市场加以整合和利用，有两个主要原因：首先，西方社会自50年代以后出现的亚文化很大程度上是大众文化、娱乐工业和商品消费的产物，亚文化风格常常体现在休闲和消费领域中；其次，主导文化试图借助市场扩散亚文化的风格，使之离开产生亚文化的草根和地面，从而把它纳入主导文化的势力范围中去。通过市场收编，亚文化风格的意义不再是颠覆性的，而是被重新导向支配意识形态,亚文化风格从反叛风格变成了消费风格。

在赫伯迪格看来,青年亚文化风格在经历了商业收编并演变成日用品后,大部分风格已经失去了原有的意义和价值,它那种震撼人心的抵抗能力也已荡然无存。所以,蔓延世界的商品经济把亚文化符号转化为利润丰厚的商品时,对于亚文化无疑具有毁灭性的打击:亚文化原本想用来表示反叛的风格,在市场中却被他们的反叛对象以更好的材质表现出来了。亚文化的商品化也预示着亚文化一步步地逼近死亡。

不过,应该指出的是:亚文化的收编不是一个单向的事件和过程。对亚文化成员来说,他们对收编也会有进一步的再抵抗,也就是"反收编"。同时,也不能否认的是,有些亚文化从"横空出世"的第一天起就并未回避市场化和被收编的命运,它们有时甚至乐见其成,将主导文化的"道德恐慌"变为炒作的途径,借此来获取名利和摆脱底层地位。这个时候,亚文化不仅仅是青少年的一种抵抗,而且成为一种"职业"和"行业"。对亚文化在市场化中的"反收编"和收编中的主动性、积极性,很多学者似乎并没有充分注意到,他们把青年亚文化和媒体、道德恐慌之间的关系处理得有些简单化了。在他们看来,真实的青年亚文化的产生似乎和媒介、市场没有什么瓜葛,是在大众媒介之外形成的,与大众媒介是对立的。

时至今日,大众媒介特别是网络媒介正在深度介入社会文化的各个方面,其中也包括亚文化。在许多场合下,青年亚文化的产生确实是通过并依存于媒体而形成的,要依靠一系列系统的媒介消费。在亚文化风格的此消彼长中,亚文化与媒介覆盖、炒作宣传和曝光程度等市场营销有着紧密的联系。在步入 21 世纪之后,这种现象愈发明显,对以数字空间为主阵地的网络时代青年亚文化而言,网络媒介早已是立身之本,但这并不意味着"亚文化的商品化"与"亚文化之死"的到来。比如,对于以二次元文化和游戏文化为代表的网络时代青年亚文化而言,"商品性"是一种与生俱来的属性,换言之,它们并不是通过单纯的挑战与抵抗来确立自己风格的文化形式,而是一种既融入又独立的姿态,简而言之,便是"抵抗不彻底,收编不完全"。从这一角度来说,"商业收编即死亡"的论述在今天被现实打破了,亚文化的风格并没有随着商品化、产业化的推进而丧失殆尽,其价值和意义仍然显著。原因在于不论是何种形式的收编,都不能从根本上改写一种文化形式,而是只能提供一种更具生产力的,同时也扭曲和抹除抵抗性的生产与传播方式,站在这种收编对立面的不仅仅是反收编,还有对原有形式的自然延续。

同时,值得注意的是,对于网络时代的青年亚文化来说,大众媒介还能够提供发展的动力,互联网的发展带来了信息的爆炸,进而带来了文化生产与传播方式的革命,每一个人都可以是亚文化符号的生产者和高效率的传播者,而数字化的虚拟空间又为这些符号和文化圈层提供了生存空间,这就使得不论是意识形态收编还是商业收编都难以真正对某种亚文化群体施加绝对的影响。当然,这也并不是青年亚文化的"免死金牌",亚文化的活力源自它的现实作用及其拥有坚定的文化参与者,脱离现实或故步自封的文化形式仍然会逐步走向消亡,这在今天的网络空间中也绝非鲜见。

2. 未来与无限的可能:作为"未知数"的青年亚文化

自亚文化产生后,在不断被收编和被遏制当中,亚文化的风格逐渐被纳入占主导地位的社会秩序中去,这些必然会导致亚文化原有力量的削弱,青年亚文化始终在保持本真性和被收编之间挣扎。无论是从亚文化与主导文化的关系来看,还是从亚文化的美学地位来看,青年亚文化的未来都是未知数。在很多时候,青年亚文化如同一个待拆的盲盒,其吸引力令人难以抗拒。不过,如果我们不是故步自封,而是"以动态的眼光看待文化:视之为一个历史过程"[1],我们会发现以青年为代表的大众的创造力和活力:"'大众'乃由宰制的力量决定,也就是说,'大众'总是在其回应宰制性力量的时候得以形成;但宰制者无法全盘控制大众所建构的意义,以及大众所形成的社会效忠从属关系。"[2]这就是说,主导文化对支配地位的争夺和占据,绝不是一劳永逸的,它与其他文化形态的斗争有很多形式:压制、抵抗、协商、吸收、收编……

从美学风格来看,亚文化通过符号创造在"解决"了难题的同时,也形成了独特的风格美学和美学创新。这种风格和创新以一种惊人的速度在底层、草根和弱势群体中传播、扩散。西美尔曾经把时尚的流向概括为"往上看":"较低的社会阶层总是向着较高的社会阶层看齐,他们在那些服从于时尚兴致的领域很少遇到抵抗。"[3]而亚文化的风格传播恰恰相反,不是从高雅文化到通俗文化自上而下地传播,而是自下而上地对高雅文化进行反哺。亚文化改变了流行文化的趋向和时尚潮流,有学者形象地将其描述为文化的"拉锯战"(tag-of-war,见第九章第一节)。在这场亚文化与主文化的"文化拉锯战"中,没有永恒的胜利者,但显然亚文化经常占据着上风。

这样的特点,在网络时代的青年亚文化现象中更为凸显。从某种意义上讲,这种新的战场的构成单位,接近于后亚文化理论研究中的"新部落"(neo-tribe)概念,这种网络部落的构成带有鲜明的趣缘色彩,将文化属性中的抵抗性部分替代为了对形式、风格、内容的认同性,因此,网络时代的数字空间,可以视为被"趣缘部落"所占据。正如前文提到的,数字技术的发展和网络空间的拓展为青

---

[1] [英]斯图亚特·霍尔:《解构"大众"笔记》,戴从容译,陆扬、王毅选编《大众文化研究》,上海三联书店2001年,第52—53页。
[2] [美]约翰·费斯克:《理解大众文化》,王晓珏、宋伟杰译,中央编译出版社2001年版,第56页。
[3] [德]齐奥尔格·西美尔:《时尚的哲学》,费勇、吴蓉译,文化艺术出版社2001年版,第74页。

年亚文化提供了更加多元且高效的文化生产与传播形式,同时营造了更为自由和包容的文化空间,这就为亚文化与主文化的"拉锯战"提供了更有利于亚文化圈层的"战场"。但是,在这样一个时期,也存在着不容忽视的新问题:亚文化与文化消费品之间更紧密的关系和更多元的媒介,对青年和亚文化群体会产生什么更为深远的影响呢?对于青年而言,这些新事物是否极有可能从根本上改变他们的身份认同和身份建构?这是否会改变青年亚文化的处境和未来?这些都是值得文化研究者和文化参与者思考的话题。

由于青年的社会地位和青年亚文化的特点,文化研究和青年亚文化研究有着不解之缘。面对层出不穷的亚文化新事物及其带有的无限的可能性,研究文化的学者有自己的使命,也就是"为之言说",并尽己所能让它们逐步成为正面的、积极的社会现实。正如英国学者伊格尔顿所说的那样:"在恢复受到正统文化排挤的边缘文化的地位方面,文化研究做了至关重要的工作。身处边缘是无法言语的痛苦。出一把力,创造出一个地方,能让被抛弃的和受蔑视的人敢于说话,对研究文化的学者来说,没有什么任务比此更为荣耀。"[①]

## 本章小结

青年亚文化是青年人通过风格化的、另类的符号对主导文化或支配文化进行抵抗的附属性文化方式,主要表现在审美、休闲、消费等领域。青年亚文化与大众文化相互交融、渗透,彼此影响,存在着密切而复杂的关系。青年亚文化出现的原因比较复杂,有时源于"代沟"的出现,有时是意识形态和媒体渲染的产物。从社会心理学的角度看,青年亚文化主要来自青少年的认同危机。根据英国文化研究学者的看法,青年亚文化是社会变迁和危机的症候和隐喻,是社会结构出现矛盾的产物。青年亚文化与大众文化有着明显的区别,但它们也存在着许多交集,都以城市青少年为重要生产主体和接受主体,都依靠大众媒介和电子媒介等途径进行传播,常常相互借用和催生。亚文化的被收编、亚文化与大众文化的相互渗透使得亚文化显得更为复杂而矛盾,也增加了青年文化的阐释难度。在网络时代的背景下,蓬勃发展的青年亚文化和大众文化的互动显得更频繁、更密集、更复杂,为当代文化格局增添了许多变数。在不同的时期,依托不同的媒介,围绕不同的身份,青年亚文化的属性各有不同,呈现出差异化、多元化、跨时代的特质。青年亚文化对美学观念的更新从来都是希望和危机同在。数字技术的发展和网络空间的拓展为青年亚文化提供了更多元更高效的生产与传播形式,营造了更为自由和包容的文化空间。

---

① [英]特里·伊格尔顿:《理论之后》,商正译,商务印书馆2016年版,第14页。

## 思考与练习

1. 青年亚文化的主要特点包括哪些？请简要分析概括。
2. 如何看待青年亚文化和大众文化的关系？请以一种当代大众文化为例，分析其中的青年亚文化元素及其表现形式。
3. 请以一种青年亚文化现象为例，分析它的风格以及抵抗功能。
4. 青年亚文化被收编后是否意味着消亡？请谈谈你的看法。
5. 网络时代的青年亚文化对当代审美文化或美学观念有何影响？试举例分析。

# 大众文化术语汇释

1. 文化（culture）在西文中最初指土地的开垦及植物的栽培，后来一般指对人的身体、精神，特别是艺术和道德能力及天赋的培养，也指人类通过劳作创造的物质、精神和知识财富的总和。这里采用德国哲学家卡西尔有关文化是由人类创造和运用的符号形式的领域的观点。文化是人类创造和使用的符号表意系统的统称。凡是人类创造和使用的符号表意系统，无论其是口传还是笔传、拟物还是摹心、高雅还是低俗、原始还是开化、兴盛还是衰落、稳定还是易变等，都可以被视为文化。

2. 大众文化（popular culture）是以大众媒介为手段、按商品规律运作、旨在使普通市民获得日常感性愉悦体验的文化产品及其过程，包括工业文明以来的通俗诗、通俗报刊、畅销书、流行音乐、电视剧、电影、广告、网络剧等产品形态以及受众体验过程。

3. 主导文化（dominant culture）这里特指当代中国社会的以群体整合、秩序安定和伦理和睦等为核心效果的文化产品及其过程。这种文化代表政府及各阶层群体的某种共同利益，明确地要在尽可能广泛的社会群体中产生教化作用。

4. 高雅文化（high culture）与"精英文化"（elite culture）大体同义。是满足知识界的理性沉思、社会关怀和个性探索旨趣的文化产品及其过程，其主要特征在于形式实验、社会关怀和个性建构。

5. 民间文化（folk culture）是由乡村普通民众自发的和口头传承的自娱性的通俗文化过程。当代民间文化也注意运用新兴的多种媒介手段去辅佐其传播。

6. 传播的偏斜（bias of communication）由加拿大多伦多大学教授英尼斯提出，认为一种传播媒介对于知识在空间和时间中的传输会产生重要的影响，而对这种时间或空间因素的相对注重，将意味着被植入其中的文化出现一种意义的偏斜。例如，"偏于时间"的社会往往由简单的口头文化统治，或者其中通行的媒介是沉重的、难以移动和复制的，如石头和黏土，这类社会强调习惯、连续体、神圣知识等，是偏重传统的社会。与此相对，偏于空间的社会则以更易移动、携带和复制的媒介取代，如古埃及以莎草纸取代石头，欧洲以纸质印刷品取代手写的羊皮纸等。这种社会会产生偏于空间的文化，如领土扩张、世俗制度、专门技术等。伊尼斯甚至主张："一种新媒介的优势将成为导致一种新文明诞生的力量。"

7. 媒介即讯息(The medium is the message)由加拿大多伦多大学教授麦克卢汉提出,主张媒介是人的延伸,即人的器官的延长。媒介的发达使得全球成为一个小小的"地球村"。与以往把媒介仅仅视为传播的工具或渠道不同,麦克卢汉认为一种新媒介的出现总是意味着人的能力获得一次新的延伸,从而总会带来传播内容(讯息)的变化。"媒介即讯息只不过是说:任何媒介(即人的任何延伸)对个人和社会产生的影响,都是由新尺度引起的,这种新尺度是被我们的每一次延伸或每一种新技术引导进我们的事务中的。"新媒介的产生并不仅仅意味着一种新工具或新技术,而是一种社会"新尺度"的创造。这种观点富于启发性地揭示了媒介的重要作用,但也对这种作用作了过分渲染。

8. 媒介即情境(The medium is the situation)由美国传播学者麦罗维茨提出。他把麦克卢汉的理论与美国学者戈夫曼的"面对面互动"(face-to-face interaction)论结合起来思考,提出"信息情境"论:不应把媒介的作用仅仅理解为技术本身的决定性作用,而应理解为由媒介所造成的信息情境的作用。媒介的作用取决于媒介所造成的信息情境,这种信息情境犹如谈话的地点场所一样,可以影响到信息的传播,进而影响人的行为。他明确提出"新媒介,新情境"(new media, new situations),"新情境,新行为"(new situations, new behavior)的表述。比较起来,麦罗维茨的理论较为契合大众媒介在社会中的实际作用。

9. 电视话语编码与解码(coding and decoding in television discourse)由英国"文化研究"代表人物斯图尔特·霍尔在《电视话语的编码和解码》一文中提出,认为电视节目来自制作者的精心编码(coding),而观众的观赏则意味着对之加以解码(decoding)。观众中可能存在着三种解码立场:一是统治性—霸权性立场(dominant-hegemonic position),指观众完全受制于制作者的意图控制;二是协商性符码或立场(negotiated code or position),指观众可以投射进自己的独立态度,与制作者形成协商格局;三是反抗性符码(oppositional code),指观众从制作者的对立面去瓦解电视意图。根据第三种立场,大众文化完全可能在观众的能动观赏中抵消可能的消极作用,转而呈现出积极的社会效果。

10. 电影(film)是一种以活动照相术结合幻灯放映发展起来的综合艺术。具体地说,电影是以银幕上的画面与声音为媒介、在运动的时间和空间里创造形象的艺术。影像及其运动是电影最主要的特征。

11. 类型片(genre film)是指在外部形式和内在观念上按照某种相对固定套路(比如对有关情节、角色、布景、主题、技巧以及明星等元素的处理)进行摄制和观赏的故事影片,如爱情片、西部片、喜剧片、强盗片、推理片、惊险片、动作片、歌舞片、科幻片、战争片等。

12. 电视文化(television culture)是指由电视媒体建构的生活与艺术交融的符号表意系统。它可以兼容绘画、雕塑、建筑、音乐、诗歌、舞蹈、戏剧、电影等空间艺术和时间艺术的特长，通过电子编辑手段对各门类艺术进行再加工、再创造，具有灵活性和综合性，是一种融新闻、艺术、技术等于一体的媒介文化。

13. 网络文化（internet culture）是指通过国际数字网络传播的各种人类符号表意系统。网络文化具有两重意思或两种形态。第一种是在互联网传播中生成的文化。这是在互联网的媒介技术传输和人际双向交流中形成的符号表意系统及其成果。这种形态最能体现网络文化自身的、不同于其他类型大众文化的特点，属于网络文化的核心部分。第二种则是指借助互联网的媒介技术去传输的现成文化制品，即在互联网上传输的现成文化。把制作好的现成新闻、教育、学术、商业、艺术等节目往网络上传送，也应该视为网络文化的一部分。还应当看到，网络文化在当代各种文化形态间的竞争中常常起到主动、拉动、推动或牵引作用。

14. 流行音乐（popular music）有广义和狭义之分。广义的流行音乐包括古典音乐中的通俗音乐、各种社交和民间舞曲、民间歌曲以及现代流行音乐，狭义的流行音乐则指现代流行音乐，包括爵士乐、摇滚乐、乡村音乐、一般的流行歌曲等。本书所阐述的流行音乐指狭义的流行音乐，尤其指一般的流行歌曲。流行歌曲是采用大众喜闻乐见、容易传唱的方式作曲作词并在社会上尤其青少年中广泛流行的歌曲。

15. 通俗文学（popular literature）这里是指大众文化的一种常见形态，是由文人创作的、以大众传播媒介为载体、按市场机制运作的、旨在满足读者的愉悦性消费需要的商品性文学。最常见的文类是小说。

16. 视觉文化（visual culture）也作图像文化（image culture），是指主要运用现代视觉相似性符码进行文化表征活动的大众文化形态。

17. 广告（advertising, advertisement）是一种由某个特定的出资人发起的，通过大众传媒进行的非个人化的有偿沟通方式，其目的是说服或影响某类受众。广告文化（advertising culture），是伴随广告过程而在社会多方面互动中形成的文化状况。

18. 时尚（fashion）是在特定时段内先由少数人实验而后来为公众所崇尚和仿效的生活样式，涉及生活的各个方面，如衣着打扮、饮食、行为、居住，甚至情感表达与思考方式等。时尚具有人为性、新奇性、变异性、排他性、优越感、模仿性等特征。时尚文化（fashion culture），是指短时间里一些人所崇尚的文化表征行为。

19. 青年亚文化（youth subculture）是青年人通过风格化的、另类的符号对主导文化或支配文化进行抵抗的附属性文化方式，具有抵抗性、风格化、边缘性等特征。

# 初 版 后 记

我对大众文化的探究兴趣始于大约1988年底或1989年初。那时我在英国牛津,正从特里·伊格尔顿(Terry Eagelton)博士研修当代马克思主义文论及文化批评。我原来曾因迷醉高雅文化特有的深度"体验"而对大众文化不予关心,甚至有些不屑一顾,这时却对包括大众文化研究在内的当代文化批评产生了一种震惊和跃跃欲试的探究冲动。当时,新获得金熊奖的《红高粱》旅行到牛津,吸引了当地许多观众。记得有两件小事打动了我。首先是一位与我熟悉的、来自利物浦的学神学的博士生朋友看后问我:"你们中国怎么能拍出这样的崇尚暴力的影片呢?我很失望。"其次是听说影片在日本公映时受到日本麻风病人协会的强烈抗议,认为影片损害了麻风病人的人权。我没法查证这件事情的真伪,但它使我陷入思考。尽管我在1987年底影片在国内公映之前就已经看过它,但确实是在来到牛津后、由于对文化批评的兴趣日渐浓厚、加上这些偶然小事的触发,才禁不住对《红高粱》产生分析兴趣的。我关于《红高粱》的评论文字可以说是我的大众文化思考的一个起点。从此以后,我陆续写了有关中国大众文化的一些评论文字,包括专著《张艺谋神话的终结》,以及为一些杂志撰写影片评论。同时,在1998年与廉静女士合作主编了"娱乐文化解析丛书",最近又在一家出版社主编"媒介新体验文丛"(暂名)。我在1999年、2001年分别赴多伦多大学和哈佛大学访学时,所做的主要事情之一就是进一步查找、收集和阅读有关大众文化的研究资料。这些都可以视为这次教材编写工作的必要的前期准备。

本书的真正起点是在2002年。我对高等教育出版社文科分社首席策划徐挥先生谈起自己编写大众文化导论教材的初步打算,以及它在今天大学生通识教育中可能发挥的作用。他的敏锐反应和果断拍板超出了我的预期,令我鼓舞。很快,高等教育出版社领导批准了我提交的《大众文化导论》教材选题计划。我立即着手约请多年的朋友、在大众文化研究方面卓有建树的武汉大学张荣翼教授、清华大学肖鹰教授施以援手,他们欣然慨允;又请来我过去的弟子、现在高校任教的周志强、陈雪虎、包兆会、刘莉、梁刚、付国锋和王维燕加盟,从而组成了这个由国内八所高校学者参加的教材编写组。我把设计的提纲传给每位编者,请他们通过电子邮件各抒己见,并对自己承担的部分提出初步编写方案。这样来回几次,其间经历了特殊的"非典"时期的考验,形成了最后的编写方案。本书就是那时以来紧密合作的成果。

本书的具体分工如下：

主编的话、第一章大众文化概述、结语、大众文化术语词典：王一川（北京师范大学教授）

第二章电影：陈雪虎（北京师范大学副教授）

第三章电视：梁刚（北京邮电大学讲师）

第四章网络文化：周志强（北京师范大学副教授）

第五章流行音乐：包兆会（南京大学副教授）

第六章通俗文学：张荣翼（武汉大学教授）、李松（武汉大学博士生）

第七章图像文化：付国锋（河南大学讲师）

第八章广告文化：刘莉（北京工商大学副教授）

第九章时尚文化：王维燕（北京航空航天大学讲师）

第十章青春亚文化：肖鹰（清华大学教授）

需要说明的是，编写组成员各有自己的教学与研究任务，都暂时搁下其他工作而投入本教材编写中，在这些出力而难出活的教材文字上倾注了大量精力。不少人甚至毫无怨言地数易其稿，令我感动和难忘。

尽管如此，由于有的编者在教材编写上是新手，更由于教材本身的特殊的新颖性、针对性以及难度，加上每个成员的表述风格彼此不同，所以，统稿工作比我预想的远为艰难。感谢大家的宽容大度，使我得以对初稿做出我以为应当如此的必要的改动。我从头至尾逐句逐段地阅读、调整或者改写这些各有其个性的初稿，基本理顺了全书文字。我远不敢奢望全书做到了各方面的统一，而只能说勉力为之。限于我的水平，加之为了赶上2004年秋季用书而加班加点地统稿，自知不足在所难免。如果我的调整或改动损伤了原稿的质量，那么，一是责任在我，二是我愿在此向各位成员郑重致歉。

同时，根据徐挥先生关于教材在编写成书前最好有教学第一线经验的意见，我特意向北师大教务处申请为本科生开设一门公共选修课"大众文化与美学"，得到了支持并立即付诸实施。我校理科大学生对大众文化的积极的选课热情和投入的思考态度，给我留下了深刻的印象。他们在课堂发言和作业中提出了不少独到的观察。在讲当代流行歌曲的文化分析专题时，全体学生齐声吟唱同一首歌的场景，令我感动，至今仍历历在目。这些一线教学经验已及时吸收进教材编写中，例如，促使我对整个教材的编写风格、体例、难易程度甚至表述语言等不断做程度不同的调整，目的是更切近当前以通识教育为主流的新的本科教学需要。

童庆炳先生一直支持和鼓励开展大众文化研究，并要求在研究中坚持学术品位和辩证的分析立场，这使我的工作获得重要的动力和启迪。同时，根据童先生的提议，我们刚成立了泛媒介文化研究中心，其研究对象之一正是大众文化，而本书算是这种研究的一项初步成果。我的朋友、美国加州大学戴维斯校区的鲁晓鹏教授非常关心教材的进展,并提供了英文材料帮助。周志强协助我校对和打印书稿。

高等教育出版社责任编辑杨亚鸿女士为本书出版付出了大量心血。同时,何毓玲编审、云慧霞博士等也提供了具体帮助。

在此,谨向上面提及和没有提及的为本书出版作出贡献的所有人们,表达我的衷心的感谢。

2003 年 12 月 28 日定稿于北京志新居

# 修订版后记

本书修订工作是按照高等教育出版社文科分社的安排进行的。各章修订工作仍由初版编写者承担。各位编写者先就本章及全书修订提出初步的意向和建议，然后根据我拟订的总体设想分头编撰出初稿，最后由我统稿完成。编写组分工如下：

第一章大众文化概述：王一川（北京师范大学）

第二章电影文化：陈雪虎（北京师范大学）

第三章电视文化：梁刚（北京邮电大学）

第四章网络文化：周志强（南开大学）

第五章流行音乐：包兆会（南京大学）

第六章通俗文学：张荣翼（武汉大学）、李松（武汉大学）

第七章视觉文化：付国锋（河南大学）

第八章广告文化：刘莉（北京工商大学）

第九章时尚文化：王维燕（北京航空航天大学）

第十章青年亚文化：肖鹰（清华大学）

同时，在修订计划拟订及部分章节修改方面，我特别邀请对大众文化素有研究的胡疆锋博士协助我做了一些工作。在此一并向他们表示我的衷心的感谢。限于我的统稿水平，修订版肯定还会存在不足，敬请读者赐教。

高等教育出版社文科分社领导、策划编辑云慧霞博士及责任编辑李健秋博士为本书出版付出了辛劳，专此致谢。

2009 年 2 月 12 日于北京师范大学艺术楼

# 第三版后记

本次修订工作,是要回应近五年来大众文化现象及其研究所发生的新变化。各章分工如下:

第一章大众文化概述:王一川(北京大学)

第二章电影文化:陈雪虎(北京师范大学)

第三章电视文化:梁刚(北京邮电大学)

第四章网络文化:周志强(南开大学)

第五章流行音乐:包兆会(南京大学)

第六章通俗文学:张荣翼(武汉大学)、李松(武汉大学)

第七章视觉文化:付国锋(河南大学)

第八章广告文化:刘莉(北京工商大学)

第九章时尚文化:王维燕(北京航空航天大学)、胡疆锋(首都师范大学)

第十章青年亚文化:肖鹰(清华大学)

值此修订工作完成之际,特向各位合作者表示衷心的感谢。限于我们的水平,这次修订还会存在不足,敬请读者赐教。

高等教育出版社云慧霞博士等为本次修订付出了辛劳,特此致谢。

2014 年 12 月 16 日于北京大学艺术学院

# 第四版后记

本次修订工作，主要是为了适应第三版出版 9 年来、初版出版 20 年来，大众文化课程教学面临的新变化和新需要。各章分工如下：

第四版前言、第一章大众文化概述：王一川（北京语言大学）

第二章电影文化：陈雪虎（北京师范大学）

第三章电视文化：梁刚（北京邮电大学）

第四章网络文化：周志强（南开大学）

第五章流行音乐：包兆会（南京大学）

第六章通俗文学：张荣翼（武汉大学）、李松（武汉大学）

第七章视觉文化：付国锋（河南大学）

第八章广告文化：刘莉（北京工商大学）

第九章时尚文化：王维燕（北京航空航天大学）、胡疆锋（首都师范大学）

第十章青年亚文化：胡疆锋、杨子迪（中国文联）

值此修订工作完成之际，特向各位合作者表示衷心的感谢。需要说明的是，本书原副主编张荣翼教授去世，该章修改由李松教授承担。此刻特别感谢和怀念友人张荣翼教授。本书另一原副主编肖鹰教授因有其他工作，提出从这次修订起不再承担第十章，于是改请胡疆锋教授和杨子迪合作新写而成。值此机会，向肖鹰教授致以衷心的感谢！

高等教育出版社罗京编辑为本次修订付出了辛劳，特此致谢。

王一川
2024 年 1 月 19 日

## 郑重声明

高等教育出版社依法对本书享有专有出版权。任何未经许可的复制、销售行为均违反《中华人民共和国著作权法》,其行为人将承担相应的民事责任和行政责任;构成犯罪的,将被依法追究刑事责任。为了维护市场秩序,保护读者的合法权益,避免读者误用盗版书造成不良后果,我社将配合行政执法部门和司法机关对违法犯罪的单位和个人进行严厉打击。社会各界人士如发现上述侵权行为,希望及时举报,我社将奖励举报有功人员。

反盗版举报电话　（010）58581999　58582371
反盗版举报邮箱　dd@hep.com.cn
通信地址　　　　北京市西城区德外大街4号
　　　　　　　　高等教育出版社知识产权与法律事务部
邮政编码　　　　100120